AS CHAVES DO REINO INTERNO
OU
O CONHECIMENTO DE SI MESMO

JORGE ADOUM
(MAGO JEFA)

AS CHAVES DO REINO INTERNO
OU
O CONHECIMENTO DE SI MESMO

Editora
Pensamento
SÃO PAULO

Edição autorizada por:
FRATERNITAS ROSICRUCIANA ANTIQUA
Rua Saboia Lima, 77 - Rio de Janeiro. E pela
COMISSÃO DIVULGADORA JORGE ADOUM.

Adoum, Jorge
As chaves do reino interno, ou, O conhecimento de si mesmo / Jorge Adoum. — 12. ed. — São Paulo : Pensamento, 2010.

ISBN 978-85-315-0095-4

1. Ciências ocultas 2. Espiritualidade 3. Gnosticismo 4. Rosacrucianismo 5. Rosacrucianismo — Filosofia I. Título.

10-11558 CDD - 135.43

Índice para catálogo sistemático:
1. Rosacruz : Ordem : Esoterismo 135.43

O primeiro número à esquerda indica a edição, ou reedição, desta obra. A primeira dezena à direita indica o ano em que esta edição, ou reedição, foi publicada.

Edição	Ano
12-13-14-15-16-17-18	11-12-13-14-15-16-17

Direitos de tradução para a língua portuguesa
adquiridos com exclusividade pela
EDITORA PENSAMENTO-CULTRIX LTDA.
Rua Dr. Mário Vicente, 368 - 04270-000 - São Paulo, SP
Fone: 2066-9000 - Fax: 2066-9008
E-mail: pensamento@cultrix.com.br
http://www.pensamento-cultrix.com.br
que se reserva a propriedade literária da tradução.
Foi feito o depósito legal.

SUMÁRIO

PRIMEIRA PARTE

SEGUNDA PARTE

PREFÁCIO

Em *As chaves do reino interno* procura o autor mostrar os caminhos que podem conduzir-nos ao autoconhecimento, isto é, ao conhecimento de nós mesmos, de nossa origem e destino, dos poderes e fraquezas de nossa natureza e das oportunidades e perigos que se acham disseminados ao longo de qualquer caminho que escolhemos ou trilhemos."

Essas chaves podem ser externas ou internas, simbólicas ou reais, porém em qualquer dos casos têm de ser usadas pelo próprio aspirante à verdade e com os seus próprios recursos. Outros poderão ajudá-lo (como também atrapalhá-lo), mas a obra tem de ser exclusivamente sua. Os demais, colaborem ou atrapalhem, são em realidade seus cooperadores, pois todos eles são seus instrutores e irmãos, porque todos lhe proporcionam as lições que tem de aprender da vida. Sejam agradáveis ou desagradáveis, todas as lições lhe são úteis e necessárias; do contrário a vida não lhas exigiria.

O autor enumera algumas das chaves externas, umas do passado e outras ainda do presente, o que não significa que não existam muitas outras chaves, desconhecidas para nós mas não para os que delas necessitem. Algumas das chaves enumeradas são: a grande pirâmide, o tabernáculo hebraico, o *sanctum sanctorum*, a Maçonaria, a iniciação cristã, o fogo do Espírito Santo, as letras e os números, a Ioga etc.

Embora cada uma dessas chaves represente o espírito de uma época e como tal requeira um método específico para usá-la, todas elas têm uma única finalidade que é abrir a porta que conduz ao reino interior, e levar o homem a conhecer-se a si mesmo através da descoberta dos mistérios, do cumprimento da lei, da autossantificação, da ressuscitação do seu Cristo interno, da comunhão com o Supremo Arquiteto do Universo, da explosão em si do fogo do Espírito Santo, do domínio na magia implícita nas letras e nos números, ou da psicologia prática e filosófica da Ioga. Por qualquer desses caminhos, uns mais demorados e outros mais rápidos, o buscador sincero e honesto acabará descobrindo a segunda chave, subjetiva e mística. Esta o levará diretamente ao tão esperado e decantado reino da paz e bem-aventurança subjacente em seu interior.

Aqui se oferece ao leitor uma obra eclética, sem nenhuma eiva sectária, e como tal toda abrangente. A ela bem se enquadra o conselho de são Paulo de se estudar tudo e de tudo se aprender o que for bom, num reconhecimento da sabedoria pagã à causa da verdade (*Rom.* 1:8-14). O grande apóstolo, como iniciado autêntico que era, tinha espírito ecumênico, de amplitude universal.

Por isso pode muito bem o autor desta obra dizer: "Quem escreve estas linhas nunca se proclamou mestre, nem sequer pseudomestre; nunca vendeu revistas, nunca vendeu lições dosadas, nem tentou constituir discípulos. Ao contrário, deu sempre, gratuitamente, tudo o que poderia dar". É que cada um tem de chegar a ser discípulo e mestre de si mesmo para converter-se no "caminho, a verdade e a vida".

Também está escrito que cada um é o "templo do Espírito Santo" e o "templo de si mesmo", tanto quanto o "seu próprio caminho". Não é sem razão, pois, que o autor declara: "A grande pirâmide é fidelíssima cópia do corpo humano, e podemos dizer simbolicamente que é a tumba do Deus Íntimo que se acha dentro do homem". Mas a transformação do corpo humano numa tumba ou num templo depende exclusivamente do livre arbítrio de seu dono, que tanto pode ser um inglório coveiro a sepultar seu Deus em si, como um salvador a ressuscitá-lo e fazê-lo ascender à glória eterna.

Se, segundo as Escrituras, o homem foi feito à imagem e semelhança de seu Criador, também não é menos certo que ele foi feito à imagem e semelhança do universo, de que também é reflexo. Por isso se proclama que o homem é um microcosmo, um pequeno universo a refletir o macrocosmo, o grande universo; e o oráculo de Delfus repetia: "Homem: conhece-te a ti mesmo, e então conhecerás o universo e todos os seus mistérios e leis". E por sua vez exortou Cristo no Sermão da Montanha: "Sede, pois, perfeitos como perfeito é o Pai dos céus".

É tão só conhecendo-se e dominando-se a si mesmo que o homem, seja cristão ou não, conseguirá, progressiva mas firmemente, "tornar-se perfeito como o Pai dos céus", bem como conhecer e dominar o universo com seus mistérios e suas leis. Para tanto lhe basta saber escolher e usar as "chaves" apropriadas.

De maneira geral, as chaves externas apropriadas podem e têm sido encontradas através dos tempos nas religiões, filosofias, ciências e iogas mais compatíveis com a natureza individual de cada um. Então ele escolherá o seu mais adequado caminho de autoaperfeiçoamento, que o levará à meta final, à verdade ou Deus.

Ao passo que as chaves internas apropriadas são todas subjetivas, intrínsecas em cada indivíduo, e são invariavelmente comuns a todos os caminhos, que convergem para a mesma meta. Têm sido assim enunciadas: amor, harmonia, paciência, renúncia, energia, meditação e sabedoria. São os degraus de ouro pelos quais a alma pode galgar a salvação ou libertação, que é um estado de consciência de perene bem-aventurança.

Para empreendermos tão nobilitante escalada, adverte-nos, porém, Jorge Adoum:

"Durante as provas morais e a meditação, aprende o aspirante, nas escolas internas, toda a sabedoria: o significado das cerimônias religiosas, a simbologia, a consciência e a magia dos números e letras, a relação da astronomia com seu próprio corpo, que leva à astrologia hermética. Aprende o poder da palavra, do pensamento e de seus efeitos, manejando o poder magnético e hipnótico; recebe pouco a pouco a ciência da magia e o modo de utilizá-la.

Mas, para chegar ao cume do poder, deve preparar seus três corpos sobre os quais saiu vencedor nas provas: o corpo físico, o corpo dos desejos e o corpo mental."

A Editora

CARTA DO GR. HIER. DOS MAG.

(Fragmentos)

...Se é um grande mérito sistematizar, em um pequeno volume, os ensinamentos das idades...

"AL AGANI" compendiou inúmeras histórias e *As chaves do reino* recompilou mil doutrinas dispersas.

...Assinalastes todos os arcanos no corpo humano; sem dúvida o homem é o livro dos mistérios; quem conhece estes mistérios, conhece a si mesmo, conhece DEUS.

Que ELE o abençoe.

O SÍRIO

PRÓLOGO PARA A EDIÇÃO PORTUGUESA

Esta obra, *As chaves do reino interno*, que foi traduzida em vários idiomas e considerada a enciclopédia das ciências ocultas, é a síntese de trezentas obras de ocultismo, desde Blavatsky aos autores contemporâneos; é, também, o extrato de treze escolas espiritualistas; é, igualmente, o resumo dos ensinamentos dos mestres e das práticas de um discípulo.

Nesta obra foram omitidos os nomes dos autores consultados, para deixar, ao critério de cada leitor, a interpretação dos conceitos e para impedir a idolatria do *magister dixit*, evitando, desta maneira, o antagonismo reinante entre todas as escolas e permitir "fundir as duas escolas oriental e ocidental, no crisol do espírito da obra".

Quem escreve estas linhas, nunca se proclamou mestre, nem sequer, pseudomestre; nunca vendeu revistas, nunca vendeu lições dosadas, nem tentou constituir discípulos; ao contrário, deu sempre, gratuitamente, tudo que poderia dar.

Considerou, sempre, único e verdadeiro mestre, O DEUS ÍNTIMO no homem, e, ao mesmo tempo, está convencido de que não passa de mero aspirante.

A única intenção, ao editar estas obras, foi recordar aos estudantes (e se julga um deles) que todos os mistérios, símbolos, emblemas e ensinamentos de todas as escolas, orientais e ocidentais, estão gravados, impressos no próprio corpo do homem, chamado microcosmo.

Muitos mestres proclamaram estas verdades, porém, não as reuniram na mesma obra.

Tratei somente de compilar, coligir todos estes ensinamentos nestes trabalhos, explicá-los e descobrir todos os mistérios no corpo humano; portanto, declaro, sem experimentar humilhação ou aparentar humildade, que fui apenas uma simples pena ou um simples lápis a serviço dos mestres, e não tenho nenhum mérito, nem reclamo, outrossim, a mínima glória.

Fraternalmente,

Jorge Adoum
(Mago Jefa)

PRECE

Dá-me tua luz, Deus meu! porquanto anseio
ver-te em tudo: no tempo, nas criaturas,
na águia, na soberana das alturas,
ou no cadáver putrefato, feio,

nos marouços ao mar, numa nascente,
nos desertos de areia ressequida,
na mão que mata, no que jaz sem vida
na saúde do são, no mal do doente,

no ouro, nas ervas, no frescor das rosas,
nos tálamos, nos berços dos infantes,
na lua, nas estrelas cintilantes,
ou no sol e nas noites tenebrosas.

E abre-me, para ouvir-te, meus ouvidos!
E então, sim, hei de ouvir-te, noite e dia,
quando o leão ruge e o pintainho pia,
nos risos do homem ou nos seus gemidos,

na lamúria do mocho quando plange,
no formoso gorjeio do canário,
na blasfêmia vilã do presidiário
ou quando a musa os guizos de ouro tange,

na prece do sem lar, dos famulentos,
na rã coaxando sua torva toada
e no manso vaivém da madrugada
ou no sibilo ríspido dos ventos.

Para viver do teu hausto divino,
vão-me as narinas e os pulmões tendendo
e tuas vibrações irei sorvendo,
desde a alva — teu alento matutino,

nas neblinas do mar ou dentro do ermo,
em todo segregar da mãe Natura,
no suor viscoso da camisa impura
do lavrador, do são, do próprio enfermo,

no inverno, outono e primavera inteira,
em todo mineral, em toda planta,
no puro respirar da virgem santa,
ou no hálito febrento da rameira.

Para apreender, Deus meu, tua Imanência
faze sensível meu sentir e aumenta,
no frio, no calor ou na tormenta,
em cada coisa real, tua aparência,

na chuva, neve, orvalho, relampeio,
nas folhas, nos espinhos ou na rosa,
no corte da ferida dolorosa
em todo coração, meu ou alheio.

em todo abalo do meu corpo, a esmo,
em cada variação da minha vida,
na matéria perempta, na nascida,
no meu externo ou dentro de mim mesmo.

Senhor! se nas entranhas tu me ateaste
este fogo da fome que devora,
por saborear-te, o paladar te escora
nos sabores com que me presenteaste.

Vem-me à boca tal qual maná celeste
e posso saborear-te, a meu contento,
em todas as bebidas e alimento,
nas água, neve, gelo ou geada agreste,

no pão, do mel na vívida doçura,
como ao libar dos vinhos generosos,
como ao beijar uns lábios amorosos
da mulher que me deu sua ternura.

Seja esta língua testemunha amiga,
fiscal e juiz; castigue-me a mentira,
defenda-me, Senhor, da cega ira
quando eu, sem peias, a verdade diga.

Do coração, Senhor, faze-me um prado
onde outros corações tenham venturas;
seja sua água a fé, suas culturas,
de esperança e de amor, fruto dourado.

Seja seu céu lealdade; seu sol tenha
raios de amor, bondade e de direito.
Se minha vida míngua de proveito,
ordena Tu, Deus meu, que a morte venha.

Primeira parte

PREÂMBULO

Antes do princípio, existia o zero (0). No princípio existiu o um (1).

A eterna letra "O" envolvia a eterna letra "I".

O seio iluminado da circunferência ocultava o eterno raio.

Antes do princípio, existia o verbo sem manifestação porque não havia chegado o princípio.

A letra "I" estava envolta no "O"; o saber, no poder e a inteligência, na imaginação.

Havia o espaço, porém, vazio de forma. Havia o "AQUILO", mas não havia o "AQUELE".

A duração envolvia o tempo; a consciência envolvia a mente; o passado continha o futuro; o número estava prenhe do fenômeno.

Não havia a trindade porque não se manifestava a unidade; não existiam os Sete porque não existia a trindade; não se manifestavam os doze pela ausência dos sete. Contudo, os doze jaziam nos sete, os sete nos três, os três no UNO e o UNO no NÃO SER.

A circunferência sem limites absorvia o todo: Pai, Mãe, Filho; Espírito, alma, corpo; essência, substância, matéria.

A essência havia aspirado a substância, a substância inalou a matéria, a infinita circunferência absorveu o todo.

Espírito, alma e corpo tinham o ser no não ser; não obstante, nada existia.

Não havia perfeição porque não havia manifestação.

Não havia aroma porque não havia flor.

Não havia a criação porque não havia a necessidade.

Não havia o efeito porque não se manifestava a causa.

Havia a inspiração ou a inalação retida sem a respiração exalada.

A existência palpitava no seio da não existência; o futuro visível no eterno invisível.

Não era o nada no nada; era o ser no não ser.

A causa sem causa envolvia a existência. A obscuridade luminosa absorvia a luz obscura; a eternidade envolvia os tempos. No útero da eternidade moviam-se as trevas porque era hora de dar à luz: o FILHO.

A luz absoluta era treva; o poder absoluto era inação.

Não havia princípio porque não existiam princípios; nem polaridade porque não existia o centro.

Não havia o poder imaginativo, IMAGINAÇÃO, para manifestar seu espírito criado; não vibrava o espírito para emanar a alma; não existia o saber para modelar o corpo.

ISTO FOI ANTES DO PRINCÍPIO.

No princípio o uno assoma no zero e forma todos os números.

No princípio, a eterna letra I se manifesta no "O" e o IO forma todo o cosmo.

O raio se traça na circunferência e mede a eclíptica.

"No princípio era o verbo e o verbo era com Deus e pelo verbo tudo o que está feito foi feito".

O aquilo manifestou aquele e a forma ocupou o espaço.

O tempo mediu a duração; a mente vislumbrou a consciência e o número iluminou o fenômeno.

O um dividiu o zero em dois formando as duas polaridades para converter-se com elas em trindade.

A trindade emanou os sete; dos sete brotaram os doze e o não ser fez-se ser; não obstante o não ser continua oculto no ser, os doze nos sete, os sete nos três e os três no UM EU.

A eterna letra "O" exalou de suas entranhas a eterna letra "IO" e o I centro do "O" forma duas polaridades: Atração e Repulsão; porém, a causa da atração e da repulsão move-se em linha reta e as três forças: extensão, repulsão e atração formam o "A", o triângulo dentro da letra "O" (A): espírito, alma, corpo, fizeram-se carne no Absoluto.

Desde então as três forças manifestam sua ação e permitem a perfeição na manifestação.

A flor expeliu seu aroma, a necessidade criou e a causa manifestou o efeito.

O alento aspirado exalou e o visível teve o ser do invisível; a luz escura brilhou na obscuridade luminosa.

A mudança manifestou o tempo no útero da eternidade.

No princípio expressaram-se dois princípios: masculino e feminino.

No princípio absoluto vibrou de dentro para fora o espírito; o espírito emanou a alma e a alma construiu o corpo-forma.

Este é o princípio dos princípios; origem das origens: ESTE É O GÊNESIS.

1
O MISTÉRIO DA UNIDADE

> "Bem-aventurados os limpos de coração porque eles verão a Deus".
> "Eu e o Pai somos um".
> "Eu sou Ele; Ele é Eu".

Eu sou Ele, Ele é Eu: é o arcano dos arcanos; é o mistério dos mistérios; é a unidade do poder.

Eu sou Ele, Ele é Eu; é a dita das ditas; é a felicidade das felicidades, é a unidade no amor.

Eu sou Ele, Ele é Eu: é a ciência das ciências, é o saber dos saberes, é a unidade na criação.

A primeira lei do absoluto, do Íntimo, é a unidade do todo.

A unidade manifesta-se nos três princípios da manifestação que são:

A unidade com o primeiro princípio é o poder.
A unidade com o segundo princípio é o amor.
A unidade com o terceiro princípio é o saber.

Ou seja, em Deus, no homem e no universo.

A primeira manifestação do Íntimo é o uno, o Pai com quem devemos ser uno, como dizia Jesus: Eu e o Pai somos Um.

O Pai manifesta-se no homem pela imaginação.

O Pai é a linha reta na circunferência do Absoluto; é a vida individualizada; é a unidade do ser, é a força do progresso da evolução.

O Pai é a unidade da imaginação.

A imaginação é a vontade do Íntimo sustentada pelo pensamento e o pensamento sustentado é o Pai da criação.

A imaginação é o esforço vertical que cria, de cima abaixo, porém, desde embaixo até em cima, desde a gravidade até o centro de atração do Íntimo, sabe.

A imaginação é a linha reta que se encontra entre a natureza do homem e seu Íntimo; entre o universo e o absoluto.

O maior conhecimento é o conhecimento de si próprio e o conhecimento de si próprio acha-se na unidade.

Com a imaginação, sente-se a unidade; com a razão, estuda-se a natureza.

Pelo amor chega-se à unidade; pela imaginação chega-se ao Íntimo.

Com a imaginação, sente-se a unidade; com a razão, pode-se conhecer a diversidade.

Pensar internamente é entrar no reino do Pai, no reino do céu e a imaginação é a única senda condutora ao reino da unidade porque chegamos à unidade voando por cima das construções mentais, apagando os preconceitos do coração e abrindo-nos ante o infinito silencioso.

Imaginar ou visualizar uma coisa é criá-la e o conjunto do universo é uma série de visualizações.

O mundo é a imaginação do Inefável e o trono do Inefável está na fronte do homem.

A unidade do Filho com o Pai realiza-se no cérebro, porque o cérebro é a unidade do homem.

Há de galgar-se a montanha para a união com o Pai; cumpre subir ao céu, à cabeça, e sentar-se no cérebro direito, à direita do Pai, para logo voltar a julgar os vivos e os mortos, os bons e os maus dentro do corpo.

O corpo é a diversidade da unidade; cada parte do corpo vibra uma nota e despede uma luz distinta; porém, cada nota corresponde a um centro do cosmo e cada luz equivale a um raio do sol central.

Sentir-se o Íntimo Absoluto, o sol central, é abarcar o todo.

Como é em cima, assim é embaixo; como é no cosmo, é no corpo e como é no corpo é no cosmo.

"Há tanto tempo estou entre vós e me perguntais pelo Pai?".

Assim como o raio é o princípio, meio e fim da circunferência, assim o homem é, no infinito, princípio, meio e fim do existente.

Não obstante, a unidade é impenetrável à concepção humana e desconhecida em seu princípio.

Tudo se conserva e vive na unidade; tudo desaparece nela.

A unidade está mais além da mente, do sentido e do prazer.

Contudo, chega-se à unidade por meio da mente, do sentido e do prazer.

A religião antiga dizia: "D'Ele viemos e a Ele havemos de voltar".

A religião moderna diz: "Eu e o Pai somos Um".

A religião futura dirá: "*Eu sou Ele; Ele é Eu*".

Os antigos caminhavam para a unidade; os futuros a viverão.

Viver a unidade é identificar-se com o Deus Íntimo e abarcar o todo.

Ser uno com o Íntimo é sustentar todos os sistemas e ser a onipotência.

Ser uno com uma parte é possuir uma ciência.

O REINO DE DEUS

O reino de Deus é um, porém diversificado em muitos.

O Absoluto é a própria realidade que mora em todo ser visível e invisível. É o Íntimo no homem, o sol central invisível.

O um é o Pai, o sol físico, que corresponde ao PENSAMENTO criador no homem.

Assim como o reino de Deus é um, mas se manifesta em muitos, assim também o corpo humano, que é unidade, se manifesta em diversidade.

A unidade permite atingir o todo por meio da parte e as partes estão relacionadas entre si por ordem de afinidade cósmica.

Os signos zodiacais têm ação recíproca entre eles exercida. De onde se deduz que a alteração sofrida por uma das partes tem de refletir-se no conjunto.

Dessa explicação, deduzimos que, para chegar à unidade, temos de valer-nos da diversidade, isto é, por meio da dualidade, do ternário, do quaternário etc.

Esse é o objetivo de nossa presente obra.

Onde está o reino de Deus?

O mestre dos mestres, o homem Deus, nos disse: "Busca o reino de Deus e seu justo uso e o resto ser-te-á dado por acréscimo".

Depois disse: "O reino de Deus está dentro de vós".

Estando o reino de Deus dentro do homem, este deve procurá-lo dentro de seu próprio organismo, de seu próprio corpo para chegar um dia a unir-se com Ele e identificar-se com o Deus Íntimo que se acha no seu interior.

CAMINHOS PARA A UNIDADE

São quatro os caminhos que conduzem à unidade pelo pensamento, a saber:

1º A imaginação e a concentração.
2º A ação.
3º A devoção.
4º A sabedoria.

Ainda que a unidade tenha um só caminho, contudo, possui estas quatro sendas conforme o temperamento de cada pessoa; todavia, nenhum ser pode chegar ao reino da unidade por uma só senda, porque pensamento sem ação, devoção e sabedoria é nulo; também devoção sem ação é inútil; de maneira que o homem pode tomar uma senda das quatro sempre que observe a moral das outras três.

O REINO DO HOMEM

Como todo reino, o reino interno do homem tem seus estados, hierarquias, governantes, empregados, operários etc.

O rei interno é o DEUS ÍNTIMO de quem não podemos dizer uma só palavra porque está muito além da concepção humana; porém, temos o dever de crer n'ELE por suas manifestações.

Este rei se manifesta pela dualidade: Eu superior e Eu inferior, dirigentes do mundo mental, abstrato e concreto. Esses dois *Eus* têm muitos nomes conforme veremos depois.

Essa dualidade é a unidade, multiplicando-se a si própria para criar, e por isso a Bíblia faz sair Eva do próprio peito de Adão; porém a reprodução da unidade pelo binário conduz forçosamente ao ternário que é a plenitude e o verbo perfeito da unidade.

O ternário é o amor da dualidade ou o filho dos dois: Pai, Mãe e Filho: Pai, Filho e Espírito Santo: cabeça, peito e ventre; poder, sabedoria e movimento etc.

Os demais números são, dentro do reino, partes complementares como dirigentes, governantes, empregados, ministros, operários etc. que residem cada qual em seu posto obedecendo e trabalhando segundo a vontade do Ser Superior, que cria e maneja sua criação segundo leis infalíveis, compostas de números, pesos e medidas, cujo objetivo é o retorno à unidade consciente pelo homem.

2
O PRIMEIRO CAMINHO PARA A UNIDADE É O PENSAMENTO

O ser pensante ou o pensador é o primeiro ministro do Íntimo no reino do homem e tem a seu cargo o mundo do pensamento e suas modalidades como a meditação, concentração, imaginação etc.

O ser humano imagina-se como pensa, pensa como sente e sente como deseja; desta regra, deduz-se que, para pensar bem, devemos ter bons desejos e bons sentimentos.

A imaginação é o pensamento sustentado que fortalece a vontade, a qual pode dominar, sem dificuldade, a natureza física, dirigida pelo Eu inferior e, em pouco tempo, alcança o homem o conhecimento da verdade pela unidade.

O homem de imaginação forte pode esquadrinhar o mistério da alma e os poderes latentes em seu Íntimo.

Quem logra dominar sua mente pela imaginação, adquire poder capaz de sujeitar todas as forças do universo e logrará reger os fenômenos da natureza.

A mente divina do Íntimo é a soberana do cosmo e, quando a imaginação do homem se conectar com essa MENTE, os poderes do homem serão divinos.

Pela concentração num objeto do mundo fenomenal se descobre a verdadeira natureza do objeto em si próprio, no mundo da verdade.

Focalizando o pensamento num só objeto podemos conhecer todos os pormenores do dito objeto, seja físico, mental, ou espiritual.

Fixar a imaginação em alguém é focalizar nele nossos raios e injetar-lhe nossos desejos.

A visão mental de um homem é tão penetrante, que pode rasgar o véu que oculta as verdades universais e lhe será possível conhecê-las.

Quem se abstrai do mundo externo e dirige sua concentração ao mundo do Íntimo, reconhece a única verdade do universo, sente que é o próprio Deus e pode dizer com Paulo: "Nem olhos humanos verão nem ouvidos ouvirão jamais o que Deus preparou a seus eleitos", porque nesse estado o homem penetra o Terceiro Céu, o mundo da mente abstrata, sentindo-se Deus e domina os espíritos invisíveis.

O conhecimento de que o Íntimo o penetra todo, emancipa o homem da escravidão, da ignorância.

Tudo o que existe é a imagem projetada da mente do homem, porque, quando o Absoluto quer formar, vale-se da imaginação humana e ela é a causa da diversidade da unidade.

O amor para uns é um passatempo, para outros um prazer; ao passo que, para o místico, é a perfeição: todos sentem o amor uno, porém cada indivíduo percebe o objeto do seu amor segundo a imagem de sua própria mente e de seus desejos; mas, para voltar à unidade por meio do amor, é necessário analisá-lo e senti-lo sem desejar seus frutos.

Tudo aparece conforme o espelho em que se mira; porém, a verdade da unidade pode ser vista quando não se emprega espelho algum; de maneira que aquele que se fia em seus sentidos corporais e os emprega como espelhos não pode adquirir o conhecimento da unidade por meio do pensamento abstrato.

O pensamento fixo no abstrato afasta-nos do adquirido pelos sentidos e descobre a verdadeira causa do fenômeno que nos parece misterioso.

A TRINDADE DO HOMEM

Não é demais antecipar estas explicações para que o aspirante possa aplicar com eficácia, desde o começo de seus estudos, certas regras e exercícios especiais que o ajudam na senda da união por meio do pensamento.

Já dissemos que a unidade está além da concepção humana.

Para o equilíbrio dos pratos de uma balança, necessita-se de um ponto médio sobre o qual se apoie.

Platão dizia que o homem é uma cabeça à qual os deuses, ministros e servidores de Deus, haviam colocado membros e um organismo que lhe permitiria transportar-se de um lugar a outro.

Para conhecer a unidade do homem, temos que admitir nele três divisões ou três unidades distintas e unidas.

A primeira divisão, a mais inferior, é o ventre onde se elabora a matéria física de que se compõe o organismo. Esta parte toma do mundo material, pela boca, as diversas substâncias de alimentos para nutrir o corpo. Nesta divisão reina uma entidade inteligente que prepara o alimento do sangue, porém impregna esse alimento de seus atributos que são as sensações e os instintos.

A segunda divisão é a parte central ou o peito; é a residência da alma que se apodera do que elaborou o ventre, dinamiza-o pelo ar oxigenado respirado pelo nariz, renovando nos glóbulos vermelhos a energia perdida por meio da aspiração e da expiração. Nesta parte, acha-se a vitalidade da qual nascem os sentimentos e paixões.

A terceira parte, a superior ou cabeça, tira do sangue, por meio do cerebelo e sistema nervoso, a energia nervosa e armazena-a no sistema central do corpo. Esta energia é a que origina o movimento no organismo. Nesta divisão do corpo, reside a inteligência e a compreensão passiva do pensamento concreto.

Os elementos dessa trindade do corpo físico, trindade imprescindível à vida, estão unidos sob o domínio do cérebro, órgãos dos sentidos e da expressão da energia orgânica. Neste centro de união dos três encontra-se a vontade criadora e a inteligência ativa que recebe suas leis do mundo abstrato do Deus Íntimo.

O CÉREBRO: SUAS DIVISÕES E FUNÇÕES

O cérebro ou encéfalo é a massa contida na cavidade craniana. Divide-se em quatro partes: cérebro, cerebelo, istmo do encéfalo e bulbo raquidiano.

O cérebro tem duas classes de substância: uma branca e outra cinzenta, em tudo semelhante à medula espinhal da qual é prolongamento e contém uma infinidade de nervos que, como filamentos se entrecruzam e se estendem por todo o corpo.

No cérebro, residem os centros da atividade consciente; no cerebelo, os da subconsciente ou os efeitos dos atos conscientes criados pelo cérebro.

Os ditos centros estão formados por filamentos nervosos, em forma de círculos ou semicírculos, em direções opostas e alguns deles ligados entre si.

Estes filamentos no cérebro são os condutores das impressões dos cinco sentidos ordinários, pois cada qual dispõe de arborizações sensitivas, motoras e de associação.

No cerebelo, há outros filamentos iguais, uns subconscientes, outros conscientes que se estendem numa rede infinita de filamentos, por todo o organismo.

Ninguém, até agora, pôde entender como essa rede nervosa cumpre suas funções na trindade do homem ainda que muitos hajam experimentado a influência que exercem as condições físicas em todo o nosso ser. Anotemos alguns exemplos:

1. A substância cinzenta e a branca devem ser excitadas para que o organismo funcione na respiração, digestão e circulação sanguínea etc.; porém, essa excitação cessa na asfixia ou outros casos graves.
2. A temperatura, a insolação, a cólera aumentam essa excitação e produzem delírio.
3. As toxinas modificam a excitação e sensibilidade dessa massa: umas a aumentam, como a cocaína, o álcool, o café etc.; outras a deprimem como o éter, o clorofórmio, os brometos etc.

Estes poucos exemplos demonstram as influências físicas que exercem os meios naturais no cérebro. Agora vejamos os meios anímicos:

1. Uma paixão ou tristeza podem produzir loucura.
2. Uma música, um aroma ou uma flor podem produzir em nós alegria ou tristeza.

Não são necessários mais exemplos e destes deduzimos que a propriedade dessa rede nervosa é que permite que cada indivíduo seja sensível a distintas forças sutis da natureza e que essas forças atuem no ser humano, na sua maneira de sentir, pensar e agir.

Com respeito à terceira parte, que corresponde à inteligência passiva, podemos enumerar milhares de exemplos de sugestão e de autossugestão que excitam a massa encefálica e o sistema nervoso e que conduzirão o homem ao cume da glória ou ao máximo da degradação.

Esses exemplos tomados nas três partes do organismo do homem conduzem-nos à conclusão seguinte:

Um alimento são produz um sentimento puro.
Um sentimento puro produz inteligência clara.
Uma inteligência clara produz um pensamento elevado.
Um pensamento elevado produz uma VONTADE FORTE, primeira manifestação do Íntimo Criador.
O cérebro não é o pensamento, porém o órgão que facilita o ato de pensar.
O pensamento não é a inteligência, porém o instrumento que a manifesta.
O cérebro não é a ideia, porém o molde que lhe dá a forma.
O cérebro não é o pensador; porém a máquina com que cria.

O pensamento é o primeiro elemento do Íntimo, sua potência criadora; é o Pai Criador do céu e da terra.

Todo pensamento que chega a ser ideia fixa e definida na mente do homem se converte em força ativa e se esforça por cristalizar-se no mundo físico.

A ideia, filha do pensamento, é a causa de toda criação no mundo mental e dá o material necessário ao mundo físico.

Todos os grandes feitos do homem, todos os seus inventos, sabedoria, paz, guerra, santidade, glória, eram ideias fixas no plano mental de um homem ou de uma mulher.

A ideia, no plano mental, modela as feições do homem e ensina-lhe a maneira de ser, porque o homem não age segundo a sua forma, porém segundo seus pensamentos. Por isso, disse o sábio: "Tal como pensa o homem, tal ele é".

Para que uma ideia fixa se manifeste, deve o homem alimentá-la com ação permanente e contínua.

Para que a ideia se cristalize, necessita de um período de atividades, relacionado com certos ciclos cósmicos.

Os ciclos cósmicos dependem de leis superiores que não se podem infringir.

As leis naturais e divinas não atuam aos saltos, assim como um grão de trigo não pode dar frutos no momento de ser semeado.

Toda ideia é como o grão de trigo que necessita de quem o semeie, o cuide; precisa de um terreno adequado para germinar; o terreno deve possuir ar, luz e água, fatores e elementos similares aos do grão, para que o possam nutrir.

A necessidade impele o homem a criar e nutrir-se e a necessidade é filha de um desejo; porém, enquanto há desejo, há necessidade e, enquanto há necessidade, há desdita e, enquanto há desdita, o homem procura a felicidade.

Felicidade e infelicidade, poder e debilidade, são ideias fixas no mundo mental concreto; são criações do próprio homem.

Felicidade relativa não é felicidade; desgraça relativa não é desgraça; por isso, o homem eterno procura a felicidade eterna, e a felicidade eterna não se pode encontrar no mundo mental objetivo.

A felicidade eterna é atributo do ser Íntimo no homem e para senti-la é necessário que o homem volte à união com o Íntimo, eterno, infinito e perfeito.

A UNIÃO COM O ÍNTIMO É A PERFEIÇÃO

Dissemos que são quatro os caminhos que conduzem à união com o Íntimo (*Eu sou Ele*) por meio do pensamento: a imaginação ou ideia concentrada, a ação, a sabedoria e a devoção; porém, esta divisão é ilusória e tivemos de empregá-la para esclarecer o conceito da unidade que está além de nossa concepção.

O Íntimo manifesta separadamente seus três aspectos: conhecimento, vontade e atitude de que resultam os pensamentos, desejos e obras.

A demonstração das manifestações na substância não quer dizer que o homem tenha três *Eus*, mas que o único EU ÍNTIMO é quem conhece, quer e atua.

Tampouco as funções são separadas; quando conhece, também quer e atua; quando atua é porque conhece e quer e quando quer é porque também atua e conhece.

Em resumo, os três aspectos do EU são o conhecimento, a vontade e a atividade; assim vemos que a união por meio do pensamento tem aspectos, porém é indivisível.

Assim como as cores dimanam das três primárias, assim também o Íntimo se manifesta no corpo de três modos nos quais dimanam as infinitas manifestações em forma de pensamentos, vontade e ação.

O reflexo interno do homem é o conhecimento, fonte do pensamento.

A concentração interna é a vontade, raiz dos desejos.

A expressão no externo é a energia ou a ação.

MISTÉRIO DA TRINDADE

O Íntimo Deus, cuja "Essência é poder, sabedoria e ação" reflete em seu interior infinidades de formas inertes, nas quais ELE não pode saber atuar, nem tem poder nelas, nem por meio delas. ELE conhece, porém elas não pensam; ELE quer, porém elas não desejam; ELE atua, porém elas não se movem.

Esta conglomeração de formas denomina-se matéria, forma, corpo.

A fim de que o EU ÍNTIMO possa ser CONHECEDOR e o NÃO EU, o corpo conhecido, foi necessário estabelecer entre eles uma relação definida que é o conhecimento entre os dois. Este conhecimento é uma relação dual, a saber: a consciência de um EU e o reconhecimento de sua contraparte, que é o NÃO EU, e sua presença, em contraposição uma com outra, é necessária para que delas devidamente resulte o conhecimento.

Dessa maneira temos: o conhecedor, o conhecido e o conhecimento, ou: o pensador, o pensado e o pensamento que são três em um, cuja compreensão é necessária para empregar o poder do pensamento em auxílio no mundo.

Segundo a filosofia ocidental, a mente é o conhecedor; o objeto é o conhecido; a relação entre ambos é o conhecimento.

Quando compreendermos a natureza dos três, teremos dado grande passo até o conhecimento de nós mesmos, no que consiste a maior sabedoria, cujo fim é pôr termo à dor, elevando a humanidade, do abismo da separação ao conhecimento da união onde a dor acaba.

Para isto pensa o conhecedor e busca o conhecimento que conduz à paz e à felicidade.

Resumo

O pensamento esboça uma ideia e forma uma imagem mental; a imagem mental impele o homem ao ato; o ato é a origem do hábito; a repetição do ato forma o caráter e o caráter é o pai da vontade.

3
A MENTE

O Conhecedor não conhece as coisas em si, conhece somente as imagens do mundo externo produzido em seu veículo, a mente.

A mente, veículo do *Eu*, é como o espelho que reflete as imagens dos objetos. Não conhecemos as coisas em si, mas tão somente o efeito que produzem em nossa consciência. Na mente, vemos somente a imagem dos objetos, porém, não os objetos; assim como o espelho parece ter em si os objetos que não passam de imagens, assim o conhecedor percebe, como se fossem objetos, as imagens refletidas.

Não obstante, o que sucede na mente não é reflexo porque a imaginação é reprodução do objeto e porque a matéria mental assume a forma do objeto e o conhecedor reproduz por sua vez esta semelhança.

Quando, algum dia, a consciência, que é conhecimento, identificar e desenvolver o poder de reproduzir em si mesma o externo e só veja o irreal na matéria, desprender-se-á da envoltura material para identificar-se com os seres.

Esta é a união com a unidade, onde a consciência se conhece a si mesma e aos demais unidos a ela; então, identificam-se o conhecedor, o conhecido e o conhecimento.

VIBRAÇÃO

A vida é movimento e o movimento, ao atingir a forma, é vibração.

Vibração ou movimento é essa troca de lugar na revolução do tempo.

No uno imutável, no Íntimo, não pode existir movimento; por isso, teve de diferenciar-se de si mesmo para que existisse a vida em movimento.

A vida de movimento rítmico e harmônico é saúde e felicidade; a vida arrítmica e inarmônica é morte e desgraça: vida e morte são irmãs gêmeas, filhas do movimento.

Então, surge o movimento quando o uno se manifesta nos muitos.

O espírito é a unidade; a essência da matéria é diversidade e, quando ambos surgem do Íntimo Deus, o reflexo de sua onipresença na multiplicidade é movimento infinito e perpétuo.

O Espírito está na unidade e na diversidade da matéria. O movimento rítmico envolve cada átomo em cada ser, unidos ou separados.

Cada átomo, ao vibrar, comunica suas vibrações aos companheiros que o circundam e estes aos demais, assim como, quando vibra uma nota de um instrumento, atua em todas as demais cordas afins de outro instrumento contido em seu círculo de radiação, ainda que em menor grau.

Da mesma maneira podemos dizer que os pensamentos, desejos e ações são manifestações ou vibrações na matéria do entendimento, vontade e atividade, ainda que difiram fenomenalmente pelo caráter diferente da vibração.

O pensamento vibra na atmosfera mental, assim como a luz vibra e fere os olhos.

A luz é a vibração do éter que fere os olhos; o som é a vibração do mesmo éter que fere os ouvidos. Também o pensamento é a vibração que fere a mente: tudo é vibração, desde o mental até o espírito.

O conhecedor, no homem, tem atividade nessas vibrações e tudo o que pode responder ou reproduzir, é conhecimento. De maneira que o conhecimento é aquela ponte de matéria vibratória, ou é a imagem causada por uma combinação de ondas que une o conhecedor ao conhecido e os põe em contato. Desta maneira, forma a unidade do conhecedor, o conhecido e o conhecimento.

O CONHECEDOR E A MENTE

Temos de insistir sobre o tema porque é a base de todo verdadeiro conhecimento e fundamento de todos os arcanos.

Usou o leitor alguma vez, ainda que por instantes, lentes de cor? E se o fez, como viu os objetos?

Este exemplo nos serve para compreender o conhecedor e a mente.

Por enquanto, podemos comparar o centro de visão, no cérebro, com o conhecedor; os objetos vistos através da lente de cor, com as coisas conhecidas; ao passo que o olho é a ponte que une os dois; e apressamo-nos a dizer que a mente não é o conhecedor e dele deve sempre distinguir-se cuidadosamente. A mente não é nada mais que um instrumento para obter conhecimento; é como o olho, instrumento da visão, e não a própria visão.

A mente é dual: concreta e abstrata.

A mente concreta é a que influi e é influída por cada unidade separada da consciência, como o homem que coloca em seus olhos um vidro de cor.

O conhecedor está ali, porém conhece as coisas segundo o cristal através do qual miram os olhos, isto é, com expressão muito limitada.

Todos os efeitos de nossos pensamentos passados, desejos e obras, formam em nós a mente que é uma parte do NÃO EU, modelada por nosso próprio uso e, somente por meio dela, podemos conhecer.

Todas as impressões vindas do exterior modificam-se e são modificadas por essa massa existente; de maneira que não podemos trocá-la bruscamente por um esforço de vontade, nem prescindir dela, nem suprimir-lhe instantaneamente as imperfeições.

O conhecedor acha-se inconsciente da influência da mente, como quem houvesse visto, por um cristal azul, toda a vida. Neste sentido podemos dizer que a ilusão não existe nas coisas vistas a não ser na mente que usou um vidro colorido.

"A mente é o criador da ilusão" diz o livro dos preceitos de ouro.

A mente abstrata é aquela parte superior da mente humana que estuda as coisas tais quais são, em seu aspecto fenomenal, em vez de estudá-las mediante as vibrações modificadas pela mente concreta. Também se pode conhecer a ideia no mundo dos números, de que a forma expressa o aspecto fenomenal. A mente abstrata funciona quando está livre da mente concreta e de seus sentidos.

Em resumo, o estado atual do homem conhece as impressões das coisas por meio de sua mente concreta e não as coisas em si pela mente abstrata.

O MUNDO MENTAL

O mundo mental é um vasto reino cujo soberano é o pensamento. Esse mundo está cheio de seres viventes, criados por nós, compostos do mesmo material mental, como os seres terrestres se compõem do material terreno.

Esse reino é uma região do universo que interpenetra tudo e, como o mundo físico, tem várias divisões e subdivisões em sua composição; porém, suas vibrações não respondem senão ao poder do pensamento.

A parte superior do mundo mental compõe-se de vários tipos fundamentais. Cada tipo domina suas divisões e subdivisões.

A diferença entre o pensamento abstrato e o pensamento concreto consiste na rapidez ou na lentidão das vibrações. O pensamento puro tem vibrações rapidíssimas, ao passo que o grosseiro é muito lento e não pode atingir os graus sutis da matéria mental. Rogamos ao leitor que medite bem sobre isso.

Não dizemos, em nossa definição, boas e más, termos não adequados à ciência espiritual. Para o espiritualista, o mal é a lentidão das vibrações que se desvanecem antes de chegar ao reino do céu e essa lentidão impede a evolução do homem; ao passo que o bem é a rapidez das vibrações que atravessam os sete céus e chegam constantemente ao mesmo trono do Senhor. Nessa rapidez consiste a evolução do homem.

Jamais se deve esquecer esse ponto importantíssimo se se quiser empregar as diversas chaves do reino que conduzem à união com o Íntimo pelo pensamento.

O pensador constitui seus veículos a cada dia e hora de nossa vida, dando-nos ocasião de aplicá-los a fins elevados que nos conduzem à união com o Deus Íntimo. Despertos ou adormecidos, estamos criando, com nossos pensamentos, elementos e materiais para edificar nosso corpo mental.

Quando o pensamento atua na substância mental que o rodeia, cria vibrações na consciência; ainda que seja fugaz, atrai átomos mentais ao corpo mental e ao mesmo tempo expele outros; de maneira que a força do pensamento é dual: centrípeta e centrífuga.

Daí provém seu movimento e causa, na matéria, a atração e a repulsão.

Os pensamentos baixos e vis atraem ao corpo mental materiais grosseiros adequados à sua expressão; porém, ao mesmo tempo, repelem os finos e rápidos para ocupar seus postos; da mesma forma sucede com os pensamentos harmônicos e bons, que, uma vez alojados na atmosfera mental, desalojam os grosseiros e densos. Admitindo-se verídicos esses fatos, compreende-se a infinita responsabilidade que constitui a educação da criança em seus primeiros anos e a importância de infundir-lhe bons pensamentos e obrigá-la à repetição de certos atos que a desenvolva para influir no seu estado de ânimo, de tal maneira que, a partir de certo momento da vida, exerçam nela uma ação benéfica.

As vibrações do pensamento estão sempre em luta e, segundo a classe de material empregado para construirmos o corpo mental no passado, assim será nosso poder para responder aos pensamentos vindos do exterior. Se nosso corpo mental expeliu matéria densa e grosseira, os pensamentos baixos não terão resposta em nós; como, por exemplo, a um ser puro que vê um homem beijar uma mulher, jamais ocorre pensar mal do que viu, mas supõe-no um beijo fraternal, paternal ou conjugal.

Tal não sucede quando o corpo mental está formado de materiais grosseiros, pois então o pensamento atuará de maneira sinistra.

A companhia de um homem santo produz em nós vibrações santas que nos ajudam a rejeitar, em nossa mente, o grosseiro; por isso, diz o rifão: Diz-me com quem andas e dir-te-ei quem és.

As vibrações mentais do verdadeiro mestre impregnam toda mente, despertando nela átomos de altas vibrações que atuam na consciência. Não é necessário que um mestre dê conselhos para a resolução dos problemas de cada qual; basta que essa pessoa se impregne dos pensamentos puros de um mestre, para que seu próprio pensador resolva todas as dificuldades. Esta é a *única* vantagem que se pode adquirir na companhia do mestre, e não, como creem todos, que o mestre nos conduza até deixar-nos no próprio reino de Deus.

O homem é seu próprio construtor e modelador de sua própria mente. As leituras ou o conselho de um homem podem proporcionar material adequado para pensar e o pensamento tem seu valor no uso que dele se faz; mas, leituras e conselhos não formam a mente.

O segredo consiste em construir, pelo pensamento puro, um corpo mental puro, apto a receber as manifestações do Íntimo e ao mesmo tempo emitir essas radiações aos demais. Então pode o homem-Deus dizer e com razão: EU SOU ELE; ELE É EU.

4
O GÊNESIS

No princípio, Deus (o Íntimo) criou o céu e a terra (emanou de Si o espírito e o corpo).

Porém a terra (corpo ou matéria primordial) estava despida e vazia (do espírito de vida) e as trevas estavam sobre a face do abismo (porque o verbo não se havia feito carne); e o espírito de Deus era levado sobre as águas. (A vontade do Íntimo era que seu espírito fosse introduzido nas águas, matéria primordial para que se forme o corpo).

E disse Deus: "Seja feita a luz", e a luz foi feita (isto é, que penetre o espírito na matéria para a manifestação).

E viu Deus a luz (a manifestação) que era boa; e separou a luz das trevas. (Apesar de que o espírito divino se vai velando à medida de sua descida na matéria até ao ponto em que mal se pode reconhecer sua divindade; não obstante não deixa de estar presente essa energia, ainda que a limitem as formas finitas).

Para melhor compreender estes formosíssimos versículos podemos traduzi-los desta maneira:

No princípio o Íntimo, ao dividir-se ou fazer-se dois para manifestar-se, emanou de si o PENSADOR, PAI E CRIADOR do céu e da terra, ou melhor, o MODELADOR, o Grande Arquiteto do Universo.

Quando o Pai ou PENSADOR concebe um pensamento, produz o primeiro movimento chamado Espírito Santo, o dispensador de vida no seio da VIRGEM MARIA (matéria primordial). Esta ação ou movimento de gloriosa vitalidade desperta os átomos e dota-os de nova força de atração e repulsão. Assim se formam as subdivisões inferiores de cada plano.

Na matéria assim vivificada, nasce o filho, segunda pessoa da trindade, faz-se carne, reveste-se de forma; nasce da Virgem. Assim pois, a vida emanada do Pai pensador, ao penetrar vibrando na matéria, ambos servem de vestimenta ao Filho e se diz: "Nasce do Espírito Santo e da Virgem Maria" e os três formam o Templo de Deus Íntimo no homem.

Quando o pensador no homem emite seu pensamento, este o convida a agir e o saber é "conhecimento das causas que produzem os atos".

Este é o objetivo da vida, juntamente com o desenvolvimento da vontade aplicada ao resultado da experiência que nos conduz pela senda da luz.

Como e onde?

O Íntimo inefável e absoluto tem na cabeça três pontos, cada um dos quais é o assento particular de cada um dos três aspectos.

O primeiro aspecto, o Pai, domina exclusivamente a cabeça, o segundo rege o coração ao passo que o terceiro domina no sexo.

É necessário meditar detidamente sobre isso para compreender estudos posteriores. Na realidade, não há mais que um só Íntimo; porém, olhado do mundo físico, refrata-se em três aspectos.

O Pai tem seu assento num átomo, chamado o átomo do Pai, que se acha num ponto impenetrável da raiz do nariz ou espaço interciliar e seu reino está na cabeça; reflete-se no fígado, centro da emoção. O filho tem seu assento num átomo, na glândula pituitária e seu reino está no coração, regente do sangue que nutre os músculos.

O Espírito Santo, cujo átomo está colocado na glândula pineal, domina sobre o cérebro espinhal até as glândulas sexuais.

O Pai, na raiz do nariz, é o poder criador e pensador. Tem a seu cargo os movimentos voluntários.

O Espírito Santo é o poder criador pelos movimentos involuntários como a digestão, assimilação, circulação etc.

O filho, no coração, tem o poder criador pelo conhecimento e pelo amor.

A mente como instrumento para aquisição do conhecimento é inestimável quando obedece ao Íntimo para governar por meio de seus três aspectos; porém a mente está limitada pelos desejos e submersa na egoísta natureza inferior, tornando difícil que o Íntimo possa governar o corpo.

Quando a mente recebe influência do mundo interno, convida à quietude e à concentração; porém o corpo mental é constituído e influenciado pelo mundo externo; tende a expressar-se por meio dos músculos criados pelo corpo de desejos que formam um caminho reto até a mente pronta a aliar-se ao desejo. Isto é o que estorva o Íntimo e o priva do poder de manifestação por meio do movimento voluntário do organismo. Então o Íntimo toma outro caminho para o domínio do corpo e vale-se do átomo do Espírito Santo na pineal; porém este, que domina o sistema cerebral e o sistema nervoso simpático, tem um grande contendor que se acha na base do sistema: é o inimigo secreto que domina a parte inferior do sistema, a defende e faz dela um sistema involuntário; de maneira que os atos voluntários estão sob o domínio da mente e os involuntários são regidos pelo inimigo secreto, criador do instinto e da sensação.

Então, nada mais resta ao Íntimo que dominar o átomo do Filho no coração, porque este órgão participa, ao mesmo tempo, dos atos voluntários da mente e dos involuntários do sistema nervoso. Este é o único órgão do corpo que possui os dois movimentos e é o mais obediente ao Íntimo.

Como a obra ativa do Íntimo está no sangue, para alimentar o organismo inclusive o sistema nervoso, sobra vida a estes, e o sangue se converte no veículo da memória subconsciente que mobiliza toda a máquina humana.

Ora, o sangue passa ciclicamente pelo coração comunicando-lhe a vontade do Íntimo cada vez que por ele passa e assim o coração se converte em foco do amor altruísta e ao mesmo tempo órgão do pensador. Por isso se diz: "Tal o homem pensa em seu coração, tal é ele" e por isso, na Bíblia, fala-se muitas vezes, do coração: "Filho meu, dá-me teu coração". "E Este povo honra-me com seus lábios, porém seu coração está longe de mim etc."

Quando o pensamento e o Amor se reúnem no coração, convidam o homem, por meio dos impulsos intuitivos, a agir e suas obras serão sempre boas porque são filhas da sabedoria e do amor cósmico.

O reino de Deus está dentro de nós; isto é, os três aspectos do Íntimo que se manifestam no poder, amor e realização, reúnem-se no coração do homem.

Pensar no coração

O primeiro pensamento do homem é o impulso do coração, que nos conduz à fraternidade universal. O átomo Pai está sempre dando bons conselhos aos átomos mentais; porém, aqui está precisamente o começo das complicações.

Quando o espírito pensador no homem dá o bom conselho pela primeira impressão ou impulso do coração, o cérebro começa a raciocinar resultando que, na grande maioria dos casos, domina o coração.

A mente e o corpo de desejos frustram os desígnios do espírito; ambos tomam a direção dos fatos e, como ambos carecem de sabedoria divina do coração, o corpo e o espírito sofrem as consequências. Então, o pensamento destrói certos tecidos nervosos e o desgaste ataca o corpo e necessita de tempo para ser restaurado pelo sangue, veículo do Íntimo; porém, isso significa um retrocesso na evolução. Quando o coração se converte em órgão completamente dócil ao Íntimo e em músculo voluntário dele, a circulação do sangue ficará sob o domínio do único Deus no homem, o espírito do amor, que então impedirá, à vontade, a entrada dos átomos egoístas que fluam do cérebro e da base da espinha dorsal, resultando que os átomos se irão afastando do homem pouco a pouco.

Com o tempo o Íntimo aumentará no sangue os átomos altruístas e, com eles, dará vigor ao sangue, seu veículo, e, dessa maneira, dominará perfeitamente no coração com seu amor divino; então, a natureza passional será conquistada e a mente libertada dos desejos e assim o homem se converterá numa lei e será UNO COM ELE. Havendo-se conquistado a si próprio conquistará então a todo o mundo.

Porém, uma vez que a mente começa a raciocinar contra a voz do coração, a inteligência se vê envolta em substâncias de átomos densos que destroem sua comunicação com o Deus Íntimo. A atmosfera desses átomos densos é a residência do demônio oculto no homem; é a esfera inferior da natureza humana.

Nessa esfera, o demônio tem esfera própria, onde ensina à mente o raciocínio, a crítica e a dúvida para destruir a força da intuição.

O Pai envia-nos da fronte os bons pensamentos que formam a intuição no coração; ao passo que o átomo do inimigo oculto nos manda os maus da base da coluna vertebral e estes formam a dúvida na região do umbigo, centro mágico de onde surge a fortaleza do homem. Neste centro trava-se a tremenda luta entre o temor e o valor, entre o positivo e o negativo se o bem triunfa do mal, diz-se que o anjo Miguel derrota o demônio e o funde nas profundezas do inferno de nosso ser, porém se o mal prevalece, arrasta-nos a esse inferno.

A palavra é o pensamento manifestado cujo objeto é afirmar ou vestir o pensamento com roupagem adequada. Quando, durante a concentração mental que é vibração dirigida a um só objeto, se emprega a palavra, as vibrações da voz despertam as atividades dos centros ocultos no homem e nos põem em contato com os senhores da mente que obedecem à voz do verbo.

5
A INICIAÇÃO

Em todas as escolas herméticas, há uma cerimônia com a qual se recebe o candidato, chamada cerimônia da iniciação.

Essa cerimônia, longe de ser compreendida pela maioria dos candidatos, é um ato muito significativo, cuja verdadeira importância está oculta sob a verdadeira aparência do véu exterior.

A palavra iniciação, derivada da latina "*Initiare*" de *initium*, início ou começo, deriva-se de duas: *in*, para dentro, e *ire*, ir, isto é, ir para dentro ou penetrar no interior e começar novo estado de coisas.

Mas, quem entra e como se pode entrar no mundo interno?

Da etimologia da palavra depreende-se que o significado da iniciação é o ingresso no mundo interno para começar uma nova vida.

A Iniciação maçônica é joia inestimável na coroa do simbolismo. Na loja, há um quarto de reflexão, símbolo do interior do homem. Todo homem, ao cerrar os sentidos ao mundo externo, acha-se em seu quarto de reflexão, isolado na obscuridade que representa as trevas da matéria física que rodeiam a alma até a completa maturação. Este interior obscuro é o estado de consciência do profano que vive sempre fora do templo no meio das trevas.

Desde o momento em que o praticante começa a dirigir a luz do pensamento concentrado para seu mundo interior, a iluminação principia a invadir seu templo, pouco a pouco, e o domínio de sua mente equivale ao azeite que alimenta a lamparina acesa.

Então, o iniciado é aquele ser que dirige seu pensamento ao mundo interno, mundo do espírito, que o conduz ao conhecimento próprio e ao do universo, do corpo e dos deuses que nele habitam.

O espírito único e universal se diversifica em todos os seres que se acham no COSMO. ESTES DEUSES DO UNIVERSO TÊM SEUS REPRESENTANTES NO CORPO DO HOMEM E ESTES REPRESENTANTES CHAMAM-SE ÁTOMOS.

Por isso disse Hermes e com razão: "O que está em cima é como o que está embaixo"; e por isso disse Jesus: "O reino de Deus está dentro de vós".

A porta da iniciação

A porta da iniciação verdadeira, que conduz ao reino de Deus, no mundo interno, é o CORAÇÃO.

A Igreja Católica tem dedicado grande parte de seu culto ao Coração de Jesus e ao Coração de Maria, objetivando, talvez, essa prática para que o homem, com o tempo, tenha a felicidade de subjetivá-la.

Há uma lei ignorada por muitos que é a seguinte: para onde se dirige o pensamento, dentro do corpo, para lá aflui maior quantidade de sangue.

Ultimamente essa lei foi provada cientificamente.

Desde que o homem filho do Pai Celestial, deambula no deserto da matéria, alimentando-se dos prazeres que debilitam a alma e o corpo, tem havido dentro de seu coração uma voz silenciosa que o tem chamado, com insistência, para que volte a seu lar; porém o homem, embebido em seus prazeres materiais não a ouve. O aspirante a ouve e responde à sua chamada quando retorna a seu coração.

Em sua busca interna, encontra oito guias em diferentes etapas do caminho, cuja missão é conduzir o iniciado, se os segue até o fim, à presença do Pai, à união com o infinito.

O homem, nesta natureza emigratória, acende em seu centro-coração a estrela de Belém do Cristo nascido; então os três Reis Magos (corpo vital, corpo de desejos e corpo mental) devem seguir a estrela de Cristo em direção do coração até chegar ao Pai.

O tabernáculo no deserto é o corpo humano no mundo; é o homem peregrino até a eternidade. Este microcosmo move-se ciclicamente num círculo ao redor do Deus Íntimo que reside em seu interior e que é origem e meta de tudo.

Dentro do tabernáculo-corpo acha-se desenhada a representação de coisas celestiais e espirituais. Este corpo humano deve ser venerado em todas as suas partes e devem ser compreendidas todas as suas sublimes e gloriosas realidades.

6
A INICIAÇÃO EGÍPCIA E SUA RELAÇÃO COM O HOMEM

Todo aspirante deve compreender os mistérios da iniciação antiga para poder compreender e praticar, em consciência, a verdadeira iniciação moderna. Todos os mistérios antigos eram símbolos de coisas futuras que devem suceder.

Para poder compreender a verdade, devemos estudar os símbolos antigos que são o caminho mais reto até a sabedoria.

Os egípcios praticavam a iniciação na grande pirâmide. Este monumento maravilhoso jamais foi tumba de faraós, como pretendem demonstrar alguns sábios. A grande pirâmide é fidelíssima cópia do corpo humano e podemos dizer simbolicamente que é a tumba do Deus Íntimo que se acha dentro do homem.

Para que o homem volte à unidade com o Deus Íntimo deve procurar sua própria iniciação em seu mundo interno, assim como nos tempos antigos, o aspirante devia penetrar no interior da grande pirâmide em busca da grande iniciação.

Todas as religiões e escolas materializavam e continuam materializando os mistérios por dois motivos: 1º para velá-los aos olhos do profano e 2º para facilitar sua compreensão ao candidato.

Amedes diz a Shethos, quando chegam ao pé do misterioso santuário da iniciação:

> Seus caminhos secretos conduzem os homens amados dos deuses a um fim que nem sequer posso nomear. É indispensável que eles façam nascer em si o ardente desejo de alcançá-lo. A entrada da pirâmide está aberta a todo mundo; porém, compadeço-me daqueles que têm de procurar a saída pela mesma porta cujos umbrais franquearam, não havendo conseguido outra coisa senão satisfazer sua curiosidade muito imperfeitamente e ver o pouco que lhes é dado referir.

Porém, o aspirante insiste no propósito de receber a iniciação e escala atrás de seu mestre o lado norte da pirâmide até chegar a uma portinha quadrada, sempre aberta, de reduzidas dimensões (três pés de largura e outros três de altura), que dá acesso a um passadiço apertado.

O discípulo e seu guia percorrem-no, arrastando-se com dificuldade. O guia vai adiante com uma lâmpada do saber humano que apenas alumia seu caminho.

A palavra pirâmide vem de "PYR" equivalente a fogo, ou seja, espírito. A iniciação na pirâmide equivale à comunicação com os grandes mistérios do espírito "a união no reino de Deus interno com o Pai". Este fogo não é fogo material, nem tão pouco o fogo ou luz dos sóis, porém o outro fogo, mil vezes mais excelso, é o do PENSAMENTO.

A grande pirâmide iniciática, dentro da qual penetrava o candidato, é o símbolo de nosso próprio corpo. Onde, com efeito, senão nele, nos iniciamos, mais ou menos, a largo da vida e das vidas?

Nessa grande pirâmide-corpo, estamos iniciados evolutivamente, até chegar à condição dos adeptos divinos, iniciadores, por nossa vez, dos seres inferiores a nós.

A porta estreita da pirâmide é a mesma porta estreita do Evangelho que conduz à salvação. Está sempre aberta; porém, para poder nela entrar, o homem deve inclinar-se ou dobrar-se a si mesmo, conduzindo-se ao mundo interno com o pensamento. O passadiço apertado é o caminho abrupto e penoso que conduz ao reino de Deus dentro do corpo; porque o caminho da perdição é amplo, disse Jesus: o guia é o bom desejo ou aspiração e o candidato é o próprio homem.

Depois de muitas angústias de poucos momentos, que ao aspirante parecem séculos, chega a uma habitação de regulares dimensões (dentro da caixa torácica). Ali o recebem dois iniciados (dois intercessores): O EU SUPERIOR E O ANJO DA GUARDA. Ambos são criados pelo próprio homem, com a melhor de suas aspirações presentes e passadas, a quem não deve fazer qualquer pergunta. Porém, o aspirante ignora essa proibição, trata de pedir-lhes explicações, mas é informado de que não deve malgastar o tempo, já que não obterá resposta alguma, porque os intercessores não são mais que suas próprias criaturas (e só o Deus Íntimo é quem pode dar respostas verdadeiras).

Esses dois intercessores conduzem o pensamento ao mundo interno, entram num extenso corredor que, por fim, termina à beira de precipício profundo e insondável (o precipício das tentações dos desejos que conduz à parte inferior do corpo físico; o aspirante deve ser tentado com esta prova e deve baixar ao poço obscuro de seu próprio corpo).

Uma luz, emanada do intelecto, posta à beira, lhe permite apreciar o perigo de espantosa caída (quando o pensamento se dirige a este mundo inferior e nele se deleita). Olhando com atenção, o aspirante distingue umas barras assentadas num lado da negra furna que, embora não sem risco, fazem possível a descida (do pensamento) por elas a homens de cabeça firme e ânimo imperturbável.

O aspirante prefere baixar para não sofrer as dificuldades do regresso. A bastante profundidade, terminam os degraus das costelas, sem todavia chegar ao fundo. No último degrau (o do ventre) busca a solução ao terrível problema e então encontra na parede uma abertura ou estreita janela e por aí poderia entrar em outro corredor, descendente sempre, mas em forma de angusta espiral. Ao fim do passadiço pendente, tropeça o neófito com uma forte verga. Empurra-a; ela cede; mas, ao cerrar-se por trás dele, bate nos quícios e produz infernal fragor.

Segue avante, mas outra verga lhe corta o passo. Ao aproximar-se, vê continuar um corredor baixo e estreito sobre cuja entrada brilha este letreiro: "Todos os que percorrem esta senda, sós e sem mirar atrás, serão purificados pelo fogo, pela água e pelo ar." Se conseguirem vencer o medo (da mente) da morte, sairão do seio da terra (da profundeza do corpo humano), voltarão a ver a luz (do Sol, no coração) e terão o direito de preparar a alma para receber a revelação dos mistérios da grande Deusa Ísis (os mistérios da natureza humana).

(Até aqui teve o aspirante, desde sua entrada pela porta da pirâmide, ou por seu próprio coração, de caminhar por quatro corredores e esses corredores comunicam-se por estâncias ou gradis). O pensamento, durante sua penetração, tem de percorrer os quatro corredores que unem e comunicam os quatro centros mágicos e poderosos dentro do corpo do homem, que levam às quatro etapas inferiores do mundo interno seguindo as leis cósmicas da involução; porém, uma vez chegado à última etapa, começa novamente seu ascenso depois de ser provado em sua evolução pelo fogo, pela água e pelo ar.

O aspirante segue o caminho da iniciação.

Embora ninguém o veja, está sempre vigiado por seus intercessores; à menor debilidade, acudirão pressurosos e, por outros corredores, o conduzirão à porta de entrada para que se reintegre na luz e na vida exterior, não sem haver jurado que a ninguém referirá o ocorrido. O perjuro será terrivelmente castigado, porque esse descenso às ínfimas etapas confere ao aspirante os poderes das trevas, e ai de quem se atreva a comunicar aos demais esses poderes! Ai de quem os utiliza para fins pessoais.

À extrema do escuro corredor encontra o aspirante três iniciados que cobrem cabeça e rosto com a máscara de Anúbis. (Há três iniciadores dos três corpos que nos guiam nessas etapas antes de chegarmos ao altar dos mistérios maiores).

Aquela porta é, na iniciação, a porta da morte. Um dos mascarados diz ao aspirante: "Não estamos aqui para estorvar-te o passo. Podes prosseguir, se os deuses te concedem o valor de que precisas. Porém, sabe que, transposto este lugar (se chegares ao fogo sagrado de tua divindade) e em qualquer momento retrocederes, aqui estamos para impedir que fujas. Até agora, és livre de retrogradar; mas, se fores avante, perderás a esperança de sair destes lugares sem obter a vitória definitiva. Ainda é tempo; decide-te! Se renuncias, ainda podes sair por este corredor (que dá para o mundo exterior) sem voltares a vista para trás; se avanças, segue o caminho em frente (que te conduz ao centro da medula espinhal) por onde deves escalar o *céu*. Deves palmilhar esse caminho sem vacilação (se não queres ser retido em teu próprio inferno). Escolhe".

Respondendo o aspirante que nada o arredará, os três guardiãos deixam-no passar, fechando a porta (a quarta). Outra vez fica sozinho num largo passadiço em cujo extremo adverte um resplendor. À medida que se adianta, torna-se mais intensa a luz chegando a ser deslumbrante. Logo chega a uma sala abobadada onde, a um lado e outro, ardem piras enormes cujas chamas se entrecruzam no centro (da base da coluna vertebral).

Essa parte está coberta por um gradeado incandescente. Os cravos mal lhe permitem pôr o pé em lugar seguro de queimaduras e, ao transpô-lo não há somente o perigo de padecer abrasado, senão o de morrer asfixiado naquele irrespirável ambiente.

Fechando os olhos, penetra o aspirante na ígnea habitação; mas, ó incrível encanto! Ao tocarem os pés o gradeado fino (quando o pensamento puro penetra sem temor no fogo sagrado) as chamas desaparecem, apagam-se as fogueiras instantaneamente e a passagem por elas se faz possível sem temor de se afrontar morte espantosa. (Nem se creia tratar-se aqui de mero símile, senão de realidade tangível. Nas entranhas misteriosíssimas de nosso corpo como nas de nosso planeta arde, segundo a física, um grande fogo e dorme, consoante a Metafísica, um fogo ainda mais intenso, o fogo do pensamento cósmico. Esses fogos, ocultos à vista do profano que vive fora do Templo, são vistos e sentidos só pelo iniciado).

João dizia a seus discípulos: "Eu vos batizo verdadeiramente com água; porém, aquele que virá depois de mim, batizar-vos-á com fogo e com o Espírito Santo". João, o asceta, a mente carnal, não pode comunicar a seus discípulos maior sabedoria que a dos mistérios relacionados com o plano da matéria, cujo símbolo é a água, ao passo que a sabedoria de Jesus sim, como iniciado nos mistérios superiores, pois era o próprio *fogo de sabedoria*, nascido da verdadeira gnose ou real iluminação espiritual.

Devemos compreender, aqui, a natureza desse fogo. Não se trata de fogo físico, senão de aspecto superior desse elemento. A prova do fogo superior, a que está submetido o aspirante da iniciação interna, pô-lo-á em frente a si mesmo, isto é, a natureza divina em frente à natureza terrena. É a viagem de regresso, é a viagem mental para sua própria divindade. Deve atravessar as esferas dos senhores das chamas, assim como as atravessou em sua viagem de involução ou descenso.

O poder ígneo do homem é o que leva a humanidade à sua prosperidade espiritual e material e é o que gera os *mestres* e *guias* das nações.

Nessas esferas residem os senhores das chamas e, quando o aspirante à vida superior os evoca pela iniciação interna, dentro dessa parte inferior do corpo, suas chamas consomem o inferior, o mesquinho, o denso e o grosseiro e o converte em Deus onipotente.

Essas chamas, no corpo humano, constituem o fogo criador e são as emanações do Espírito Santo, terceiro aspecto do Íntimo Deus, e por elas avizinha-se o homem de sua divindade.

Para poder atravessar o mundo das chamas divinas é necessário que o pensamento e o corpo estejam puros, castos e fortes.

O mundo dos senhores das chamas tem sete divisões como todos os demais mundos; mas, também essas etapas ou divisões se interpenetram. Na parte superior governa o Deus da luz e, na parte inferior, domina o demônio do fumo.

Na humanidade atual, predomina o elemento do fogo com fumo e, por isso, fazem suas guerras de destruição, mormente com fogo e incêndios, ao passo que os iniciados tratam de dominar o mundo por meio da luz pura e não por meio do fogo destruidor.

O fogo do sol central e seu representante na cabeça ardem mas não queimam, à maneira da sarça de Horeb, ao passo que o fogo do sol físico queima e arde por sua rebelião contra o sol central como sucede no corpo físico.

O pensamento é um poder que possui som, calor e forma. Uma vez dirigido para a parte inferior do corpo, acende o fogo sagrado, mas a pureza do pensamento e sua castidade eliminam do fogo seu fumo e calor destrutivo e deixa somente *sua luz*, e *Deus é luz*. Então, o iniciado é erguido pelos anjos da luz do trono da luz.

Todo homem deve passar por essas etapas; mas, os que tomam o caminho do regresso, ascendendo, são os magos brancos ou filhos da luz, ao passo que os que se detêm nessas esferas se convertem em magos negros ou filhos das trevas.

O pensador, nessa viagem mental, inicia seus átomos; só a pureza e a castidade podem livrar esses átomos do inferno do fogo e trevas para conduzi-los ao céu da luz pura, livre de todo fumo e ardor.

O homem *que domina seus instintos faz-se servir por esses deuses, elementos do fogo*.

Seguindo depois por outras galerias, dentro do seu organismo, ia o aspirante desembocar na líquida extensão que invadia toda a amplidão de um subterrâneo. No outro extremo, distinguia-se, ao fim, uma escadaria. Era preciso vingar o perigoso obstáculo e, consequentemente, o aspirante se desnudava rapidamente e, sustentando as roupas enroladas no alto da mão com que sustinha a lâmpada, valia-se da outra para nadar e vencer a corrente das águas agitadas (dos desejos).

Antes de ser-lhe facultado o ingresso para levar a termo seus deveres de sacerdócio no próprio santuário, devia o aspirante ser submetido à prova da água. O divino Jesus cumpriu essa lei no Jordão onde passou pelo rito místico do batismo da água. Ao sair da água, diz-se que o Espírito Santo desceu sobre Ele.

Quando o aspirante se submete à prova da água, sente que se desprendeu do seu corpo físico e de seus cinco sentidos; esta separação é parcial como quando se encontra durante os momentos da entrada-sonho. O homem, passando primeiro pela prova do fogo e depois pela da água, segue a mesma evolução do planeta Terra que um dia foi ígneo e que, ao esfriar-se pelo contato no espaço, gerou umidade que, evaporada, se levantava e novamente caía até que chegou a ser água. De modo que, pela ação do calor e do frio, foram formados os espíritos da terra, da água e do ar e que até hoje continuam formando o corpo humano. De maneira que estes elementos nos acompanham desde a remota idade de nossa formação física. Uma vez descritos os elementos do fogo, temos que dizer algo sobre os da água, ou anjos da água e sempre devemos distinguir a água física e seus elementos.

Na iniciação interna, depois de vencer os elementos do fogo, dominando o instinto, o iniciado deve dominar os elementos da água ou dos desejos. Sempre devemos distinguir qual a diferença entre o instinto e o desejo.

A prova da água é o símbolo do vencimento do corpo de desejos; deve-se advertir o candidato de que para regressar ao céu do Pai, à união com Ele, deve desfazer-se dos grosseiros gozos da carne, sem menoscabar sua inclinação aos gozos espirituais.

O fogo que radica na parte inferior do corpo é o instinto; o de desejos radica no fígado e ambos influem na mente e pela mente.

O aprendiz, depois de seguir outras galerias em seu corpo, chega ao fígado, morada do corpo de desejos.

Nessa víscera reside o rei elementar da água, que dirige suas hostes no corpo por meio dos desejos.

Outra vez devemos insistir em não confundir-se a água com seu elemento superior que é o desejo, assim como não se deve confundir o corpo com o espírito. O mundo dos elementos da água é como um vapor etérico, seus habitantes são seres vivos e inteligentes que intensificam nossos desejos e impressões.

Os elementos da água apoderam-se da substância mental para tomar a forma desejada; porém, ao vê-los interiormente, parecem-se com uma constelação e por isso os ocultistas chamam ao mundo dos elementos da água, mundo astral, pela sua semelhança com os astros.

Quando o iniciado vence este mundo e, este corpo astral de desejos em seu fígado, pode penetrar na inteligência da natureza e levantar o véu de Ísis.

O homem que se entrega à satisfação de seus desejos grosseiros encontra-se agarrado por esses elementais como por um polvo; eles se apoderam dos átomos mentais para criar formas com as quais encadeiam o homem.

Esses elementais têm suas escolas internas dentro do homem, porém, só dão seus ensinamentos às pessoas que os dominam, e esse domínio deve ter base no amor.

Os elementais da água têm muita admiração e respeito aos seres que se sacrificam pelos demais e pelos que afrontam o perigo para salvar náufragos.

As sete divisões deste mundo estão povoadas por elementais de desenvolvimento diferente. Os inferiores nos incitam aos desejos baixos, ao passo que os superiores nos ensinam a sabedoria das idades passadas, quando a chispa divina do homem penetrava na densidade da matéria.

Quando um homem domina seus desejos, os elementais da água acodem a servi-lo com toda obediência, buscando desse modo chegar à imortalidade por meio da energia que recebem do *Íntimo* no homem.

Chegando à outra margem, vestia-se o neófito e, após breve descanso, começava a subir o escadório em cujo topo havia uma plataforma-fronteira e uma larga porta à qual estavam fixas duas argolas a modo de chamadores.

Ao puxá-las, arriava o patamar e ficava o neófito no ar, pendurado pelas mãos, zurzido por furioso vendaval e sem lume, por haver deixado cair o que levava para agarrar-se bem às argolas. Após alguns momentos de angústia e terror, que deviam parecer séculos, o vento cessava. Ele tornava a sentir, sob os pés, o terreno firme do patamar e, ante seus olhos atônitos, abria-se a porta para deparar-lhe um magnífico templo intensamente iluminado.

A prova do ar pertence ao mundo mental.

Na parte abstrata do mundo da mente habitam os elementos do ar e têm papel importante na evolução do homem. Também nessa parte se acha nossa mente própria, que herdamos de remoto passado.

Os elementais superiores do ar possuem a inspiração em qualquer ciência ou arte; os inferiores interessam-se muito pelos fenômenos espíritas.

Na iniciação interna deve o neófito dominar os elementos inferiores para ser servido pelos superiores. Uma vez dominando uns e sendo servido pelos outros, chega o homem à onisciência podendo, desse modo, conhecer, ou melhor, reconhecer as histórias do passado e ver o futuro. Poderá conhecer exatamente a hora de sua morte e livrar-se dos tormentos ilusórios, das alucinantes regiões do inferno e purgatório.

Os elementos do ar estimulam e guiam nossa mente aos pensamentos altruístas e elevados por meio da visualização interna.

Com essa visualização, podemos concentrar e aprender todas as ciências e religiões do passado e, ao mesmo tempo, criar novas ciências e religiões mais perfeitas.

Quando um homem domina o fogo sexual na prova do fogo, impregna a região de sua mente com seus átomos luminosos solares, cujo brilho infunde aos elementos do ar profundo respeito.

Por sua onisciência, chega o iniciado a saber o porquê das coisas sem necessidade de pensar nelas, porque esse saber está dentro de nós mesmos e, para compreendê-lo, não devemos vacilar. Então, o homem não foge do perigo porque sabe de antemão o que vai acontecer e como há de arredar-se.

Os elementos do ar são os depositários dos arquivos da natureza; tudo quanto deseja o homem conhecer, encontra ele nos arquivos em mãos desses elementos que dentro de nós habitam.

Os elementos do ar são os que leem os pensamentos alheios e comunicam essa leitura ao homem a quem respeitam e servem. Nunca se manifestam à gente orgulhosa ou vaidosa. São muito amigos dos simples e humildes e por isso vemos que muitas verdades saem das bocas das crianças e dos pobres de Espírito como diz o Evangelho. Dizem-nos que, depois da tentação de Jesus no deserto, foi ele servido por anjos que não eram outros que os elementos superiores do ar. Nenhum orgulhoso de sua mente e saber humano logra dominar as potestades do ar, como lhes chama são Paulo; porém, são elas muito obedientes aos homens que alcançarem o domínio mental pela concentração, sempre que tal concentração tenha fim construtivo.

O orgulho e a magia negra pertencem à divisão inferior desses elementais. Muitas vezes enlouquecem e enfermam seus médiuns e produzem neles perturbações mentais. A legião que foi dominada por Jesus e arrancada dos dois sensitivos loucos que viviam nos cemitérios, era da divisão inferior dos elementos do Ar, porque há pessoas que se dedicam à necromancia e outros ramos da adivinhação, seja por lucro pessoal, seja por vanglória e caem nas redes dos elementais inferiores com o exercício de tais dons de maneira inadequada.

O mundo mental inferior é dominado pelo inimigo oculto em nós. Ele tem às suas ordens as hostes inferiores do ar, ao passo que os elementos superiores são hostes do Pensador, Pai da criação, que os envia ao homem em forma de intuição ou de inspiração superior por meio do coração.

Os superiores são defensores dos órgãos delicados do corpo astral, ao passo que os inferiores os rompem para deixar passar, pelas rupturas, certos conhecimentos do mais além.

Pode-se comparar a concentração do adepto ou santo a uma evaporação da inteligência para chegar ao conhecimento dos mistérios ocultos; mas, as provocações dos espíritas e hipnotizadores etc. têm por objetivo a materialização do sutil e diáfano para poder julgar através dos sentidos físicos. O primeiro método espiritualiza a matéria; o segundo materializa o espiritual crendo poder assim conhecê-lo.

Todo discípulo que se vangloria de seus poderes afugenta de si os elementos superiores do ar.

A mente humana tem analogia, em seus movimentos, com o ar; assim como não se pode reter nem dominar o ar, assim também só consegue dominar o pensamento aquele que atingiu, em sua iniciação, os graus superiores.

O objetivo da iniciação externa é dar ao aspirante um símbolo de como dominar seus pensamentos depois de haver dominado seus instintos e emoções. Essa é a única vereda que leva à unidade.

Uma vez terminadas suas provas e triunfante em todas, entra o aspirante em seu magnífico templo interior, iluminado pela luz divina.

Do altar o sacerdote felicitava-o por sua firmeza e valor e oferecia-lhe um copo de água pura, símbolo de sua iniciação e aperfeiçoamento moral. Em seguida, ajoelhava-se em frente à tripla imagem de Osíris, Ísis e Hórus: a trindade sagrada.

Seguindo esse maravilhoso relato no mundo interno, podemos chegar a surpreendentes significados.

Quando o aspirante triunfa sobre suas provas internas, dentro do seu próprio templo-corpo iluminado, chega até seu coração, o altar do Deus Íntimo; então, adianta-se a recebê-lo o grande sacerdote, o símbolo do homem perfeito, que é o *átomo nous* que vive sempre perto do altar divino no homem e está esperando o discípulo de sua viagem mental para guiá-lo até sua própria divindade. O *átomo nous* depois de felicitá-lo, dá-lhe de beber a água da vida eterna, como recompensa à sua chegada ao reino do seu Pai interno. Em seguida, ajoelha-se em frente ao altar, ante os três aspectos do Deus Íntimo que são: o poder, o saber e a manifestação, a trindade sagrada.

Ainda não está unido com seu Íntimo; acha-se apenas ante seus atributos.

Com essa cerimônia findava a primeira parte material da iniciação.

Teve o aspirante valor e força necessários para o adiantamento; mas isso não é tudo, falta ainda saber se, não o havendo vencido o terror, não o subjugariam as seduções do bem-estar, da paixão e do prazer.

Para demonstrá-lo e sem que o aspirante perceba, durante o transcurso de sua educação iniciática, tem de ser tentado como Jesus no deserto, a fim de se apurar se quebraria suas obrigações de vida pura e domínio dos apetites e sensações.

Se vencesse, seria um discípulo da iniciação; se, ao contrário, o vencessem seus apetites e paixões, seria sentenciado a permanecer em categoria inferior até aprender a vencer-se a si mesmo.

Durante as provas morais e a meditação, aprende o aspirante, nas escolas internas, toda a sabedoria: o significado das cerimônias religiosas, a simbologia, a consciência e magia dos números e letras, a relação da astronomia com seu próprio corpo, que leva à astrologia hermética. Aprende o poder da palavra, do pensamento e seus efeitos, manejando o poder magnético e hipnótico; recebe pouco a pouco a ciência da magia e o modo de utilizá-la.

Mas, para chegar ao cume do poder, deve preparar seus três corpos contra os quais saiu vencedor nas provas: o corpo físico, o corpo de desejos e o corpo mental.

Domina o corpo físico por meio do jejum e do ascetismo. O jejum purifica e o ascetismo domina suas sensações triunfando sobre a sede, o frio, o calor, o cansaço, o sofrimento e todas as moléstias materiais.

Tem de manter o corpo limpo, dormir pouco, trabalhar muito; seu alimento deve ser bom e natural e não deve beber senão água.

Domina a alma ou corpo de desejos matando as paixões, a ambição, o desejo de possuir, o bem-estar pessoal, o egoísmo etc. Deve chegar a ser indiferente às alegrias e às dores, aos prazeres e sofrimentos, de modo que nada altere nunca sua tranquilidade de pensamento. Neste período deve aprender certas obrigações místicas, rituais e costumes, práticas e orações.

Para dominar seu terceiro corpo que é o mental, deve dedicar todos os seus pensamentos ao mundo interno, silencioso em suas meditações, enviando sua poderosa vontade à distância para cumprir certos deveres. Desse modo pode atingir os planos superiores da vida espiritual, onde se alcança a iluminação e o conhecimento da verdade.

O domínio dos três corpos é necessário para a última prova que equivalia ao coroamento de toda a iniciação. Significava a completa renúncia a todo o vulgar e terreno para alcançar a suprema luz, a qual só brilha ante os olhos cerrados pela morte física.

Esta última prova consistia em colocar o discípulo dentro de um sarcófago.

Metido dentro dele, tinha de passar, imóvel, toda a noite, entregue a profunda meditação e a rezas especiais. Nessas condições, realizava a projeção do corpo *Astral* segundo os métodos que lhe haviam ensinado, e seu corpo invisível, arrastado pelas correntes dos mundos superiores, ascendia às alturas onde lhe era dita a última palavra, onde conhecia o último segredo da absoluta verdade. Ao raiar do outro dia, levantava-se do sarcófago outro homem: um adepto, pertencente à suprema hierarquia da *iniciação*. Seus poderes eram indescritíveis; suas obrigações e responsabilidades eram espantosas.

Só um mestre da sabedoria secreta seria capaz de afrontá-los.

A entrada no mundo astral necessita do domínio dos três corpos acima indicados: o aspirante deve ser puro no corpo físico, no corpo de desejos e no corpo de pensamentos ou em outros termos, em pensamentos, desejos e obras.

A verdade é interna e, para chegar a ela, devemos entrar em nosso mundo interno e fazer de nosso corpo físico um sarcófago. Por meio da profunda meditação e da oração mental, penetra o espírito nas correntes divinas, ascende até o Pai que "dará ao vencedor o maná escondido, e lhe dará uma pedrinha branca e, na pedrinha, um novo nome escrito, que ninguém sabe, senão aquele que o recebe".

No fim daremos os exercícios adequados a esses ensaios.

Há pessoas crentes de que os tempos da iniciação se extinguiram antes da era cristã. Talvez seja certo; porém, nunca deve ser esquecido que, se a iniciação egípcia desapareceu, outras mais importantes e mais práticas surgiram no judaísmo e a mais perfeita nos trouxe o cristianismo.

Diz-se-nos hoje que cumpre ir buscar no Tibet a palavra perdida; que, nos cimos inacessíveis do Himalaia, está o misterioso retiro dos mestres. Não negamos a existência daqueles excelsos seres naquela região; mas devemos compreender sempre que o Himalaia é também símbolo igual ao das pirâmides do Egito, que permanecem no mundo interior do homem.

A invisível entrada permanece aberta; a senda, hoje como então, existe. Só podem palmilhar a estrada aqueles que põem em prática os quatro conselhos da esfinge, guiados por decidido propósito e isentos de insana curiosidade. Onde quer que estejam, podem achar o caminho *porque os mestres internos velam* e sua atenção atinge todas as partes.

Falamos sobre a iniciação Egípcia que se efetuava na pirâmide e de sua relação íntima com o corpo humano; agora falaremos da iniciação hebraica que, embora difira nos seus símbolos, tem o mesmo objetivo e fins que a primeira.

7
A INICIAÇÃO HEBRAICA E SUA RELAÇÃO COM O HOMEM

O tabernáculo no deserto é o símbolo do corpo físico no deserto da matéria. Desde que o homem foi dotado da mente, perdeu a vista espiritual porque dedicou todos os seus pensamentos ao mundo externo. Então o Senhor revelou aos guias da humanidade (os mestres internos) como voltar ao mundo espiritual pelo caminho da mente ou do pensamento. Assim, o tabernáculo ou o corpo foi dado ao homem para achar seu Deus.

A Pirâmide do Egito se assemelha oa Tabernáculo desenhado por Jeová; ambos eram a representação do corpo humano, ambos eram a incorporação de grandiosas verdades cósmicas ocultas com o véu do simbolismo, cujos objetivos são a união do homem com o Íntimo, por meio do pensamento.

Essa idealização divina está dada ao homem que fez aliança com Deus, pela qual se compromete a servi-lo e oferecer o sangue de seu coração, vivendo uma vida de serviço sem buscar proveito próprio.

O tabernáculo estava orientado de Leste para Oeste; o Leste do homem é sua frente ou anterior; seu Oeste é a parte inferior. O aspirante entrava pela porta oriental, caminho do astro do dia e continuava andando para a frente, para o ocidente, tocava o altar das oferendas, o altar dos sacrifícios (que estão no baixo ventre), onde se queimavam aquelas oferendas; depois, chegava ao lavabo de bronze (o fígado, a purificação pelo serviço, prova da água) para penetrar em seguida no vestíbulo, quarto oriental chamado lugar santo e, por fim, na parte ocidental, o *sancto sanctorum*, onde se acha a Arca da Aliança, o símbolo mais grandioso de todos.

Assim, também, andaram os três magos do Oriente (os três corpos do homem) com o pensamento, a estrela do Cristo Interno, até chegar a Behetleem-Belém, casa de carne, onde reside o ponto central da divindade nascida em forma humana.

A porta do tabernáculo achava-se colocada na fachada oriental. Estava coberta com uma cortina de linho de três cores: azul, amarelo e púrpura, cores que representam os três aspectos ou pessoas da divindade. "Deus é luz", disse são João, porém a luz branca refrata-se em três cores primárias na natureza e no homem. O vermelho está no sangue, quando este se põe em contato com o ar; essa cor pertence ao Espírito Santo no mesmo homem; o amarelo é a cor do Filho que fulgura no coração, ao passo que o azul é a cor do Pai, a qual flutua como bruma nas quebradas das montanhas longínquas. O amarelo do Filho misturado ao azul do Pai proporciona a cor verde vegetal da natureza; é a cor da vida e da energia. O amarelo como o vermelho produzem o purpúreo sangue das veias como consequência do erro e do pecado.

Naqueles tempos, não aparecia o amarelo puro no véu do tabernáculo porque Cristo não se havia manifestado no homem para tecer o "traje dourado da boda" da alma humana que foi a noiva de Cristo, em linguagem mística.

Também significavam essas três cores as três religiões consecutivas do homem: o vermelho, religião do Espírito Santo em épocas passadas; o amarelo, a do Filho, na atual e a azul, a do Pai, na cabeça, no futuro.

Dia virá em que as três cores do homem, emancipado das restrições da lei, se entremesclarão e, girando em redor do Íntimo, formarão, com a união, a luz Branca, síntese de todas as cores.

O ALTAR DE BRONZE está colocado à entrada Leste do tabernáculo no ventre do homem. Naquele altar sacrificava-se algo da propriedade material que possui o homem para ser consumido pelo fogo; assim como sentia o sacrificador a perda do animal de sua propriedade, assim também, com a mesma dor e a mesma pena, sentimos hoje o sacrifício de um hábito ou vício animal querido a nossos sentidos. (É a prova do fogo).

A primeira lição dada ao candidato é o sacrifício dos seus próprios instintos animais. O animal era sacrificado por seu amor, por seu próprio bem no altar de bronze; ele também deve sacrificar todo o seu bem-estar por amor aos demais no altar do seu instinto (o ventre).

O tabernáculo no deserto era uma sombra ou projeção das coisas maiores que haviam de vir, diz são Paulo. E todas essas coisas estão *dentro* e não fora do homem.

Cada homem deve construir seu próprio tabernáculo, isto é, seu corpo templo; deve converter-se em altar do Altíssimo e ser o sacerdote e a hóstia ao mesmo tempo; deve ser o sacrificador e a oblação ou sacrifício que nele se oferece. Como sacerdote, deve nele degolar o animal e queimá-lo por amor aos demais.

O fogo de densa nuvem de fumo que flutua sobre o altar de bronze e que consumia a vítima é nosso remorso que consome nossos erros e faltas. O fogo do remorso é escondido pela divindade interna; é a única purificadora de nossos vícios. Embora, a princípio, nos moleste seu fumo, dentro do mesmo fumo reflete a luz que pode servir-nos para chegar ao mundo da unidade, mundo da pura luz da verdade.

Temos de sacrificar nossos instintos no altar de nosso Deus íntimo, queimá-los com o remorso para sermos perdoados e em nós cumprir-se o que disse o salmista "ainda que sejam seus pecados tão vermelhos como escarlate, ficarão tão brancos como a neve".

Depois da purificação pelo fogo no altar de bronze e de ficar o aspirante limpo dos instintos animais, caros a seus sentidos, devia lavar-se no lavabo de bronze, grande pia que se mantinha sempre cheia de água.

O fígado é o Mar Vermelho dos desejos, que tiveram os hebreus de atravessar no êxodo para a terra da promissão, até Jerusalém (cidade da paz, o corpo humano limpo dos desejos inferiores) o altar de bronze em que os instintos animais, radicados na parte inferior do ventre, devem ser queimados pelo fogo do arrependimento. O lavabo de bronze é a depuração dos desejos inferiores na região do fígado; é a santificação e a consagração pelo serviço, para poder construir o verdadeiro templo do Deus Interno. E, quando sair da água, sobre ele baixará o Espírito Santo em forma de pomba e a voz do Pai será ouvida dizendo: "Este é meu filho bem amado".

Passado o aspirante em sua viagem mental pelo charco dos instintos no baixo ventre e pelo fogo dos desejos no fígado, acha-se o véu que vela a entrada do templo místico, ante o coração.

Ao correr o véu, entra no quarto oriental chamado o lugar sagrado ou o lugar santo. Esse lugar não tinha nenhuma abertura por onde pudesse passar a luz externa, porém, dia e noite, estava iluminado por uma luz interna.

Coloque, o aspirante, seu corpo em disposição para compreender esses sagrados símbolos e procure penetrar com o pensamento a parte interior do peito buscando ver o que há dentro.

À maneira do tabernáculo, verá mentalmente os objetos, único mobiliário do lugar santo ou peito: o altar do incenso (o coração), a mesa dos pães da proposição (os pulmões) e o candelabro de ouro do qual procedia a luz (os sete centros luminosos, chamados chakras, na espinha dorsal do homem).

Só o sacerdote (iniciado) podia passar o véu externo e entrar.

À entrada, pelo peito, ao lugar santo, acha-se, ao lado esquerdo, o candelabro de ouro das sete luzes. São os sete anjos diante do trono do Senhor; com essas luzes iluminam o mundo interno do homem.

Na mesa da proposição (pulmões) havia doze pães (que representam os doze signos zodiacais) elaborados pelas doze faculdades do espírito ou doze glândulas internas que colaboram no pão da vida, para desenvolvimento da alma. O mesmo Íntimo nô-las deu por meio dos doze departamentos sob o domínio das doze hierarquias. Esses pães devem alimentar a alma de cada homem para serviço dos demais.

O altar de ouro do incenso é o coração, onde o iniciado sacerdote deve queimar o aroma do serviço e do amor no lugar santo, antes de poder penetrar no santo dos santos.

O animal ou erro foi queimado no altar de bronze; o incenso (ou serviço) é queimado no altar de ouro ou do incenso, ante a presença do Senhor. O erro é queimado pelo remorso, e o serviço é queimado pelo fogo puro do amor impessoal. O cheiro do fogo do remorso é nauseabundo; o odor do serviço é fragrância.

Uma vez oferecido seu serviço, como incenso, no altar do coração, já pode o aspirante levantar o segundo véu para penetrar, em seu ascenso, no quarto ocidental chamado o santo dos santos.

O *sanctum sanctorum* é a cabeça do homem, saturada de uma grandeza divina. Nesse quarto ninguém podia entrar senão o Sumo Sacerdote e o Hierofante-Mor, somente uma vez no ano. Todo o tabernáculo é santuário de Deus, assim como o corpo físico do homem é a residência do Íntimo; porém, na cabeça ou *sanctum sanctorum*, manifesta-se a glória do Shekinah. Por isso, só o perfeito Hierofante pode n'Ele penetrar, uma só vez por ano, no dia da propiciação.

No extremo ocidental do santo dos santos (cabeça), na parte mais extrema do Oeste de todo o tabernáculo, descansava a Arca da Aliança. Era um receptáculo côncavo que continha o Pote de Ouro do Maná, a Vara de Aarão e as Tábuas da Lei.

A Arca da Aliança é a forma interna da cabeça do homem que representa o desenvolvimento desta em todas as idades.

No subconsciente estão escritas as leis divinas e naturais, como disse são Paulo, que lhe ditam como trabalhar com elas sem quebrá-las; desse modo converte-se em servidor das leis por amor das mesmas leis.

O Pote de Ouro do Maná é a mente que baixou do céu Íntimo ao corpo humano que possui a mente. Esse espírito na cabeça, ou Arca da Aliança é o que dá vida aos órgãos e se acha encerrado dentro da arca de cada ser humano.

A Vara de Aarão é o princípio criador do homem que reside na medula desde a glândula pineal e se manifesta no sexo. A glândula pineal é a que dá força espiritual criadora à árvore do Éden para dar seus frutos. É a origem da força criadora no homem que deseje utilizá-la para a regeneração e não para a degeneração.

Todo aspirante, para chegar a Hierofante e poder entrar no santo dos santos deve, por meio da castidade, fazer florir nele a Vara de Aarão.

De ambos os lados, sobre a Arca da Aliança, no interior da cabeça, achavam-se dois Querubins em reverente atitude. Adoravam o fogo ardente da glória do Shekinah, da qual saía a luz do Pai e comungava com seus adoradores.

Seguindo mentalmente a viagem espiritual do aspirante que agora é Hierofante e ao chegar à parte ocidental da cabeça (jardim do Éden, de onde foi expulso) vemos dois querubins que vedam a entrada do Éden.

Esses dois Querubins são duas grandes forças figuradas no anjo da espada e no anjo da guarda, o intercessor. O primeiro é terrível; espanta-nos, anotando nossas ações, com sua espada flamígera. O segundo é nosso intercessor ou Custódio.

O primeiro obstrui nosso passo por meio de nossa forma mental grosseira composta de nossas más paixões e desejos. O segundo reúne os átomos dos mais elevados e sutis de nossas aspirações, ideais e obras de serviço.

No altar das oferendas, devemos queimar os átomos do instinto e, no altar do incenso, oferecer os dos desejos para poder entrar novamente no reino de Deus.

O centro do santo dos santos está ocupado pelo triângulo sagrado do Shekinah que simboliza "a presença de Deus no meio de nós". Está sempre iluminado e simboliza o fogo do fervor e a chama, luz da divina presença. O triângulo de Shekinah simboliza a trindade do absoluto ou Íntimo em sua manifestação: o Pai, no átomo da fronte, o Filho, no da pituitária e o Espírito Santo, na pineal.

Cristo foi o primeiro que, por seu autossacrifício, rasgou o véu e abriu o caminho para o santo dos santos.

Cristo pôs fim ao santuário externo para erguer o santuário interno.

O altar de sacrifício dos instintos purga as faltas; o candelabro de ouro deve ser aceso em todo esse santuário íntimo para que sua luz nos guie à união com o Pai que mora dentro de nossa consciência divina.

Uma vez que o aspirante é feito sacerdote do Altíssimo e entra no santo dos santos para unir-se com o Pai, deve sair novamente para ajudar seus irmãos no mundo e, uma vez terminada sua missão com eles, tem de ser crucificado no crânio, esse ponto de nossa própria cabeça pelo qual sai o espírito, definitivamente, ao abandonar o corpo com a morte. O Gólgota é a meta do desenvolvimento humano, *na iniciação cristã, mas não na iniciação hebraica*, porque não havia chegado o tempo.

Antes da vinda de Cristo, os hebreus iniciavam-se nos mistérios do tabernáculo; porém, nunca chegavam até o próprio sacrifício; por isso era iniciação incompleta.

Desde a vinda do Cristo ao mundo, a iniciação egípcia e hebraica foram completadas pela iniciação cristã, cuja mira é ensinar-nos como imitar Cristo, seu fundador que traçou o caminho especial e único: entrar em união com o Pai muitas vezes, espiritualmente, para voltar a sacrificar-nos pelos demais, antes de dar o salto final.

Resumo da iniciação hebraica:

O instinto da carne deve ser consumido no Altar do sacrifício próprio, pelo remorso; a alma deve ser lavada e purificada de seus desejos; então, o homem pode buscar seu Íntimo, no templo interno.

Em sua busca está iluminado pelos sete raios das sete virtudes; seus pensamentos, palavras e obras convertem-se em pão da vida para suas doze faculdades do espírito; seu serviço impessoal será como incenso queimado pelo amor aos demais no altar do seu coração.

Nesse estado, já pode "ir ao Pai, ao céu e o céu está dentro do homem" e pode identificar-se com o Pai convertendo-se em Deus-homem, consciente da sua onipotência, criador desde o céu de sua mente pela união com o Pai na própria consciência divina, na glória de Shekinah.

8
A INICIAÇÃO CRISTÃ E SUA RELAÇÃO COM O HOMEM

Jesus disse: "Eu não vim abolir as leis, senão completá-las". Depois de explicar de um modo resumido as iniciações egípcia e hebreia, cabe-nos agora dizer algo sobre a iniciação cristã, que é complemento e perfeição das anteriores por ser a única que abriu a porta da união com o Íntimo no reino interior de Deus para todos os homens, coisa que não sucede nas anteriores, porque só aceitam reduzido número.

A iniciação cristã é o caminho do amor que leva à união com a divindade interna e seu 1º grau é o batismo.

Para poder compreender o mistério do batismo temos de rever os primeiros versículos do terceiro capítulo do Evangelho de são João que dizem:

> **Vers. 1º** E havia um homem dos fariseus chamado Nicodemos, príncipe dos Judeus (o intelecto).
> **Vers. 2º** Este veio a Jesus à noite e lhe disse: "Rabbi, sabemos que és de Deus porque ninguém pode fazer esses milagres que fazes se Deus não está com ele".
> **Vers. 3º** Jesus lhe respondeu e disse: "Em verdade, em verdade te digo que não pode ver o reino de Deus (que está dentro) senão aquele que renasce".
> **Vers. 4º** Nicodemos lhe disse: "Como pode um homem nascer sendo velho? Porventura pode voltar ao ventre de sua mãe e nascer outra vez?"
> **Vers. 5º** Jesus respondeu: "Em verdade, em verdade te digo que não pode entrar no reino de Deus (Interno) senão aquele que for nascido da água e do Espírito Santo".

Cristo, na última fase, alude ao domínio dos elementos da água e do fogo no homem como princípio da iniciação cristã (ver a iniciação egípcia).

Na iniciação antiga, o neófito, depois de alcançar a justificação pelo sacrifício, tinha de lavar-se ou banhar-se para poder entrar no próprio santuário. Jesus, o Alto Iniciador, cumpriu no Jordão esse antiquíssimo rito do batismo. E, quando saiu da água, isto é, triunfante dos seus desejos, desceu sobre ele o Espírito Santo.

O batismo cristão é como a purificação antiga dos judeus e como a prova da água na pirâmide do Egito. Uma vez que o neófito é batizado, quer dizer, purificado de seus desejos na fonte da vida e, quando sobre ele desce o Espírito Santo, dedica-se à sua missão: o amor, manifestado pelo serviço. Servir à humanidade desinteressadamente como Jesus, pois já foi purificado dos seus próprios desejos. Então, o batismo representa a primeira escala do amor impessoal que dá acesso à fonte da vida universal, ao reino de Deus que está no interior do homem.

Mas o batismo não significa o fato material de submergir-se na água ou ser rociado com esse líquido, porque esse fato não é mais que alegoria ou símbolo.

Já dissemos que os elementos da água, necessários para a vida do homem, são os que constituem, neste, o corpo de desejos e é preciso dominá-los para a purificação.

De maneira que o símbolo externo do batismo nos indica a necessidade da pureza interna de nossos desejos e paixões e isso pode ser efetuado em qualquer parte do mundo e em qualquer momento.

Quando o sacerdote unge o cimo da cabeça, a fronte, o peito etc. com o azeite, antes de derramar a água que limpa, dá-nos a compreender, ainda que o mesmo sacerdote obre inconscientemente, que, por meio do santo óleo e do magnetismo puro dos seus dedos, facilita, às vezes, o movimento dos centros magnéticos que começam a girar e — tudo é movimento — abrem-se para receber a água batismal da purificação. Assim também, quando o neófito começa a adquirir a pureza interna por meio do batismo esotérico, abrem-se seus centros magnéticos de poder para receber o Espírito Santo.

O batismo do Espírito Santo é a segunda etapa ou continuação do primeiro. Quando o iniciado depurou seus desejos negativos, advém a exaltação espiritual, seguida de uma reação. Já não pode pensar com a razão porque começa o sentir do coração e haverá novo céu puro onde receberá o batismo do Espírito Santo, que não pode conceber nem conter em seu veículo de carne.

Experimentado esse batismo, foge para o deserto, e nesse estado de êxtase pode sentir ao Pai, fonte de toda vida, e compreender o significado de Deus feito carne. Então, poderá dizer como são Paulo: “Nem olhos humanos jamais viram o que prepara Deus a seus eleitos”.

Chegando a esse estado, tem de sofrer a prova da *tentação*. Essa prova é muito perigosa porque o demônio ou inimigo interno que reside em nossa natureza inferior lhe grita: "Faze que essas pedras se convertam em pão; agora que já és poderoso, domina o mundo inteiro". Porém o iniciado acaba de banhar-se com a água do amor impessoal, fonte da vida, sacrifica tudo, até mesmo sua vida, de preferência a valer-se desses poderes para bem pessoal, esquece-se de sua dor, de suas necessidades, de sua fome, para aliviar aos demais, prover suas necessidades e alimentar gratuitamente milhares de pessoas e responde ao inimigo secreto: "Nem só de pão vive o homem, senão de cada palavra procedente de Deus". Isto é, quando o homem se banha na fonte da vida universal, sente-se atraído por seus pensamentos para o Íntimo; pode alimentar-se de suas próprias aspirações sem necessidade de recorrer a grandes quantidades de alimentos do corpo e, para que a alma possa alimentar-se da palavra de Deus, necessita de passar por largo jejum.

Vencida, a tentação vai elevar o iniciado a outra etapa mais elevada: a transfiguração.

Com o batismo, adquire o homem poderes espirituais; com a tentação, decide para qual lado se inclina no emprego de seus poderes, se para o bem, se para o mal, porque esses poderes são como a dinamite que pode aplicar-se à construção ou à destruição.

Uma vez dominados os elementos inferiores do fogo e da água, do instinto e dos desejos por meio do triunfo do pensamento sobre a tentação que incita a servir-se dos poderes em benefício próprio, ou para adquirir fama, glória etc. a força do Espírito Santo universal irradia luz divina no aspirante, do mesmo modo que o foco elétrico irradia e comunica luz a tudo e a todos os que estão dentro de sua esfera de ação. Basta sua presença para resolver todos os problemas dos homens. Ele é pobre, mas pode dar as riquezas aos demais; é humilde, mas irradia glória; é silencioso, mas inspira as mais sublimes e construtivas ideias. Essa é a transfiguração, processo do espírito que ilumina o corpo, templo do aspirante, e rasga todos os véus para que a luz interna ilumine todo o ser. É o Cristo radiante que se manifesta desde o coração; é a *luz do mundo*.

Anatomicamente, a medula espinhal divide-se em três seções que controlam os nervos motores, sensoriais e simpáticos. Quando o aspirante domina a tentação, sobe o fogo espiritual em forma serpentina perto do cordão espinhal, até chegar ao cérebro, de modo incompreensível para a maioria, e esse fogo depura as substâncias grosseiras dos três corpos inferiores do homem: físico, passional ou vital, e mental para começar o processo de regeneração ou transfiguração.

O fogo do Espírito Santo, no sacro, converte-se em luz no cérebro e então o homem torna-se onisciente sem necessidade de intelecto.

Quando chegamos à transfiguração, irradiamos somente a luz branca do Íntimo, como o sol espiritual, e, então, podemos dizer: *Ele é Eu, Eu sou Ele*; *Eu sou um com o Pai no reino do Íntimo*.

Depois da transfiguração, isto é, da união com o Pai no reino do Deus Íntimo, deve o iniciado voltar ao mundo, a seu corpo unido ao mundo para sofrer três sacrifícios: o sacrifício do corpo, o da alma e o do espírito, por seus irmãos, como o faz a mesma divindade.

O primeiro sacrifício, o do corpo físico, está representado pela última ceia.

Quando o aspirante sacrifica seus instintos animais no *altar de bronze*, seu próprio corpo físico se torna em *alimento verdadeiro* e seu sangue em *bebida verdadeira* para seus doze discípulos ou faculdades do espírito colocadas em seu organismo como escalões para chegar à estatura do Cristo. Para atingir a meta da iniciação, devemos apoiar-nos nessas faculdades, tal qual o homem para progredir na vida há de apoiar-se nos demais para ascender; porém, uma vez subido, é de obrigação oferecer-se ou sacrificar-se por aqueles que o serviram na escalada e consigo tê-los em seu reino.

As doze faculdades do espírito, representadas pelos doze signos zodiacais, pelos doze discípulos do Cristo, têm-nos acompanhado desde tempos imemoriais, em nossos instintos em nossas quedas, em nossas dores para chegar à evolução atual. Hoje que o homem já tem sua mente formada e completa, deve, por meio desse dom, sacrificar-se pelo bem desses amigos, companheiros nossos durante tantas idades. Porém, esse sacrifício não é só para bem deles, senão para benefício próprio porque a mente, sem auxílio desses discípulos ou faculdades internas, não pode chegar a nenhuma parte do caminho.

Quando a mente sacrifica a atração do instinto animal, converte o corpo e o sangue em hóstia pura, em pão e bebida dos anjos, que desce do céu do espírito para alimentar a todos os seres de seu organismo. Converte-se em sacerdote do Altíssimo que sacrifica o gozo do seu corpo animal em que se acha identificado, em benefício de seus servidores internos. Então, estes se iluminam e começam a trabalhar não só pelo bem do mesmo corpo, mas ainda o de todos os seres que habitam no cosmo. De maneira que o primeiro sacrifício consiste em dominar os instintos que nos atam à animalidade.

O segundo sacrifício é o da alma e está representado pela agonia no Horto das Oliveiras.

Não basta sacrificar os instintos animais do corpo; é necessário carregar na própria alma todos os sofrimentos dos demais: morais, mentais e físicos para poder aliviá-los.

Todo iniciado deve sofrer a dor do próximo para saber como aliviá-lo; deve sentir todas as desgraças do mundo em sua alma para encontrar-lhes um remédio eficaz. Deve apurar o cálice da dor e da amargura para que seu coração possa oferecer a cura e o auxílio sem limitações; então seu coração se converte em horto de agonia no qual chora pelas desgraças alheias.

Porém, a dor mais intensa nessa etapa é a ingratidão e abandono dos seres mais queridos de seu coração. Aqui, abandonam-no seus melhores anelos e desejos formados para suavizar o mundo, por ver que não bastam anelos, mas ser necessário o sacrifício próprio, sacrifício vivo.

Cada um de nós pode passar por essa iniciação e sentir essas mesmas dores. É a única iniciação verdadeira e, fora dela, não há nenhum objetivo em pôr o pé na senda interna. Para que o leitor aspirante a compreenda deve dirigir seu pensamento, por um instante, ao Cristo e imitá-lo.

Suponhamos que, ao levantar-nos do leito pela manhã, resolvermos tomar o mesmo trilho do Cristo. Que sucederá?

Antes do mais, devemos sacrificar o animal em seu próprio instinto, abandonando tudo o que possa satisfazer o corpo: luxúria, alimentos requintados, macias camas, bebidas etc. e temos de nos submeter a jejuns, mortificações, orar, meditar e sofrer toda sorte de privações e tudo isso para quê? Para, com o tempo, chegarmos a ter o poder de curar um enfermo desconhecido, aliviar sua pena, salvá-lo de uma desgraça, sem que ele saiba quem foi seu médico ou quem o salvou da desgraça. Esta é a primeira etapa.

Depois, deve o aspirante à vida superior privar-se, por seu serviço incógnito e impessoal, da recompensa, da fama, da glória, prosseguir na pobreza, matar o desejo de cobrar por seu trabalho etc. Por último, é caluniado e vituperado como ignorante inepto, considerado pelos pudentes do mundo como ser inútil na vida, desprezado e abandonado até por suas esperanças e anelos.

Finalmente, tem de passar pelo terceiro sacrifício que é a crucificação, a qual dura toda a vida e todas as vidas posteriores em sua obra de salvação sem a menor esperança de recompensa.

Se alguém pensar no supradito e nele meditar, verá:

1º Que a Iniciação está no mundo interno do homem e não é necessário ir a parte alguma para recebê-la;

2º Que todo iniciado tem de sofrer as mesmas dores do Cristo.

O terceiro sacrifício pertence ao espírito e está representado pela crucificação.

Consiste em viver para morrer pelos demais sem aspirar nenhuma recompensa material nem espiritual; sacrificar-se para melhorar o mundo e continuar sacrificando-se até a consumação dos séculos.

Depois de saturar-se com a dor, o futuro Cristo se torna uma fonte de amor impessoal para aliviar todos os males do mundo; porém, para chegar a esta etapa precisa de tornar-se salvador e, para sê-lo, é mister que, em seu coração, se una a sua mente e se crucifixe no crânio ou gólgota.

Esse estado desenrola-se do seguinte modo.

Na Última Ceia sacrificou seus instintos para oferecer seu corpo como alimento puro; na agonia do Horto, ofereceu sua alma para carregar a dor alheia. No primeiro sacrifício, mudou a direção de sua força sexual criadora, que, em vez de dirigir-se para baixo e esgotar-se na satisfação das paixões bestiais, agora se dirige para cima, para a cabeça, como fogo regenerador para pôr em vibração a glândula pineal e abrir a vista interna.

Esse fogo sagrado, ao repercutir na caixa craniana, Arca da Aliança, ascende à glândula pituitária, de cujo âmbito se desprende uma luz maravilhosa em forma de coroa de espinhos e essa coroa é muito dolorosa; porque isto significa que o corpo físico se está consumindo pelo fogo do espírito que se desprende, não só da cabeça, em forma de coroa, mas também das mãos, dos pés e, desse modo, fica todo o corpo como um holocausto aceso sobre o altar do Íntimo.

Nesse estado fica o iniciado crucificado em seu crânio-gólgota e, quando consuma o autossacrifício, lança o grito triunfal, porque o sacrifício do corpo físico, dos instintos e do corpo de desejos estão consumados; então, o iniciado se torna companheiro de seu Pai e sua missão será praticar a religião do Pai que é a unidade ou o todo em todos.

O mais alto grau da iniciação que conduz à união com o Íntimo infinito é a crucificação, para salvação da raça humana. Todos os aspirantes à iniciação têm de ser coroados de espinhos.

O objetivo da iniciação não é a busca dos poderes mágicos, senão o sacrifício pelos demais. Sem esse requisito não há religião, nem escola, nem ocultismo, nem misticismo.

O iniciado deve converter-se em salvador do mundo, dissipando os horrores de uma época e de uma geração, carregando sobre seus próprios ombros o pecado do mundo.

Os espiritualistas compreendem que, quando curam um paciente por meio espiritual, o médico tem de experimentar o sofrimento mental do enfermo em si mesmo e deve experimentá-lo em plano superior. É um estado muito penoso (o de transmutar a dor em seu equivalente mental) para quem curou o enfermo, de modo que essa amargura mental é tremenda. Temos o exemplo de Jesus quando chegou a essa hora em que devia carregar-se com o pecado daqueles que curara moral e fisicamente; exclamou: "Pai! Aparta de mim este cálice, se é possível; mas, faça-se a tua vontade e não a minha".

Quando um espiritualista deseja a cura moral ou física de um enfermo incorre em certos trabalhos que infringem as leis superiores.

Suponhamos que um enfermo do estômago ou outro, espiritualmente deprimido, vem a um espiritualista e lhe pede cura. Havemos de compreender que a enfermidade é efeito de uma desobediência à lei natural. A dor de estômago, por exemplo, é resultado da maneira de comer, ou da quantidade ou da classe de comida, desobediência ligada ao seu castigo. Consiste a cura em eliminar a dor ou castigo da lei, enchendo o órgão dolorido com certos átomos vitais emanados do curador.

O órgão enfermo pode semelhar-se a um recipiente cheio d'água suja e a força vital é como água limpa derramada nesse recipiente até atirar fora o conteúdo imundo.

Verifica-se nesse processo que o médico espiritualista tem de perder energia ao esvaziar de seu corpo uma quantidade de átomos sãos e vitais, e, ao mesmo tempo, por lei de compensação, tem de encher esse vazio com outros átomos viciados do enfermo. É certo que nem sempre logram esses átomos enfermos contagiar o médico com a enfermidade física, mas suas vibrações negativas ou seus pecados magoam muito sua mente e sempre lhe produzem esse sofrimento mental.

"Quem me tocou?" perguntou Jesus a seus discípulos e estes responderam: "Mestre, estás entre a multidão e perguntas quem te tocou?".

"Senti que de mim saiu uma força" respondeu Jesus.

Isso é um símile para que o leitor compreenda que a missão do iniciado é salvar e sofrer a dor dos demais; porém, quando passa pelo sacrifício, então nunca mais reencarnará; converte-se em logos do raio a que pertence.

Como se vê, todas as iniciações antigas e modernas têm uma só mira: guiar o homem no mundo interno, mundo do Íntimo, e todos sabemos que a única senda franca para esse mundo é a senda mental ou pensamento.

Cada religião e cada escola têm sua iniciação própria e todas vão dar num ponto só, pois tais iniciações são mero símbolo de uma realidade interna e nunca se deve confundir alegoria com verdade.

Existe, no fundo de cada religião, a verdadeira iniciação e a essa deve o aspirante voltar toda a sua atenção e pensamentos.

Muitos leitores perguntarão talvez: "Como podemos ser iniciados e a quem devemos recorrer para obter a verdadeira iniciação?".

Respondemos: "Todas as iniciações são boas se conduzem o pensamento ao mundo interno e o *único iniciador deve ser o Eu Sou*".

9
A INICIAÇÃO MAÇÔNICA E SUA RELAÇÃO COM O HOMEM

A Maçonaria é um fato da natureza e, sendo fato da natureza, é repetição diária, sucedida no mesmíssimo homem.

Suas leis são as mesmas de toda religião; estas têm por mira o descobrimento do verdadeiro ser interior e o conhecimento de si mesmo. Porém, como sucedeu às religiões, sucedeu à Maçonaria: materializaram seus pensamentos para adorá-los em vez de espiritualizar suas obras para converterem-se em deuses.

Não negamos que os segredos exotéricos das religiões e da Maçonaria são atualmente de toda gente; porém, o verdadeiro mistério delas não se acha nos livros, rituais ou cerimônias, senão no mais Íntimo do espírito no jardim edênico cuja porta está guardada e vigiada pelo anjo da espada flamígera. Os religiosos, os sacerdotes de toda religião e os maçons possuem os mistérios à maneira dos camelos do deserto: carregam a água e não morrem de sede e, todavia, correm buscando, por toda parte, o líquido da vida.

O símbolo é como a verdadeira arte, nunca deve falar aos sentidos e sim excitar a imaginação; porém, desgraçadamente o homem atual tão lerda imaginação tem, que não se anima a esquadrinhar nada, contentando-se com adorar o ídolo que gerou.

Seu objetivo é a investigação da verdade; porém, tal investigação deve ser interna e subjetiva, em que pese aos maçons descrentes disso. Dissemos que os símbolos são a alegoria da verdade, mas não são a verdade; apenas exprimem a imagem simples da realidade das coisas. O símbolo é o corpo físico da ideia; mas, para conhecer a ideia temos de senti-la e concebê-la.

O fim da Maçonaria é que cada homem conheça a si mesmo e o conhecimento de si mesmo não consiste em estudar anatomia, conquanto, muitas vezes, a magnificência da anatomia conduza o homem à meditação do mistério.

"Eu Sou o pão da vida", disse o Divino Mestre. Poderemos crer que essa frase simbólica significa o pão que comemos diariamente, e que quem o come vive eternamente?

Antigamente, quando o homem não materializava seus pensamentos, não tinha precisão de símbolos nem alegorias. Até agora, alguns animais têm, instintivamente a sensação do barômetro e sentem, de antemão, a chegada da tempestade, ao passo que o homem tem de recorrer ao aparelho de suas investigações. Tudo isso aconteceu desde que o homem começou a crer, em tudo, nos cinco sentidos e abandonou a intuição subjetiva.

Assim compreendemos que os símbolos na Maçonaria têm por objetivo redescobrir a luz oculta pelos véus dos sentidos. São necessários, até certo ponto, porque constituem o corpo físico do ensinamento; porém, não devemos jamais imaginar que o homem somente viva quando em seu corpo físico.

Oportunamente, explicaremos, quanto possível, o significado de cada símbolo.

Então, como dissemos, aparecerá a Maçonaria como repetição das leis naturais no mesmo homem segundo a máxima de Hermes: "Em cima como embaixo".

Maçom ou franco-maçom

O termo maçom deriva-se, conforme alguns autores, de *phree messen*, vocábulos egípcios que significam: filho da luz e, para outros, *livre construtor*.

Em linguagem maçônica Deus se conhece com o nome de *Grande Arquiteto*. *Arqui* é uma palavra grega que quer dizer: *substância primordial ou primária*. *Tekton*, em grego, quer dizer *construtor*. Diz-se que José, o pai de Jesus era carpinteiro; porém, a palavra empregada em grego é *tekton*, isto é, *construtor* e mal pode ser traduzida por carpinteiro. Igualmente se diz ter sido Jesus *tekton*, ou seja, construtor. Desse modo, o termo *franco-maçom* ou significa filho da luz ou construtor, que se está esforçando por construir um templo místico, por construir, dentro de si, o altar de seus sacrifícios e que deve velar e orar enquanto espera pacientemente que o fogo divino baixe para consumir sua oferenda.

Quer franco-maçom signifique *filho da luz* quer *livre construtor*, essas denominações dignificam o homem que o aceita, porém podemos perguntar: "Quantos homens que têm o título de maçom são dignos desse termo?".

Templo

O templo é o lugar onde se reúnem os maçons para elaborarem seus trabalhos. Essa palavra deriva-se do latim *tempus* (tempo). Já repetimos e insistimos agora que, desde que o homem abandonou seu estado edênico, seu paraíso espiritual, se afastou muito da verdade e não mais pôde conceber o abstrato, teve de materializar suas ideias, como são Tomé que, depois da ressurreição do Senhor não podia conceber intelectualmente tal prodígio e quis introduzir o dedo nas chagas para averiguar o fato. Assim sucede com todo homem. Desde o momento em que se esqueceu de Deus que mora em seu coração, de suas leis naturais no universo e do corpo físico, inventou um deus exterior e criou um edifício para alojá-lo. Esse edifício chama-se templo. Mas, não se deteve aí; quis compreender intelectualmente a natureza de Deus. Então, começou a dar-lhe formas iguais ao próprio corpo físico e atribuir-lhe desejos e paixões e, por último se fez representante d'Ele na terra. Deus converteu-se num ser temível, exposto à ira, vingança, ódio etc. e, apesar de ser infinito, reduziu-se ao extremo de poder habitar num edifício chamado *templo*.

O iniciado, ou filho da luz, compreende até à evidência, que o universo inteiro é o templo de Deus, que o templo de Deus é universal, não sectário e que sua contraparte é o mesmíssimo corpo do homem. Está escrito: "Não sabeis que sois templos de Deus e que o espírito de Deus mora em vós?".

Os egípcios, que eram muito mais sábios que nós, quando construíram seus templos, imitavam quanto possível, as leis cósmicas universais que se refletem no corpo do homem. A pirâmide de Quéops é o templo mais perfeito. Nesse monumento eterno, pôde a mente iniciada encerrar alguns mistérios do corpo físico refletidos pelos do Macrocosmo. O iniciado ou sacerdote egípcio conheceu-se a si mesmo, física e espiritualmente e escreveu seu conhecimento nesse livro; que a pirâmide é, para que seu irmão menor pudesse ler nele e saber, como ele, o modo de entrar em seu interior e adorar Deus.

Não disse o Cristo?: "Chegará a hora e agora é, em que não adorareis o Pai, nem neste monte, nem em Jerusalém. Deus é espírito e é mister que aqueles que o adoram, o adorem em espírito e verdade".

E o templo de Salomão não é imitação do corpo físico? Não significa todos os seus mistérios o processo alquímico que se efetua diariamente dentro do corpo do homem?

A humanidade, qual filho pródigo do Pai celestial, faminto no deserto do mundo, alimenta-se com os desmandos dos seus prazeres que enfermam a alma, mas sempre teve a voz interior do *Eu Sou* que lhe grita: "Volta para teu lar".

O iniciado, filho da luz, depois de sofrer mil misérias atrás dos prazeres, sente-se impelido pela voz interior a voltar ao seio do Pai e formar do seu corpo uma casa, um templo para Deus, um templo do espírito, onde possa entrar, fechar suas portas para encontrar o Pai frente a frente e responder à sua voz.

Porém, como nem todos puderam ouvir essa voz, essa voz interior, o Pai nos fala com linguagem simbólica, a qual, por sua vez, oculta e, a seu tempo, revela as verdades espirituais. Valem-se dos irmãos maiores para trazer à nossa vista o símbolo do templo, cujo objetivo é fazer-nos voltar interiormente a Ele, ao nosso coração, o único altar da divindade.

Adorar a Deus em espírito não significa prosternar-se ante uma imagem dentro de um templo feito por mãos humanas, senão, à maneira de Melquisedec, no templo não construído por homem algum. Porém, tal qual contemplamos o retrato de um ser querido, porque o retrato desperta em nosso coração um sentimento terno, assim, o simbólico templo acende em nosso peito o desejo de adorar o Deus interior que está fora do alcance dos sentidos físicos.

Cristo pôs fim à época do santuário, ou templo externo, desde o momento em que fez o autossacrifício; desde então, devia o altar dos sacrifícios levantar-se em nosso coração para reparo das culpas. O candelabro de ouro deve estar dentro do corpo para que nos guie o Cristo interno e a glória do Shekinah do Pai more dentro dos recintos sagrados de nossa própria consciência divina.

Então, o templo é a representação alegórica do corpo físico. Todo iniciado deve penetrar diariamente, por meio da concentração e meditação, no templo interior, o coração, e permanecer aí largos minutos em presença de seu Pai celestial. Deve o aspirante deixar qualquer sistema exotérico, escola ou religião e dedicar-se a essa comunhão com o Pai, porque o templo da religião esotérica e da Maçonaria tem por mira levar o homem a esse fim.

A LOJA

O templo representa o universo que é o templo de Deus, cuja contraparte é o corpo humano. No interior do sagrado templo há uma câmara destinada à reunião geral para estudar as obras de Deus. É a câmara interna, é o sol do Templo, o lugar santo onde mora a presença de Deus: a *loja*.

A loja é a manifestação do logos ou palavra, ou o Cristo que vive em cada um dos membros e encontra em seu conjunto uma harmônica expressão. Assim como o templo é a contraparte do corpo físico, a loja é a contraparte do lugar santo que se acha dentro do homem onde o Cristo, *Eu Sou*, está trabalhando sempre, construindo e expressando o Plano do Grande Arquiteto. O verdadeiro *sanctum sanctorum* encontra-se no interior do homem, o qual, para materializá-lo, lhe deu um símbolo que é a loja onde busca a inspiração.

Também a loja representa a superfície da terra com os quatro pontos cardeais: Oriente, Ocidente "caminho da luz", Norte, Sul, sua largura, com terra, fogo e água, sob nossos pés e ar sobre nossas cabeças, mais acima das quais representa o teto da loja um céu estrelado, símbolo de um mundo imaterial. Tudo isso quer dizer que, como o universo não tem limites e é um atributo de Deus que abarca tudo, assim também a loja, o *logos*, o Cristo dentro do homem, que praticamente não tem limites, está dentro e fora, e tudo o que é feito por ele foi feito.

Demais, se examinarmos detidamente a loja, verificamos ser a representação completa e exata do mesmo corpo do homem, interna e externamente. Temos de apurar a compreensão desse símbolo, senão, o maçom será como o papagaio que repete as palavras sem as entender.

Foi dito que loja, logos, palavra do verbo, Cristo, *Eu Sou*, significam a mesma coisa. Agora examinaremos a doutrina da redenção cristã. O verbo fez-se carne, em nós se manifesta para salvar-nos. Quantos são os que têm meditado nesse mistério? Cristo disse: "Eu Sou o pão vivo que desci do céu... As palavras que eu vos disse, espírito e vida são". Então a redenção se consegue por meio da fidelidade à palavra, o Cristo ou verbo divino que é o *Eu Sou* interior que *nasce* ou se manifesta em nós e nos conduz das trevas à luz, da morte à imortalidade.

Então a loja é a habitação do logos, do verbo, da palavra, do Cristo e essa habitação é o mesmo corpo físico.

Abrir a loja significa deixar que o Cristo interno manifeste, expresse (faça pressão para fora) seu poder por meio de nosso organismo, células, porque nossos corpos são seus canais. Esse é o verdadeiro significado da loja, o qual só a compreensão interna pode entender e cuja doutrina vital deve fazer-se carne, sangue e vida em nós para operar o milagre da regeneração ou nascimento do Cristo em nós, fim da iniciação ou trabalho interno.

Esse mistério não é somente propriedade do cristianismo, senão de todas as religiões: egípcios, orientais, gregos, romanos, gnósticos e cristãos. É a doutrina da luz interior que identifica o homem com seu Deus; porém, cada religião a exprime por diferentes formas, palavras e símbolos, adaptando-se à inteligência e capacidade de seus fiéis.

Relação da loja com o homem

Todos os manuais maçônicos trataram minuciosamente do significado dos símbolos; porém, nenhum comparou sua relação com o homem microcosmo que deve encerrar o mistério do macrocosmo. Pois como disse Hermes: "Como acima, assim abaixo".

Os antigos egípcios, para construírem a eterna pirâmide de Quéops, devem ter estudado bem o homem ou o universo, ou os dois juntos, para alcançarem aquela maravilha científica. É compreensível que não haja, nas lojas atuais, os signos, os símbolos, conservando todo o brilho e verdadeira origem de sua antiguidade; todavia, ficou o bastante para ocupar a imaginação do homem por várias vidas.

A loja, dentro do templo simbólico, é uma imagem representativa do Universo ou corpo físico do homem. Tem a forma de um cubo que corresponde, em sua figura, ao número quatro. Simboliza a natureza, ou corpo, com seus quatro elementos, e os quatro pontos cardeais. Esses quatro elementos animados pela vida nasceram pela união dos princípios primordiais, representados pelas duas colunas.

A planta do local está orientada em direção de Oeste a Leste. O homem deve seguir a lei divina para sua evolução, deve imitar Cristo ou Logos Solar em seu trabalho. No *Ocidente*, o sol da vida, finda sua jornada e, com radiante esplendor, descansa. Assim é o homem; depois de trabalhar intensamente, como o Pai-Sol durante o dia, busca a paz e o descanso nos braços de Deus por meio do silêncio e da meditação e por fim, do sono, como o faz a criança nos braços de sua mãe.

ORIENTE - Assim como o sol é símbolo da vida e do nascimento, do crescimento e do contínuo esforço, assim deve o homem imitar o sol em todos os seus movimentos. Pelo sol conheceu o homem as leis de Deus e, no Oriente, viu os agentes dessas leis. A nascença diurna do sol, após seu descanso, ensina ao homem a continuidade da vida, esforço e evolução. O Oriente é o princípio da vida. SUL - Designa a iluminação e espiritualidade porque o sol brilha em todo o seu esplendor. O sul é o ponto onde a mente divina se manifesta em toda sua plenitude. NORTE - É o lugar das trevas onde o sol não derrama sua luz. É o mal, o abismo, vale de lágrimas, ignorância, lugar dos desejos inferiores. A pirâmide tinha, ao Norte, a porta de entrada, o que mostra dever o neófito, cego, ignorante, entrar pelo norte, lugar das trevas, na loja, em busca de luz.

O homem é também como a loja: tem os mesmos pontos cardeais. O Oriente nele é a parte superior do corpo por onde pode manifestar seu contínuo esforço; seus cinco sentidos colocados nessa parte são os que o ajudam no serviço, no conhecimento dos mistérios. Seu rosto deve derramar a luz do saber e do benefício.

O Ocidente nele é a parte inferior do corpo. Depois que o sol espiritual haja derramado sua luz pela face do homem, incitando-o a expressar-se e manifestar-se, resigna-se a ocultar-se para que sua mente busque a meditação e o descanso assimilando todas as experiências do dia. Então, cerra as portas do seu aposento e dedica-se a adorar o Pai interiormente e receberá a iluminação.

O lado direito ou Sul do homem é o lado positivo. O cérebro direito é o instrumento da mente divina; todo pensamento altruísta procede dessa parte. O sol espiritual derrama nele seu manancial de iluminação e nele manifesta o reino da espiritualidade; é a Galileia, a cidade santa etc. do Evangelho.

O esquerdo, o Norte, é o lado negativo, o lado tenebroso; o hemisfério esquerdo do cérebro é chamado pela Bíblia *Babilônia*, cidade de confusão, morada dos espíritos luciféricos, dos sentimentos egoístas, Judeia, Cafarnaum do Evangelho e, por último, reino da ignorância de onde nada sai, senão o desejo baixo e egoísta.

No contorno da loja, acham-se repartidas doze colunas. Segundo a compreensão geral, representam os doze signos do Zodíaco; mas, consoante, entendemos, representam um ideal mais esotérico. Semelhante ao sol colocado entre os signos, assim é o verdadeiro homem; está dentro do corpo físico, está suspenso entre duas decisões de onde vai nascer seu futuro espiritual, depois de haver nascido seu vir a ser físico.

Assim como as doze colunas da loja indicam os doze signos do Zodíaco, dentro do corpo físico se acham doze partes, doze faculdades influenciadas por aqueles signos e repartidas em redor do sol espiritual no homem.

O ano tem doze meses; Jacó teve doze filhos; Jesus doze discípulos e o homem, como contraparte da lei cósmica tem doze faculdades de espírito em si.

Durante o ano, o Sol-Pai visita seus doze filhos no Zodíaco; o Sol-Cristo, no homem, também vivifica durante o ano as doze faculdades representadas pelos filhos de Jacó ou discípulos de Jesus.

O Carneiro ou *Áries* representa a cabeça ou o cérebro do homem cósmico; é Benjamim. Como faculdade intelectual é a vontade ativa guiada pelo cérebro.

Touro representa o pescoço e a garganta. É Issachar, a força do pensamento silencioso e vivificante.

Gêmeos, os braços e mãos do homem; Simeão e Levi; união da razão com a intuição.

Câncer, os órgãos vitais, respiratórios e digestivos; Zabulão, o equilíbrio entre o material e o espiritual.

Leão, o coração; o centro vital da vida física; Judá; anelos do coração.

Virgem, o plexo solar que assimila e distribui as funções no organismo; é Asher que exprime a realização das esperanças.

Libra, rins e lombos do homem; é o equilíbrio no torvelinho da força procriadora; é Dan, a percepção externa equilibrada que se exterioriza como razão e presença.

Escorpião, o órgão gerador ou o sistema sexual; é a queda do homem fora da Balança, ou Libra, ponto equilibrante; é Gad, a geração das ideias.

Sagitário, ancas e assentos do homem; autoridade e governo físico; é José, faculdade organizadora do espírito.

Capricórnio, rótulas flexíveis do homem, emblema do serviço; é Neftali, símbolo da regeneração ou renascimento.

Aquário, pernas, locomoção do organismo; é Rubens, a ciência e a verdade.

Peixes, os pés, bases fundamentais de toda coisa externa; Efraim e Manaces; paciência e obediência.

Então, as doze colunas que representam os doze signos zodiacais interpretam as doze faculdades do espírito colocadas no corpo físico do homem.

Ao largo do friso, imagem da eclíptica, corre um grosso cordão, em distâncias proporcionais, formando doze laços cujos extremos terminam em borlas apoiadas nas colunas da Ordem.

Essa cadeia ou laço interior explica-nos a relação que se acha entre uma faculdade espiritual e outra. Esse laço interno deve ser procurado individualmente e cada qual deve manifestar o mais elevado de suas faculdades em pensamentos, sentimentos e obras.

Não basta a manifestação boa de uma só qualidade, senão que todas devem vibrar o uníssono divino, pois que uma vibração negativa tende a anular a positiva. Assim, o laço simboliza a união de todas as faculdades espirituais e a união de todos os maçons, para aperfeiçoarem-se, primeiro a si mesmos e depois a humanidade, dela fazendo uma família universal.

Ao Oriente, levanta-se um estrado ou plataforma elevada sobre uma escaleira de quatro degraus e cuja frente é formada por uma balaustrada. Na parte central dessa plataforma, levanta-se, sobre três degraus, outro estrado menor porém capaz de conter o lugar do Venerável Mestre e a ara ou trono que tem diante, disso resultando que se acha erguido à altura de sete graus acima do nível do solo.

O lugar do Venerável encerra para nós numerosos mistérios. É outro símbolo do homem, miniatura do macrocosmo. Foi dito que à frente do homem é o Oriente, por onde derrama o Sol seus raios de vida e luz. Dizem os ocultistas ser o assento do *Eu Sou*, ou o trono da divindade no homem. "A quem vencer, fá-lo-ei coluna no templo de meu Deus e escreverei sobre sua fronte o nome da cidade de meu Deus, a nova Jerusalém que desceu do céu de meu Deus e meu nome novo" (*Apoc.* III, 12).

Esse trono eleva-se sobre sete degraus ou escalões.

Ensina-nos a ciência espiritual que o homem é composto de sete mundos compenetrados uns nos outros e que o número sete se acha em tudo, por ser o mais sagrado. Os mundos, no homem, são: *físico*, *astral*, *mental*, *intuicional*, *espiritual*, *monádico* e por fim, *divino*. Para chegar a sentar-se no trono da divindade, para merecer o título de mestre verdadeiro, deve elevar-se por meio da verdadeira santidade altruísta sobre seus sete mundos, representados pelos sete degraus erguidos acima do assoalho.

Em outras lojas observam-se leves diferenças na disposição dos degraus. Por exemplo, a parte oriental do templo se acha erguida sobre três degraus, relativamente ao soalho da loja, significando, assim não se poder chegar ao mundo das causas, senão elevando-se por meio da abstração e da meditação às regiões superiores do pensamento, onde se acham os princípios originários das coisas.

Nessa elevação sentam-se, respectivamente ao Norte e ao Sul, o Secretário e o Orador e, mais abaixo, o Hospitalário e o Tesoureiro, o Porta-estandarte e o Mestre de cerimônias. Estes, com os dois Diáconos, os dois Peritos e o Guardatemplo constituem os oficiais da Loja, que cooperam com os três Dignitários nas diferentes cerimônias, cooperando para ordem e harmonia dos trabalhos.

Então o Venerável Mestre é aquele ser que, por seu próprio esforço em servir aos demais, impessoalmente, se eleva acima dos seus mundos, seus corpos e se senta no trono de sua própria divindade, representado pelo dossel ou estrado, colocado sobre os sete degraus.

Acima do assento do Venerável Mestre assinala-se um delta ou triângulo resplandecente com o nome de Jeová em caracteres hebraicos e o olho divino no centro.

Todos esses símbolos encerram grandes mistérios no próprio homem. O delta indica a trindade do homem feito à imagem do Criador. Os três lados sintetizam o mistério da unidade, da dualidade e da trindade, ou seja, o mistério da origem de todas as coisas e todos os seres.

O ângulo superior representa a unidade fundamental no homem ou o princípio do qual tudo teve nascimento. É a representação do Absoluto dentro e fora do homem. É a primeira frase que diz "no princípio" e em que existem todas as coisas. É o Pai, origem de toda criação.

Os dois ângulos inferiores são imagem da dualidade, representadas também pelas duas colunas ou duas pernas do homem e seus dois flancos: positivo e negativo no corpo.

Cada ângulo é um aspecto distinto da unidade primordial originária.

O triângulo equilátero é o símbolo de perfeição, harmonia e sabedoria; são o Pai, Filho e Espírito Santo, as três emanações, poderes, princípios. São o criador, o conservador e o destrutor que n'Ele formam um só ser.

Do triângulo que forma o delta propriamente dito, irradiam, nos três lados, grupos de raios que terminam em coroa de nuvens. Esses raios simbolizam a força expansiva do Ser Interno que, de um ponto central no homem, se estende e enche o espaço infinito. A coroa de nuvens indica a força cristalizada ou matéria — forma que se produz como reflexo natural da força interna e invisível e se condensa com o movimento de contração.

No homem há duas correntes: negativa e positiva relacionadas e reguladas pelo ritmo que as une como ponto equilibrante.

As letras hebraicas formadoras do nome de Deus *Jehovah* encerram cabalisticamente o mistério da criação por um triângulo. Em hebraico são quatro letras I, Hé, O, Hé. I equivale a dez, número do Criador. Hé é cinco, metade de dez, e representa a criação em si mesma. Unido o Criador com sua criação, ou 10 × 5, obtém-se 1 + 5 = 6 que é o *O* e assim temos o mistério da trindade. O Pai, 10, emanou de si o filho 5, o mundo e, da relação de 10 com 5 temos o Espírito Santo.

O homem como divindade emana e manifesta-se no corpo físico de cuja união se expressa a vida. De maneira que I, H e O são três letras que representam o triângulo da trindade que se acha em toda religião e filosofia sob diferentes nomes e que representam o número três em todo o seu significado. Enumeremos alguns. A mais simples trindade é: Pai, Mãe, Filho. Em egípcio: Osíris, Ísis, Hórus. Para os brâmanes: Nara, Nari, Viraj. Entre os caldeus: Anu, Nuah, Bel. No cristianismo, desaparece a mãe para dar lugar ao Espírito Santo, porém conserva o culto à *Mãe de Deus*.

Alquimicamente o *enxofre*, o *sal* e o *mercúrio* são considerados princípios constitutivos do universo. Rajas, Tamas, Satwa ou *atividade*, *energia* e *ritmo* que correspondem à força centrífuga, a força centrípeta e à força equilibrante, ou *Brahma*, *Vishno* e *Shiva* na trindade bramânica.

Todos esses nomes que encontramos na definição do Ser Supremo acham-se no homem, o *eu*, a consciência individual, a mente ou inteligência e a vontade que impele o desejo até a satisfação. Esses três princípios correspondem também aos três atributos de Deus e do homem: *onipresença*, *onisciência* e *onipotência*.

Essa trindade origina igualmente a distinção entre os três mundos: *exterior*, *interior* e *divino* ou transcendente que correspondem às três partes do homem: espírito, alma, corpo.

As três colunas simbólicas que a loja tem (distintas das duas que se acham no Ocidente e representam as duas partes ou pernas do homem como dois polos), representadas também pelas três luzes, constituem outra interessante trilogia: sabedoria que corresponde ao Venerável Mestre, ou seja, a inteligência criadora que concebe e manifesta interiormente o plano do grande Arquiteto; a força, que corresponde ao 1º vigilante, é a força volitiva que trata de realizar o que a primeira concebe; e a beleza representada pelo 2º vigilante. Essas três faculdades acham-se dentro do mesmo homem.

Liberdade, igualdade, fraternidade, a primeira representada pelo prumo, consiste na libertação da ignorância, do vício, do erro e das paixões que degradam e embrutecem o homem e o tornam escravo de seus desejos. A igualdade corresponde ao nível, que nos ensina a unidade fundamental de todos os seres com os princípios da equidade e justiça. A fraternidade, simbolizada pelo esquadro, é a união dos dois princípios anteriores que nos fazem conceber que somos filhos de um único Pai e de uma só Mãe.

Só o mestre pode praticar, efetivamente, a fraternidade, porque no grau de aprendiz se fez livre e, no de companheiro, se fez justo.

O olho, no centro do triângulo, é a representação do absoluto dentro e fora do homem. É a unidade que se fez três; é o símbolo do único princípio, é a causa sem causa em seus três lados ou atributos primordiais, representados pelas três pontas do triângulo que também são outras significações simbólicas a representar os três reinos da natureza: o passado, o presente e o porvir — o nascimento, a vida e a morte — Deus, perfeição, transformação. Ao fundo do Oriente, de ambos os lados do dossel, no alto, destacam-se, aos lados do delta, a luz da realidade transcendente, as imagens dos dois grandes luzeiros do universo: o Sol e a Lua. Os dois luminares visíveis que iluminam nossa terra são manifestação direta e reflexa da luz invisível. O sol está à direita e a lua, em seu quarto crescente, à esquerda do presidente.

Esses dois símbolos ensinam-nos a dualidade da manifestação. O Sol representa a mente divina no homem, a qual corresponde ao cérebro direito, pai de toda ideia altruísta, ao passo que a Lua, em seu quarto crescente, figura o cérebro esquerdo, o intelecto, origem de todo egoísmo.

Os dois luminares e as duas colunas que se acham no Ocidente do templo representam os dois princípios complementares, humanizados em nossos dois olhos, na dualidade manifestada em quase todos os nossos órgãos, nos dois lados, direito e esquerdo, do nosso organismo e nos dois sexos que integram a raça humana e se refletem em todos os reinos da vida e da natureza; correspondem aos dois princípios de atividade e da inércia, energia e matéria, essência e substância, enxofre e sal, e metafisicamente correspondem aos dois aspectos masculino e feminino da divindade; ao Pai--Mãe celeste de todas as religiões.

Todos esses símbolos se acham no mesmo corpo do homem e sua materialização na loja tem por mira obrigar o intelecto a concentrar-se e meditar dentro de si para adquirir o perfeito conhecimento de si mesmo.

Diante do trono e à conveniente distância, há um pedestal ou ara chamado altar dos juramentos.

O altar é um símbolo antiquíssimo em todas as religiões. Era destinado ao sacrifício dos animais, durante o ofício religioso. Os judeus sacrificavam touros e cabras, ato que nos parece bárbaro, porque a Bíblia diz terminantemente que Deus não deseja sacrifícios senão um espírito humilde e coração contrito e que, para Ele não são gratos os sacrifícios de sangue. Porém, parece que toda religião devia usar antigamente de alguma barbaridade. O homem antigo amava suas posses materiais e nada podia compreender do céu para a ele aspirar, assim como atualmente, o homem dominado pelos desejos não pode nem tem tempo de pensar em ideais superiores.

Com os sacrifícios vivos, sentiam os antigos a perda de um animal cedido por um pecado cometido ou uma transgressão à lei, como hoje sentimos remorsos de consciência por nossas más ações.

Foi dito antes que, no altar deveria arder permanentemente o fogo divino, ano após ano, com o mais zeloso cuidado. Esse fogo consumia o sacrifício que simbolizava a dor e a morte, causadas pelo pecado. O tabernáculo no deserto era uma sombra de coisas maiores que haviam de vir, diz são Paulo.

Esse altar com seus sacrifícios e a queima das carnes deve estar no interior do místico. Nenhum altar externo pode ajudar-nos se não construirmos o tabernáculo e seu altar dentro de nossos próprios corações e nossas mesmas consciências. Cada homem deve converter-se em altar de sacrifício e ao mesmo tempo ser a hóstia ou oblação que nele se oferece e simboliza o animal que em tempos idos se imolava. Cada homem deve converter-se em sacerdote que degola o animal nele, o sacrifica e o queima. Certo é que, a princípio a fumaça produz obscuridade e trevas e seu odor é nauseabundo, porém com o perpétuo sacrifício dos desejos e defeitos, momento virá em que se dissipam as nuvens ante o olho espiritual e o fumo nauseabundo se transmuta em fumo de incenso e o altar de sacrifício se transforma em altar de incenso. O incenso é o símbolo do serviço voluntário ou o aroma do serviço. Tinha o sacerdote mandamento expresso de nunca ofertar, no altar de ouro, incenso diferente, isto é, devia empregar sempre aquela sagrada composição.

O altar dos juramentos, diante do trono, tem, na loja, forma triangular (embora tome outras formas segundo o rito). Essa forma representa os três altares no tabernáculo, símbolo da evolução: altar de bronze, ou do sacrifício, altar do incenso e o altar de ouro. São símbolos do homem antigo, do homem moderno e do homem futuro ou super-homem.

Sobre o primeiro estrado, junto à balaustrada, à direita e à esquerda do Venerável Mestre há dois bufetes, em frente um do outro para os irmãos Orador e Secretário.

O orador na loja representa o poder do verbo no homem. O objetivo do 1º grau é desenvolver esse poder, no candidato.

O secretário representa, no homem, a memória que acumula arquiva toda experiência recebida nos mundos do corpo.

Sobre o altar do Venerável, coloca-se um candelabro com três velas acesas, uma espada, um macete chamado martelo e a carta ou patente constitutiva da Loja.

O candelabro com três velas acesas representa, no homem, as três luzes da trindade. Deus é luz, diz são João. Sabe-se que a luz, que é Deus, está refratada nas três cores primárias pela atmosfera que rodeia a terra cujas cores são: azul, amarelo e vermelho. Assim como Deus é refratado em três atributos ou pessoas, assim também é o homem, sua imagem e semelhança.

O raio do Pai é azul, o do Filho é amarelo e o do Espírito Santo vermelho. Na Natureza vemos essas três cores com suas respectivas combinações. Assim como a luz do candelabro enche a Loja, deve ser a luz da trindade posta dentro de nossos corações para que nos guie. A chama sagrada da divindade interna deve morar em nossa própria consciência, no corpo, templo de Deus e em nosso altar, o coração.

A espada é o poder do verbo ou da verdade intuitiva, é o poder da vontade educada. O martelo simboliza a força da vontade no homem.

A carta constitutiva da Loja nos indica a sucessão da verdade no homem.

Sobre o altar dos juramentos, põem-se o livro da lei (embora não seja isso em todos os ritos), um compasso e um esquadro entrelaçados.

O livro simboliza a palavra divina, o verbo ou verdade suprema, escrita em nosso coração, em nosso arquivo da memória; é a lei natural de que fala são Paulo. O compasso indica um ângulo, cujos lados partem de um vértice e quanto mais se alongam de sua origem, mais se separam. É a dualidade no homem, espírito e matéria. O ponto central da união corresponde ao oriente, ou seja, ao mundo da verdade, da realidade, a fonte da criação que permanece eternamente e em estado de Unidade invisível. A parte oposta ao ponto é a irrealidade, a matéria, o ocidente; é a mesma realidade dividida em dois princípios ou colunas distintas.

Então, o ponto central do compasso é a união do espírito do homem com o espírito divino. É a realidade que se manifestou em aparência. É o ser que adquiriu forma. É o espírito que se vestiu de matéria.

Cabe agora ao homem-forma realizar, por meio da iniciação, ir para dentro, ou progredir caminhando em sentido inverso, de Ocidente para Oriente, espiritualizar sua matéria, ou seja, dos extremos do ângulo, remontando a sua origem. O compasso representa igualmente a divindade, o espírito entrelaçado com a terra, a humanidade com a matéria. O superior une-se ao inferior. O verbo fez-se carne.

O esquadro é o inverso do compasso.

Se o compasso representa o espírito manifestado na matéria, no corpo, o esquadro, cujo ponto central está embaixo e cujos ângulos se elevam para o céu, representa o homem inferior que, por ser dominado pelo superior, novamente se alça para sua origem, o céu.

O compasso é a intuição e o esquadro, a razão; o compasso é a sabedoria interna e o esquadro é o conhecimento externo; porém, ambos são necessários ao homem no mundo físico.

Então, o esquadro e o compasso, abertos e entrelaçados perto do livro da lei, ou palavra divina, são os instrumentos simbólicos que nos servem para interpretá-la e usá-la construtivamente.

Em ambos os lados Norte e Sul estão os assentos respectivamente dos aprendizes, dos companheiros e dos mestres; os primeiros têm de colocar-se na região escura porque não podem suportar a luz plena do meio-dia onde se acham os companheiros e os mestres, respectivamente do lado do Ocidente e do Oriente. Trabalham proveitosamente, ajudando os primeiros aos últimos.

No Ocidente acha-se a porta de entrada, na qual há um assento e uma espada flamejante para o guardião interno.

Para compreender esse símbolo, temos de relembrar certos versículos do capítulo III do Gênese:

> **Vers. 21** Fez também o Senhor Deus, para Adão e sua mulher, túnicas de peles e vestiu-os.
> **Vers. 22** E disse: Eis aqui Adão que se tornou um de nós, conhecendo o bem e o mal. Ora, pois, para que não estenda sua mão e tome também da árvore da vida e coma e viva eternamente.
> **Vers. 23** O Senhor Deus o enviou fora do jardim do Éden para lavrar a terra de que fora tomado.
> **Vers. 24** E havendo lançado fora o homem, pôs querubins ao Oriente do jardim do Éden e uma espada inflamada que andava ao redor para guardar o caminho da árvore da vida.

Antigamente o homem, no paraíso, no estado edênico, representava a fase celestial da consciência impessoal, ou o estado de sua união com seu Pai Deus que mora no seu Íntimo. O homem vivia na terra mas, como centrou sua atenção no mundo espiritual, naquele estado moral se mantinha, nem cuidava de sua missão terrestre. Então, a sabedoria divina despertou nele a Serpente, o princípio negativo em sua mente, o qual gerou o desejo. Esse desejo deveria subministrar o motivo e poder para a completa expressão divina na terra ou corpo.

Então, o homem provou e comeu do fruto da chamada árvore do conhecimento do bem e do mal e por ele obteve a experiência e discernimento conveniente, adquirindo assim o poder de servir-se do conhecimento. Por isso, disse Deus: "Eis que Adão é como um de Nós" porque, ao comer pela primeira vez desse fruto, aprendeu a conhecer o bem e o mal por experiência. Então, conheceu o novo e atraente mundo físico, morreu para o conhecimento da verdade que está nele, sentiu-se desnudado da realidade e ficou medroso.

O desejo no mundo dos desejos era necessário para criar um corpo e desenvolver nele uma *consciência* de si mesmo com o fim de exprimir a personalidade. Encheu-se pouco a pouco de desejos, esperanças, ambições, aspirações e todas as várias manifestações do desejo, atributo das fases pessoais para poder expressar-se.

Nesse estado foi expulso do paraíso, do jardim do Éden, ou do estado edênico espiritual e foi vestido com um *traje de peles* ou, em outras palavras, com carne, tal qual os animais, para poder completar sua experiência, sua perfeição.

Devia ter um organismo e apropriada cobertura no estado em que se tinha de manifestar.

No impessoal, no estado edênico, não havia necessidade dos sentidos, nem de possuir forma externa, porém, no estado terrestre foram precisos os cinco sentidos para a expressão e para compreender o que se expressava.

Desde que o homem teve seus desejos, começou a aumentar e multiplicar-se.

E assim, por meio do desejo, formaram-se todas as manifestações e as várias línguas da terra, pois todas são filhas do desejo, da mente humana, de expressar-se em termos terrestres, com infinitas frases. Porém, quanto mais luta a mente por exprimir com palavras a ideia Divina ou dar-lhe forma, maior o malogro.

Enquanto morava o homem no estado impessoal chamado jardim do Éden e antes de entrar em sua missão terrestre, crescia a árvore cujo fruto se chamava conhecimento do bem e do mal.

Nesse estado, careciam-lhe os desejos porque não provara desse fruto. Porém, uma vez que cedeu ao desejo e comeu do fruto do desejo, teve de sair do paraíso e caiu no pecado dito *original*. Ao sair do Éden espiritual e entrar no mundo material, achava-se rodeado de novas e estranhas condições, porque, em vez de ter domínio sobre os reinos inferiores que lhe subministravam o que necessitava, teve de arar a terra e lavrá-la para ganhar o pão com o suor de sua fronte.

Essa queda e saída de seu estado impessoal o entregaram completamente à fascinação. Ficou somente o desejo como guia único. Tornou-se o homem incapaz de ver a realidade ou a alma das coisas, porque havia adotado um corpo físico com cérebro humano, o qual, estando influenciado pelo desejo, obrou como véu para sua consciência divina; obscureceu sua vista, entenebreceu a mente, de modo que a luz da verdade não pôde penetrar e chegar até ele e, por isso, foi tudo falsamente colorido por seu entendimento mental.

O véu que cobre a realidade, a luz interna, foi chamado, pelos ocultistas e maçons, corpo de desejos, corpo astral, guardião do umbral, fantasma do umbral e outros vários nomes. Ele impede que o intelecto entre no santuário, ou loja, espantando-o com a espada flamejante, de luz e fogo, da verdade. Porém não devemos adiantar-nos em decifrar o simbolismo antes de terminar a explicação do Gênesis.

O homem, ao ver todas as coisas obscurecidas pelo desejo e que essa obscuridade o conduzia ao erro, ao sofrimento, à dor, sentiu despertar-lhe uma nostalgia ao seu estado edênico, porque sua mente o enganava a todo momento, visto ser como uma lente imperfeita que deslocava e alterava tudo; a luz da verdade era para ele uma neblina ou uma miragem.

O intelecto formou o corpo de desejos que interpreta e representa falsamente, à consciência, toda imagem, ideia, impulso inspirado pelo *Eu Sou* interno e atraía de fora todas as impressões.

E quando essas falsas impressões, inspiradas pelo desejo, causaram muitas quedas, transtornos e sofrimentos, o homem perdeu gradualmente a confiança em si mesmo — em seu *Eu Sou* interno — e começou a buscar algum amparo e a centrar suas esperanças em algum mestre ou santo que o livrasse de seus sofrimentos.

Esses desgostos, erros e amarguras foram chamados — *mal*.

Porém, quando o desejo não causa nenhum sofrimento, chama-se *bem*.

Experiências más e boas não passam de incidentes criados pelo desejo para despertar no homem certas faculdades que lhe permitiria reconhecer a verdade que está nele e dentro dele.

O mal não é mais que o aspecto positivo do *fruto* do desejo que fascina a vista física e, pela doçura do primeiro bocado que incita à saciedade, produz efeitos daninhos que se manifestavam e convertiam em maldição acarretando uma desilusão final. Nesse estado, fica o homem envergonhado e humilhado ao verdadeiro ser dentro de si, mediante a nova consciência assim despertada. Então, começará o homem a pensar como bom filho, em regressar a seu Pai e pedir-lhe perdão; a entrar novamente em seu interior; a ser admitido como neófito na loja, cujo símbolo, como dissemos antes, é o paraíso, o estado edênico, estado espiritual, o templo de Deus, o coração, o reino do céu.

Durante idades, o intelecto vivia do fruto da chamada árvore do conhecimento; durante idades, o homem externo sofria e gozava pelas consequências que nele causavam seus frutos chamados, em termos relativos, bem e mal, conforme os diferentes pontos de observação; porém, na realidade, não são mais que aspectos externos de uma verdade interna e central.

Então a consciência, acrisolada pelo fogo de inúmeros sofrimentos e dores, ano após ano, vida após vida, século após século, começou a despertar, a ver e compreender que se havia afastado muito do Pai interno, do centro da vida, simbolizado fisicamente pela loja. Cansado e amargurado com a separação da única e só realidade interna, anela pela volta ao lar paterno, desnuda-se como o neófito do uso exterior e de tudo o que possa distraí-lo no mundo físico, apresenta-se, cego de ignorância ante o templo para novamente recuperar, por meio da iniciação interna, seu posto perdido.

Mas, para obter e recuperar o perdido, por causa de seus desejos, tem de vencer muitas dificuldades; entre elas, o querubin com a espada que deita chamas, o fantasma do umbral, o Guardião do Templo, o corpo de desejos. Todos esses nomes designam a consciência, aquele atributo no homem que desempenha papel de juiz e fiscal ao mesmo tempo. Aquele severo juiz interno, cuja sentença não admite apelação alguma, que afasta do paraíso, do estado edênico, o intelecto e os sentidos impregnados pelos maus desejos. Esse guardião do templo interno não permite a entrada senão àqueles que sofreram a morte iniciática despojando-se de todo desejo e sentido externo para livrar o espírito das cadeias terrestres.

Aos dois lados da porta, uns três passos para a frente, levantam-se duas colunas isoladas, de ordem coríntia, cujos capitéis estão coroados por três romãs entreabertas, distinguindo-se cada uma das ditas colunas com um nome misterioso, cuja inicial (J.·. e B.·.) estão esculpidas no fuste.

Essas duas colunas do templo da sabedoria, que é o homem, são o símbolo do aspecto dual de toda nossa experiência no mundo terrestre. É a dualidade de nossos órgãos. São os dois lados, direito e esquerdo, de nosso corpo, são os dois sexos os dois princípios, positivo e negativo que integram o homem; são, por fim, atividade/inércia — espírito/matéria — essência/substância — enxofre/sal, representados no quarto de reflexão.

O aspecto dual do universo e do mesmo primeiro princípio que o origina encontra-se nas duas colunas ao ocidente e ao ingresso do templo místico. É necessário que esse aspecto seja superado.

Ao Oriente, as duas colunas, representadas pelo sol e pela lua unificam-se no delta como vimos anteriormente.

O que chama a atenção em certas lojas e ritos é a variada colocação dessas duas colunas; ao passo que uns colocam a coluna J.·. à direita, outros a situam à esquerda e vice-versa.

Apesar de nosso profundo respeito às ideias alheias, não podemos calar-nos neste particular.

Vimos que as duas colunas representam os dois princípios: positivo ou ativo e negativo ou passivo; porém, qual é o lado positivo e qual o lado negativo no homem? Todo ocultista sabe que o direito é o positivo e o esquerdo o negativo. As mesmas iniciais J.·. e B.·. indicam claramente, na cabala, os dois princípios. J.·. tem o mesmo valor que Yod; simboliza o homem, o positivo, o ativo, ao passo que B.·. é a mulher o agente negativo, o passivo. Deduz-se disso que a coluna J.·. deve sempre estar à direita do recipiendário e B.·. à esquerda.

Junto a essas colunas, no extremo ocidental dos lados do Norte e do Sul do Templo colocam-se, num pequeno estrado, o bufete e o sinal dos Vigilantes com um malhete.

A situação dos vigilantes varia conforme os ritos. No rito francês, o 1º Vigilante coloca-se junto à coluna B.·. e o 2º Vigilante junto à coluna J.·. ao passo que no rito escocês, o 1º Vigilante tem seu assento junto à coluna J.·. e o 2º Vigilante, em muitos templos, se coloca em frente do primeiro, junto à coluna B.·..

Os dois vigilantes do Templo, ou do corpo, como já dissemos em outra parte, representam com o Venerável os três atributos da divindade: onisciência, onipotência e onipresença. São as três grandes colunas que sustentam a Loja (distintas das duas que se encontram no Ocidente) ou os três atributos e poderes que sustentam o corpo humano: sabedoria. firmeza e beleza. Então os dois Vigilantes são os dois ângulos do triângulo que forma o corpo humano. O Venerável Mestre, 1º e o 2º Vig.·. sentam-se respectivamente ao Oriente, ao Ocidente e ao meio-dia, quer dizer, onde se manifestam, respectivamente, as três qualidades.

De ambos os lados, no corpo do Templo, de Oriente a Ocidente, há uma ou mais filas de assentos a que se dá o nome de *colunas*. Os assentos da esquerda formam a coluna Norte destinada aos aprendizes e companheiros; os assentos da direita formam a coluna do Sul ou meio-dia e esta é a dos mestres.

Em outra ocasião se disse que o lado esquerdo e o cérebro esquerdo constituem a parte negativa no corpo humano. É no cérebro esquerdo que se alojam as ideias negativas e os átomos do *mal* em luta com o que chamamos *bem*. A trilogia *corpo* encerra ambos os princípios, e os átomos negativos representam os aprendizes que têm de sentar-se na região menos iluminada pelo sol, por serem incapazes de afrontar a plena luz do meio-dia, onde se sentam os mestres, guias dos primeiros.

No extremo oriental da coluna do meio-dia acha-se o bufete do honrado Tesoureiro e, em frente a este, do lado oposto correspondente à coluna Norte tem seu lugar o Hospitaleiro. O Tesoureiro representa no homem o que os ocultistas chamam corpo causal, átomo semente, memória que reúne o fruto da ação, ao passo que o Hospitaleiro àquela faculdade do homem que representa a fraternidade e a caridade.

O altar do Venerável Presidente e os bufetes dos vigilantes e, em muitas lojas também, o dos demais oficiais, acham-se cobertos com ricos e roçagantes tapetes de veludo, iguais ao dossel, agaloado e guarnecido de estrelas e passamanaria de ouro e prata, conforme a cor do rito.

A iluminação dos templos costuma ser esplêndida, sem que se possa, nesse ponto, fixar-se regra alguma. O ritual prescreve que, em todo templo, três luzes devem salientar-se obrigatoriamente, colocadas, a primeira a leste das grades do Oriente, a segunda junto ao 1º Vigilante e a terceira ao sul. Comumente, essas luzes montadas em trípodes ou candelabros costumam agrupar-se junto ao altar dos juramentos. No centro da loja, sobre o pavimento de mosaico, deve haver um quadro que contenha o traçado gráfico da Loja. Esse quadro pintado em tela distende-se no momento de abrirem-se os trabalhos e retira-se mal terminem eles.

Esse quadro é o símbolo do nosso corpo e representa, graficamente, para ajudar-lhe a compreensão, os mistérios que em nós se encerram. O quadro representa:

1º Os sete degraus do Templo e o pavimento de mosaico.

2º As duas colunas da Ordem com o monograma de seu nome J.·. e B.·. e, entre elas, à altura dos capitéis, um compasso aberto com as pontas para cima.

3º Sobre a coluna J.·. o prumo e, sobre a coluna B.·., o nível. O prumo representa o progresso individual de baixo para cima, e o nível representa a linha reta, que é a ininterrupta entre os dois infinitos, isto é, que os pensamentos, aspirações e ações do homem devem ser modelados sobre uma linha reta, em sentido oposto à gravidade das tendências inferiores.

4º À esquerda da coluna J.·. a pedra tosca, bruta, símbolo do corpo material do homem que não obteve nenhum conhecimento; à direita da coluna B.·. a pedra cúbico-piramidal ou pontiaguda que representa o homem perfeito ou aquele que trabalha na perfeição de si mesmo. Entre ambas as colunas a porta do templo.

5º Ao pé do quadro, uma pedra de escrever (lousa) e, na parte superior um esquadro, no centro, com a imagem do Sol à direita e a Lua em quarto crescente, à esquerda.

6º Três janelas, uma ao Ocidente, outra ao Oriente e a terceira ao sul. Em outras lojas, o templo não tem janelas; isso exprime que não recebe luz do exterior, mas só do interior. Por essa razão tem de enclausurar-se hermeticamente para o mundo profano e sua porta se acha constantemente vigiada pelo Guardião, armado de espada, símbolo da vigilância que devemos exercer sempre sobre nossos pensamentos, palavras e ações para deles fazermos uso construtivo e continuamente progredirmos no caminho da verdade e da virtude.
7º No fundo, o céu mosqueado de estrelas. Todo o quadro está orlado pelo cordão que prescrevem os rituais. Todos esses símbolos foram anteriormente explicados.

Iniciação do 1º grau

Não deve o leitor esquecer o significado íntimo e valor de cada um dos símbolos que encontramos no templo maçônico e na sua estreita relação com o corpo físico e o homem, geralmente. Por meio desse estudo, veremos como as características fundamentais da Maçonaria, expressas no simbolismo e na cerimônia da recepção do 1º grau do aprendiz, não são mais que uma cópia fiel e exata do que sucede invisivelmente no misterioso ser chamado *homem*.

Significado da iniciação

Em outro lugar se disse que a palavra *iniciação* se deriva do latim *initiare* e tem a mesma etimologia de *initium*, início, começo, ou vindo ambas de *in-ire*, ir para dentro. Então, a palavra *iniciação* tem o duplo sentido de *começar* ou *ir para dentro*. Em outras palavras: *iniciação* é o esforço que realiza o homem para novamente ir para dentro de si mesmo, em busca das verdades eternas que nunca saíram à luz, ao mundo externo.

Iniciação é equivalente à religião, de *religare*, ligar novamente. É a volta do bom filho ao seio de seu Pai, depois de haver errado largo tempo no mundo material, sofrendo misérias e fomes.

O iniciado é o ser que conheceu seu erro e voltou a ingressar ao interior de sua casa paterna, ao passo que o profano fica fora do templo da sabedoria longe do real conhecimento da verdade e da virtude, dedicado à satisfação de seus sentidos externos.

Assim, pois, esse *ingresso* (*iniciação*) não é, nem pode considerar-se unicamente como material, nem é a aceitação de uma determinada associação, mas o ingresso a um novo estado de consciência, a um modo de ser interior, do qual a vida exterior é efeito e consequência. É o renascimento indicado pelo Evangelho; é a transmutação do íntimo estado do homem para efetivamente iniciar-se ou ingressar na vida nova que caracteriza o *iniciado*, não como supõem aqueles que se julgam iniciados desde o momento em que começa sua iniciação. A iniciação é o renascimento iniciático, ou seja, a negação de vícios, erros e ilusões que constituem os metais grosseiros ou qualidades inferiores da personalidade para afirmação da verdade, da virtude e da realidade que constitui o ouro puro da individualidade, a perfeição do espírito que em nós se expressa através de nossos ideais elevados. Todo homem de boa vontade, bom e santo, é o verdadeiro iniciado, sem ter necessidade de pertencer a uma Ordem externa, visto ser membro da *Fraternidade Branca Subjetiva*.

A CÂMARA DE REFLEXÃO

Toda loja deve ter um local especial chamado *câmara de reflexão*.

Todo homem, ao fechar os olhos, se acha em sua câmara de reflexão, com asilo e trevas, a qual representa o período das trevas da matéria física que rodeia a alma para completa maturação sua.

A câmara escura da reflexão é o símbolo do estado de consciência do profano que anda nas trevas e, por isso, nela se encontram os emblemas da morte e uma lâmpada sepulcral.

Nesse local, pintado de preto, figurando uma catacumba, cercado dos símbolos de destruição e de morte, coloca-se um tamborete e uma mesa coberta com tapete branco, sobre o qual há uma caveira (morte), algumas migalhas de pão (insignificância que procuram obter os cinco sentidos), um prato de cinza (o fim da matéria), um relógio d'água (o corredor do tempo que tudo envolve); um galo (o dever de ser vigilante e alerta); um tinteiro, penas e algumas folhas de papel para escrever seu testamento, cujo significado será dito alhures. O recinto acha-se iluminado pela débil luz que expande a lâmpada sepulcral (lâmpada dos conhecimentos físicos adquiridos pela mente carnal); em um dos ângulos vê-se um ataúde junto a uma fossa aberta ou um hipogeu também aberto em uma das paredes deixando ver um cadáver amortalhado (como deve o iniciado contemplar seu corpo físico). O quarto de reflexão significa aquela crise, aquela luta entre o corpo de seus desejos com o espírito e seus ideais; esse quarto negro e escuro é o mesmo corpo que serve de prisão, de tumba e ataúde ao verdadeiro ser interior. Por esse motivo, perto dos emblemas da morte, acham-se também certas inscrições nas paredes cujo objetivo é levantar a força e desenvolver a vontade do neófito.

Ao ingressar nesse quarto, tem o candidato de despojar-se dos metais, tem de voltar ao seu estado de pobreza edênica, à nudez adânica, antes de cobrir-se com a pele de todas aquelas aquisições que até então lhe foram úteis para chegar a seu estado atual e que são obstáculos para tornar a seu primitivo estado. Deve afastar todo desejo, ambição, cobiça dos valores externos para conhecer-se a si mesmo; então, em seu interior, achará os verdadeiros valores espirituais. Dinheiro, bens, ciências, são vaidades ante o conhecimento de si mesmo.

O candidato deve ser livre e despojado dos metais: qualidades inferiores, vícios, paixões do seu intelecto, de suas crenças e preconceitos; deve aprender a pensar por si mesmo e não seguir, como cego, o conhecimento e crenças dos outros. Por último, o quarto de reflexão significa o isolamento do mundo exterior para poder concentrar-se no estado íntimo, no mundo interior aonde devem ser dirigidos nossos esforços para chegar à realidade. É o *conhece-te a ti mesmo* dos iniciados gregos. É a fórmula hermética que diz: "Visita o interior da terra; retificando encontrarás a pedra escondida". Quer dizer: desce às profundezas do ser e encontrarás a pedra filosofal que constitui o segredo dos sábios.

Assim como os ossos e imagens da morte que se acham nas paredes do quarto indicam a morte simbólica do neófito para renascer no mundo do espírito e indica a morte aparente da verdade no mundo externo, assim também as inscrições que revestem as paredes do quarto indicam os conselhos do ser interno que tem por mira guiar o homem à verdade e ao poder. Essas inscrições são várias. Citaremos algumas:

"Se te traz aqui mera curiosidade, vai-te".
"Se prestas homenagem às distinções humanas, vai-te, porque aqui não se conhecem".
"Se temes que alguém te lance em rosto os teus defeitos, não prossigas".
"Espera e crê... Porque entrever e compreender o infinito, é caminhar para a perfeição".

"Ama os bons; compadece-te dos bons e ajuda-os; foge dos embusteiros e a ninguém ouças".
"O homem mais perfeito é aquele que é mais útil a seus irmãos".
"Não julgues levianamente as ações dos homens, elogia pouco, adula menos. Não censures nem critiques nunca".
"Lê e aproveita; olha e imita; reflete e trabalha; procura ser útil a teus irmãos e trabalharás para ti mesmo".
"Pensa sempre que do pó saíste e em pó te converterás".
"Nasceste para morrer". Etc.

Todos esses conselhos no quarto de reflexão e as demais figuras tétricas, nos mostram que dentro do homem se acham a morte e a vida, a dor e a ventura, o engano e a iluminação; ao passo que os cinco sentidos oferecem a morte, o espírito dá a vida eterna.

O GRÃO DE TRIGO

O candidato à perfeição tem de passar por quatro provas, a saber: a da terra, a da água, a do ar e a do fogo. Isso quer dizer que deve triunfar dos quatro corpos ou quatro elementos que compõem seu ser físico para poder chegar à divindade. A seu devido tempo serão explicados.

O quarto de reflexão é a prova da terra. Entre os objetos que se encontram naquele quarto está o grão de trigo.

O iniciado é simbolizado no grão de trigo, atirado e sepultado no chão para que germine e abra, com o próprio esforço, seu caminho para a luz. O espírito nele está sepultado como o grão de trigo; o *Eu Sou* está preso no corpo e está esperando despertar e manifestar-se à luz do dia do Senhor. Assim como a semente germina ao ser atirada à terra, depois de morte aparente, assim no homem, comparado à terra, se acha latente o espírito divino à espera da manifestação perfeita. A semente permanece um tempo no seio da terra para germinar; o homem deve aprender do grão de trigo a concentrar-se em silêncio de alma, isolando-se de todas as influências exteriores e morrer para seus defeitos e imperfeições a fim de germinar e manifestar-se para a nova vida.

O PÃO E A ÁGUA

Esses se acham na mesa do quarto e são continuação do símbolo anterior. Assim como o lavrador semeia, rega, limpa, colhe, mói, amassa para do trigo fazer pão, assim deve o iniciado imitar esse exemplo em seu próprio corpo: deve educá-lo, limpá-lo, formá-lo e apresentá-lo como pão do sacrifício e dizer como o Divino Mestre:

"Este é meu corpo; comei-o".

O SAL E O ENXOFRE

Outros dois elementos se acham no quarto de reflexão: dois saleiros, respectivamente com sal e enxofre.

Já se disse antes que o enxofre é o símbolo da energia ativa, o princípio criador. O sal mostra a energia passiva, feminina ou maternidade. Esses dois princípios correspondem às duas colunas, aos dois polos do corpo humano, aos dois primeiros graus da Maçonaria.

Sal e enxofre são as duas polaridades no indivíduo: espiritual e material; expansão e gravidade. O candidato deve encontrar o equilíbrio, um equilíbrio muito diferente do que prevalece no mundo profano; é um equilíbrio entre o esforço e a vigilância no mundo interno do espírito para poder manifestá-lo no externo. O esforço vigilante e a firmeza perseverante são as duas qualidades que precisa o futuro iniciado. Esse símbolo também se completa com a figura do galo e da clepsidra ou relógio d'água. Representam a vida do espírito que domina o tempo e a destruição de toda forma exterior.

O TESTAMENTO

No quarto de reflexão deve o candidato fazer seu testamento. Esse testamento difere do testamento profano em que este último é uma preparação para a morte eterna, ao passo que o primeiro é a preparação para a vida nova, porque a morte já não é fim para o iniciado senão princípio de vida, sendo executor o próprio iniciado. O que deve morrer para suas paixões e desejos baixos faz testamento como o morto profano e, ao morrer para suas paixões físicas, renasce para a vida nova em que deve cumprir seus deveres para com Deus, para consigo mesmo e para com seus semelhantes: três perguntas que se acham no testamento.

Preparação

Antes de ser admitido no Templo interior, representado pelo Templo exterior, no quarto de reflexão, na soledade da consciência, prepara-se o candidato desta maneira: vendam-se-lhe os olhos, põe-se-lhe uma corda ao pescoço e se lhe descobre o peito ao lado esquerdo, joelho direito e pé esquerdo.

A venda é o estado de ignorância ou cegueira no mundo profano e no corpo físico, cegueira dos sentidos.

A corda é o estado de escravidão às paixões; lembra-nos também o cordão umbilical do feto no ventre materno, um ser sem individualidade. A nudez do coração representa todo preconceito, ódio, convencionalismo, que impedem a manifestação sincera dos sentimentos. A nudez do joelho direito simboliza a vanglória, o orgulho intelectual que impede a genuflexão ou inclinação do joelho ante o altar da *verdade*. A nudez do pé esquerdo é a marcha na senda, a marcha para o templo, para bater à sua porta em busca de luz e verdade.

A porta do templo

A porta é o símbolo do passo ou ingresso. A porta do Templo é a primeira estância na iniciação interna. Para aprender os mistérios do espírito, importa penetrar no templo interior onde estão ocultos os tesouros.

O neófito bate à porta do templo três vezes de maneira desordenada; quer entrar, porém não sabe como; é inexperiente, embora o templo Interior esteja sempre aberto para os que buscam a verdade e pedem luz.

O Cristo está esperando ao que bate à porta do templo para abrir.

Entrar no Templo com os olhos vendados indica-nos que para a sabedoria não nos podem servir os sentidos e que a luz do saber interno é sentida e não vista.

O guia que conduz o neófito ao templo representa o guia interno que conduz individualmente todo ser que anseia por ir pelo caminho da verdade e sem o qual seria ao candidato impossível preencher devidamente as condições que se lhe pedem para sua iniciação.

É o guia que responde às perguntas dirigidas do interior do templo.

"Quem é o temerário que se atreve a perturbar nossos pacíficos trabalhos e tenta forçar a porta do templo ou o *portal do homem*?" Resposta: "É um profano desejoso de conhecer a luz verdadeira da Maçonaria e que humildemente a solicita por haver nascido livre e ser de bons costumes".

O significado iniciático dessa resposta é de fundamental importância. Ninguém pode entrar no templo da sabedoria se não tem firme desejo de conhecer a verdade. Tem de solicitar ingresso com humildade, convencido de sua ignorância e fraqueza; deve estar livre de todo preconceito filosófico, religioso e social porque o orgulhoso de seu saber humano e intelectual nunca pode ser admitido no templo interno. Por fim deve ser de bons costumes porque os maus costumes são intransponíveis barreiras para o progresso espiritual.

A ponta da espada apoiada no coração é o símbolo do poder do verbo e da verdade intuitiva que se manifesta no Íntimo do nosso ser e, se os olhos não podem ver, não obstante o sentimento da verdade sempre existe. Significa também que, se o candidato entra no Templo do saber por curiosidade ou para aquisição de poderes, a espada flamígera da verdade o aniquilará.

Interrogatório do candidato

O interrogatório do candidato, ao ingressar no Templo é o exame de suas meditações no quarto de reflexão.

Quais são os deveres para com Deus, para consigo mesmo, para com a humanidade?

Quais são as suas ideias sobre o vício e a virtude?

Essas perguntas são a explicação do que respondeu o guia pelo candidato. O vício é a escravidão, a cadeia que estorva o homem e, sendo escravo de seu vício, *não pode ser livre, nem de bons costumes*; então deve tornar-se virtuoso.

A virtude, de *vir*, de *viril*: força, virilidade, poder no sentido moral que, por meio de seus "esforços pessoais, domina os vícios ou debilidades".

O verdadeiro maçom é aquele que estabelece o domínio do superior sobre o inferior. Esse é o programa de todo iniciado na verdade e na virtude.

A PRIMEIRA VIAGEM

A viagem significa o esforço que faz um homem para adquirir seu objetivo.

Na cerimônia do 1º grau deve o candidato realizar três viagens: a primeira está cheia de dificuldades e apresenta-se com muitos perigos e rumores. Representa a prova do ar ou domínio do corpo de desejos ou sua purificação. O guia ou Cristo interior ensina-lhe o bom e o verdadeiro e o candidato deve ser dócil a suas insinuações e instruções. A direção dessa viagem é de Ocidente para Oriente pelo lado do Norte. O Ocidente é o mundo sensível e material; é a parte inferior do corpo humano onde residem os fenômenos objetivos do universo. A verdadeira luz nele se acha posta como quando se põe o Sol. Acha-se velada como Ísis e o iniciado deve desvelá-la por seus esforços.

A realidade e a luz nascem no Oriente ou cabeça do homem. É ali que brilha com todo esplendor.

A viagem começa do Ocidente, quer dizer, do seu conhecimento objetivo, da realidade exterior. O homem se encaminha pela obscura noite do Norte em busca da *verdadeira luz* no Oriente. Não devem assustá-lo a escuridão nem as dificuldades que se encontram em seu caminho para chegar à *luz*. Uma vez chegado ao Oriente, mundo da luz, não deve deter-se; ao contrário deve voltar ao Ocidente com a consciência iluminada que lhe permita arrostar, com mais serenidade, as dificuldades e preconceitos do mundo que já não têm poder de desviá-lo do caminho porque purificou seu corpo de desejos e dominou suas paixões com o reconhecimento da verdade. Também tem outro significado: uma vez que o candidato se acha iluminado, não deve guardar sua iluminação para si, deve instruir e iluminar os demais que se encontram todavia no Ocidente ou mundo material.

A SEGUNDA VIAGEM

Já se disse que o quarto de reflexão representa a prova da terra ou o domínio do mundo físico. A primeira viagem é o domínio do mundo de desejos; a segunda representa o triunfo sobre o corpo mental ou mundo mental.

Esta segunda viagem é mais fácil que a primeira; já não há obstáculos violentos. O esforço feito na primeira nos ensinou como superar as dificuldades que se encontram no caminho da evolução, uma vez dominados nossos desejos.

O choque de espadas que se ouve durante essa viagem é o emblema das lutas que se travam em redor do iniciado. É a luta individual consigo mesmo para dominar sua mente elaboradora dos pensamentos negativos. É o segundo esforço para regrar a vida em harmonia com os ideais elevados. É o batismo da água praticado pelas escolas; é a negação do negativo; é a preparação para receber o batismo de fogo ou do Espírito Santo, ou seja, a afirmação no positivo.

O Batismo da água, objetivo da segunda viagem, é a purificação da mente e da imaginação, de seus erros e defeitos.

A TERCEIRA VIAGEM

A terceira viagem representa o batismo do fogo e realiza-se, no entanto, com mais facilidade que os precedentes, pois desaparecidos os obstáculos e ruídos, só se ouve música suave, profunda e harmoniosa.

Dominando e purificando a parte negativa de sua natureza causadora de dificuldades, familiariza-se o iniciado com a energia do fogo, quer dizer, chega a ser consciente do poder infinito do espírito que se acha em si mesmo. É a *descida do Espírito Santo em línguas de fogo* que depura todo traço de erros que dominavam a alma.

É a prática do fogo nas antigas iniciações, o elemento mais sutil, de que nascem todas as coisas e em que todas se dissolvem. É o domínio do mundo do *espírito de vida* cujas fronteiras tocam o mundo *divino*.

A descida do espírito sobre o iniciado com seu fogo faz desaparecer as trevas dos sentidos e com ela toda a dúvida e vacilação, dando-lhe essa *serenidade imperturbável* em que a alma descansa para sempre ao abrigo de todas as influências, tempestades e lutas externas.

Esse fogo é a essência do *amor infinito*, *impessoal*, livre de todo desejo, impulso pessoal que dá poder ao *iniciado* de operar milagres porque nele se converte em *fé iluminada* e em *força ilimitada* por haver ele vingado todos os limites da ilusão.

O CÁLICE DA AMARGURA

Dominados os quatro elementos ou quatro mundos, deve o iniciado apurar o cálice da amargura. Esse símbolo dá muito que pensar. Muitos iludidos creem ser a ciência espiritual método simples e fácil e acodem para adquirir poderes, riquezas e comodidades e jamais pensam, nem lhes disse alguém que, por trás dessas provas, os espera o brumoso cálice de amargura, ao enfrentar-nos com as desilusões de nossos projetos e aspirações. Até o próprio Jesus, ao sentir esse estado obscuro das coisas, clamou: "Pai! Se é possível afasta de mim este cálice".

Mas o cálice não pode afastar-se; deve, ao contrário, ser tragado até a última gota. O iniciado deve seguir os passos de Cristo, carregar nos ombros todas as amarguras dos demais, suportar a ignorância, o fanatismo e a ingratidão de todos. Deve levar esse cálice aos lábios, serenamente, e sorvê-lo como se fosse a mais doce e confortável das bebidas. Então, realiza-se o milagre; a amargura, em sua boca, se converte em doçura na boca dos homens e a verdade triunfa sobre as ilusões dos sentidos.

O SANGUE

Uma das provas a que submetem o candidato é a prova da sangria. Diz-se-lhe que deve assinar um juramento com o próprio sangue, isto é, subscrever com ele o pacto. Os herméticos sabem muito bem que o sangue é a sede do *eu*, ou do *ego*, é a expressão da vida Individual. Enquanto circula o sangue no organismo, há vida; mas, quando se coagula, vem a morte.

Firmar o juramento com sangue significa aderir à causa sagrada, eternamente, de modo que esse pacto, assinado com o sangue não pode quebrar-se nem com a morte. Por isso, nenhum iniciado pode voltar atrás e aquele que *põe a mão no arado não pode voltar a vista para trás* se não quer converter-se em estátua de *sal*, como a mulher de *Loth*.

Não nos é possível revelar mais a fundo este mistério, porque as consequências serão muito dolorosas para nós e para as pessoas que chegarem a compreendê-lo. Só podemos dizer que o autor do juramento, assinado com seu sangue, não pode ser nem deixar de ser *iniciado* à vontade, senão que o será para sempre e aquele que supõe poder cessar de considerar-se como tal, é porque *jamais o foi*. Quando Cristo derramou seu amor por meio do sangue firmou conosco o pacto de sangue até a consumação dos séculos. Ele mesmo nos ensinou que não devemos jurar nem pelo *céu* nem pela terra porque sabia o efeito do juramento.

O fogo

Outro símbolo análogo ao do sangue é o fogo. Convidam o candidato a permitir que se lhe faça com o fogo, no peito ou em outra parte, a impressão de um selo, pelo qual se reconhecem os maçons.

Esse selo (*que nunca se aplicou materialmente na Maçonaria, mas que foi aplicado antigamente*) grava-se com o fogo da fé no coração do iniciado; a fé é o único selo pelo qual os maçons se reconhecem entre si. É a fé que acende o ardor do entusiasmo para atuar em harmonia com o *Plano do Grande Arquiteto* e cooperar conscientemente.

O auxílio na cadeia de união

Finalmente e para dar prova de seu altruísmo, convida-se o candidato a ingressar na cadeia de união mediante uma oferta voluntária, para ajudar os necessitados. Antigamente dava ele tudo aos outros e tal cena se repetiu no tempo de Cristo, quando lhe perguntou aquele rico: "Mestre! Que farei para ser perfeito?" E o Mestre respondeu-lhe: "Vende teus bens e reparte-os com os pobres".

O juramento

O juramento é a obrigação que deve prestar o candidato ante a ara (seu coração, altar de *Deus*). Vai com os olhos vendados (que não podem ainda ver a luz); ajoelha-se sobre o joelho esquerdo (não somente sinal de respeito e devoção, como ainda, em tal postura, se põe em contato com as correntes terrestres que tendem a subir até as que baixem de cima; o candidato forma o ponto de união entre as duas), a direita, em forma de esquadro (símbolo da fixidez, estabilidade e firmeza, objetivos do juramento) é a preparação para libertar-se (veja o significado do esquadro em páginas anteriores). A mão direita sobre a Bíblia (verdade revelada); na esquerda um compasso cujas pontas apoiam no peito, símbolo do reconhecimento pleno da harmonia (ver a explicação do compasso).

O juramento faz-se em presença do *Grande Arquiteto do Universo* e dos irmãos reunidos na Loja. A presença do *Grande Arquiteto* no homem é a primeira condição que deve compreender o candidato; os irmãos que formam, com suas espadas, uma abóbada sobre sua cabeça sem que ele os possa ver com os olhos físicos são o símbolo dos protetores invisíveis que se acham no interior e exteriormente, que nos vigiam constantemente e nos protegem sem que percebamos suas existências.

Esse juramento contrai-se livre e espontaneamente com pleno conhecimento da alma. Não se trata de uma obrigação involuntária ou sob ameaça, porque, como o maçom é livre na maior plenitude da palavra, contrai a obrigação ou juramento, que o liga ao *ideal da Ordem* com a espontânea vontade.

Obrigações do juramento

As obrigações do juramento são três. A primeira, o silêncio. Lei importante do hermetismo é não revelar a ninguém os segredos da Ordem: "não dês pérolas aos porcos". Ao penetrar o homem no Templo interno da sabedoria e receber os fragmentos do saber divino, deve guardá-los como um tesouro em seu próprio coração por dois motivos: um, porque ninguém os pode compreender; o outro porque ao divulgá-los perderá com as palavras a energia interna que é como a levedura que fermenta o coração com aquela sabedoria.

A segunda, não escrever, gravar ou formar nenhum sinal que possa revelar a palavra sagrada. Esse é o *verbo divino* que se acha em todo ser e, tirá-lo para fora é como arrancar a semente da terra para ver seu crescimento. O *verbo divino* ou *ideal divino* deve operar do interior para fora e nunca deve ser visto pelos olhos das paixões, como os que se vangloriam de seus poderes.

A terceira é sua união eterna com a fraternidade espiritual, com seus ideais, aspirações e tendências; comprometer-se a ajudar seus irmãos a cada momento. Assim, compreenderá que a *fraternidade* é um corpo e que ele é uma célula no mesmo corpo, que deve cumprir seus deveres.

O maçom prefere "ter cortada a garganta e arrancada a língua pela raiz" a faltar ao juramento. É o castigo simbólico do indiscreto quando fizer uso egoísta de seus poderes. Então, a língua, instrumento do *verbo*, lhe será arrancada, isto é, perderá o poder da palavra ou do *verbo*. Ser-lhe-á cortada a garganta que é a que produz o som da verdade.

A LUZ

Uma vez que cumpriu os três deveres do juramento, será digno de ver a *luz da verdade*. Efetua-se esse símbolo fazendo cair as vendas dos olhos do candidato, as quais representam a venda da ilusão que lhe impede ver a essência da verdade.

A princípio fica deslumbrado; depois, vê os irmãos com espadas dirigidas para ele. Essas espadas não são ameaças porque aquele que é a luz nunca pode ter medo de ameaças. Essas espadas demonstram as dificuldades que deve o iniciado afrontar no cumprimento constante de seus ideais; porém, o iniciado jamais deve renunciar a suas aspirações elevadas. Por isso, os irmãos ao vê-lo firme em seus propósitos, descobrem-se deixando a *máscara* que lhes escondia o semblante e baixam as espadas, significando isso que as dificuldades são vencidas ante a firmeza da fé. É a luz interior que passa livremente e se derrama no mundo externo para esfumar todo temor e qualquer dificuldade. — É a *luz da divindade*. É o objetivo da iniciação interna: *fazer do homem um Deus*.

A Maçonaria acode a todos esses símbolos como para ajudar o intelecto do homem a compreender a verdade e descobrir que é *Deus em Deus*.

CONSAGRAÇÃO

Concluído o antecedente, é o candidato levado à ara, diante da qual se ajoelha sobre o joelho esquerdo, ao passo que o direito está em forma de esquadro. Fazem-no confirmar suas obrigações. (Todo ato deve ter um significado muito profundo). O mero fato de ajoelhar-se tem um grande significado oculto, porque os centros etéricos físicos, ao apoiar o joelho em terra se sintonizam com certas correntes que circulam sobre a terra e estão sempre à disposição dos que buscam auxílio no invisível. A oração com a posição do homem ajoelhado não só ajuda o que ora, como ainda, até certo ponto, o preserva das influências perniciosas que o podem dominar em qualquer outra posição que o corpo adote. Pedir de joelhos é uma frase que se repete a cada instante, porque os antigos que nos deixaram essa frase compreendiam a eficácia do pedido feito de joelhos. (Já em outro lugar explicamos o significado do esquadro e não é mister repetir aqui o significado da perna direita que toma a forma do esquadro). Quando o candidato cumpre suas obrigações e se ajoelha ante o altar, que é seu coração, onde reside o verdadeiro mestre, do *Eu Sou*, o átomo *nous*, o Cristo, então Este que é representado pelo Venerável Mestre toma a espada flamígera apoiando-a na cabeça do recipiendário e pronuncia a fórmula da consagração, acompanhada pelos golpes misteriosos do grau. Feito isso, levanta-o e abraça-o dando-lhe pela primeira vez o título de irmão e lhe cinge o mandil dizendo: "Recebei este mandil, distintivo do maçom; é mais formoso que todas as condecorações humanas porque simboliza o trabalho que é o primeiro dever do homem e fonte de todos os bens, o que vos dá o direito de sentar-vos entre nós e sem o qual nunca deveis estar na Loja".

(A espada flamígera é o símbolo do poder divino. O poder criador acha-se no homem; porém agora, na humanidade é um poder limitado).

O poder da criação manifesta-se na parte inferior da espinha dorsal onde reside o inimigo secreto do homem. O homem está se esforçando para unir-se com o próprio Íntimo, ou, segundo a parábola da Bíblia, ansiava para regressar ao *Éden*, ao paraíso, depois de ter sido arrojado como rebelde e "Deus pôs no oriente do mesmo jardim do Éden uns querubins que luziam por toda a parte uma espada flamígera para guardar o caminho da árvore da vida". A espada do *poder* que se acha nas mãos do anjo que reside na coluna vertebral do homem impede aos rebeldes átomos destrutivos de acercar-se da fonte do saber divino para não transviá-lo em mal segundo seus próprios desejos. Porém, desde o momento em que se ajoelha ante o mestre interno, ante o altar do sacrifício, o mestre Íntimo o consagra como discípulo seu tocando-o com a espada flamígera; com toques misteriosos para transformá-lo em ajudante servidor e humano no trabalho da *Obra*.

O mandil é a túnica da pele, mencionada pela Bíblia ou o corpo físico com sua consciência espiritual (Adão) e seu reflexo pessoal (Eva), os quais foram arrojados do estado edênico, (estado mental) foram levados à terra, mundo físico para trabalhá-lo e expressar, na matéria, as qualidades divinas e adquirir na terra experiências que transformam o homem em mestre.

O mandil é o corpo físico, é a túnica de pele, é a parte que isola o espírito interno e oculta sua luz aos olhos físicos.

Colocar o mandil significa isolar o coração do mundo físico durante os momentos de trabalho espiritual, durante a comunhão com o Pai que se acha no interior.

As luvas

Dão-se ao recém-iniciado dois pares de luvas, um para ele e outro para que ofereça à mulher mais amada.

As luvas brancas são símbolo das boas obras, isto é, para expressar o divino em nós sem mirar o fruto das obras.

Com o outro par de luvas para a mulher indica-se que a mulher, companheira do homem, tem direito de participar dos benefícios da Ordem, embora até agora, em algumas lojas, lhe neguem esse direito.

A nosso ver, têm as luvas também outro significado mais transcendental: é amar a Deus com todas as forças. As luvas são, como o mandil, isoladores. Nas religiões ensina-se que, para orar, devem-se cruzar os braços; a Maçonaria oferece ao iniciado, um par de luvas.

O homem irradia energia pelos dedos da mão. Assim, para amar a Deus com todas as forças cruzam-se os braços sobre o peito para conservar essa energia em si mesmo, o que o ajuda melhor à adoração do G.·. A.·. D.·. U.·. As luvas têm por objetivo conservar essa energia no homem para melhor expressão da verdade no momento necessário.

A palavra

Tendo sido consagrado aprendiz maçom, está o neófito em condições de se lhe comunicar a palavra e o modo de dá-la.

O primeiro versículo do Evangelho de são João nos dá o significado e a chave da palavra: no princípio era o verbo, ou seja, a palavra. É a resposta da verdade de que tudo se manifesta de um princípio interior ou espiritual chamado verbo ou palavra, quer dizer, afirmação criadora de sua realidade que o faz vir à existência e manifestar-se de um estado de imanência latente ou potencial.

"No princípio era o verbo" é uma frase que nos demonstra a origem espiritual de tudo o que vemos ou se apresenta de algum modo aos nossos sentidos. De tudo, sem distinção, pode-se dizer que, no princípio (ou em sua origem) era ou foi verbo, palavra, pensamento ou afirmação criadora que o originou. E, como o verbo, palavra ou pensamento não pode ser senão manifestação da consciência, toda coisa exterior tem uma origem interior no ser onde teve nascimento primeiro como causa cujo efeito vemos.

Tudo o que se manifesta deve ter tido sua origem de um pensamento, desejo, aspiração, afirmação ou estado. O universo, desde o princípio teve o ser do não ser que é o fundamento de tudo o que existe; espaço e tempo não são mais que laboratórios do verbo.

É pois de importância transcendente o que o homem diz, pensa ou afirma em si mesmo. Com esse fato só participa consciente ou inconscientemente do poder criador universal do verbo e sua obra construtiva.

O 1º grau do aprendiz tem o privilégio de desenvolver o poder do verbo sábia e conscientemente no iniciado.

Aprender o correto uso da palavra, eis a tarefa fundamental que incumbe ao maçom. Com esta disciplina torna sua atividade construtiva e em harmonia com os planos do Grande Arquiteto, quer dizer, com os princípios universais da verdade.

Há pois uma palavra sagrada distinta de todas as palavras profanas que são nossos errados pensamentos negativos e juízos formados sobre a aparência exterior das coisas. A palavra sagrada é o verbo, isto é, o que de mais elevado e conforme a realidade podemos pensar ou imaginar, uma manifestação da luz que nos ilumina do interior. É nosso ideal e nosso conceito do que há de mais justo, bom, formoso, grande, nobre e verdadeiro. Conformando nossas palavras com esse verbo, pronunciamos a palavra sagrada e decretamos seu estabelecimento. Pois, como se diz: "Decretarás uma coisa e essa será estabelecida em ti".

A Palavra Sagrada dada pelo Venerável Mestre que senta ao Oriente simboliza a palavra sagrada dada individualmente a cada um de nós pelo espírito de verdade, pelo Íntimo *Eu Sou* que igualmente se senta e mora no Oriente ou origem de nosso ser. Também representa a instrução verbal que se dá na loja (ou lugar onde se manifesta o logos ou palavra) e que sempre deve partir do Oriente para ser efetiva, isto é, do que cada um pode pensar individualmente de mais nobre e elevado. Deve ser luz inspiradora e vida como a luz do sol que sai do Oriente.

À semelhança da palavra sagrada que se formula ao ouvido, letra por letra, assim deve dar-se a instrução hermética. Dá-se a cada um, um primeiro rudimento, a primeira letra da verdade para que, meditando e estudando-a, chegue por seu próprio esforço a conhecer e formular a segunda que o tornará digno de receber, útil e proveitosamente a terceira. Desse modo foi e tem sido comunicada a doutrina iniciática em todos os tempos, sendo o simbolismo maçônico a primeira letra da mística palavra sagrada da verdade.

Quando chegarmos à explicação mística do ritual daremos o significado particular da palavra sagrada do aprendiz.

A palavra sagrada que se dá ao novo iniciado é o símbolo daquela instrução sobre os princípios da verdade que cada aprendiz tem o direito de conhecer, ensinado pelos irmãos mais adiantados que se acham no caminho.

A palavra sagrada que se dá ao ouvido ou secretamente é o saber verdadeiro que o iniciado recebe do seu interior. É o exercício que o torna apto para o magistério da verdade e da virtude. Esta instrução não depende do que recebe senão do que encontra e assimila por si mesmo com seus próprios esforços, isto é, com o uso reto que faz da primeira regra recebida como meio de chegar diretamente à verdade.

Nisso consiste a instrução iniciática: agir sempre e agir bem para chegar a descobrir as verdades transcendentes cósmicas que em si estão e não como a instrução oficial que se contenta com fazer o discípulo saber certas opiniões intelectuais que, muitas vezes, mais prejudiciais são que úteis. A ciência da verdade deve ser sentida, vivida e não aprendida.

Cada letra da palavra sagrada deve ser objeto de reflexão individual. Por exemplo, ao meditar nos poderes e significado da primeira letra, o discípulo chegará, por esforços próprios, a encontrar a segunda que é a que deve dar ao instrutor em resposta à primeira para que se julgue digno de receber a terceira que é de gênero diferente da primeira.

O homem correto que aspira ao saber deve primeiramente praticar o bem ao seu alcance; então, a primeira prática lhe descobre o caminho da segunda: ajudar os necessitados, consolar o aflito. Significa isso *dar* e, como efeito de dar é receber segundo as leis cósmicas, chegamos à conclusão de que quem ajuda será ajudado para dar mais e de quem consola será consolado para melhor aliviar a dor alheia.

A palavra sagrada tem três sentidos. O primeiro sentido é exterior. Esse determina certos ensinos por meio do símbolo, das cerimônias e alegorias assim como as religiões têm as cerimônias, obrigações externas e a ciência tem o método experimental com as propriedades exteriores das coisas.

O segundo sentido é o esotérico o qual por meio da reflexão individual pode levar ao conhecimento da verdade, à doutrina interior que se oculta no simbolismo e nas formas externas. O terceiro é o sentido místico ou entendimento secreto da verdade apresentada pelas alegorias e símbolos.

A mesma lei rege na senda da religião e na do homem espiritualista que busca o sentido interior e profano dos símbolos religiosos e o valor operativo de suas cerimônias. Assim se chega a entender seus significados espirituais.

O homem que se dedica ao reconhecimento do mais profundo das coisas abarca em si todas as religiões, artes e filosofias e não necessita de nenhum mestre; basta-lhe seu próprio mestre interno que é onisciente, onipotente.

O objetivo da Maçonaria e das religiões é preparar e ensinar o intelecto a comunicar-se com seu próprio e único mestre *Eu Sou* que está ávido por instruir e iluminar o homem.

Os três anos

Os três anos do aprendiz e as três viagens da iniciação são o símbolo do tríplice período que marcará as etapas do seu estudo e progresso.

Os três anos referem-se particularmente às três primeiras artes: a gramática, lógica e retórica. Antigamente, o aprendiz tinha de estudar durante três anos consecutivos essas artes, empregando um ano para o domínio de cada um. Como se disse anteriormente, o 1º grau tem por objetivo desenvolver no homem o poder do verbo e esse poder, forçosamente, deve dominar as três artes indicadas. A gramática é o conhecimento das letras, quer dizer, princípios, signos, símbolos da verdade. O aprendiz não sabe ler nem escrever a linguagem da verdade; apenas se exerce soletrando, uma por uma, as letras ou princípios. Os três primeiros anos também têm relação estreita com os três primeiros números: o uno, símbolo da unidade universal; o dois, dualidade da manifestação; o três, a trindade ou perfeição.

Letras e números

O estudo das letras é uma parte da arte gramatical. É o estudo daquela gramática (do grego *gramma*, que significa letra, signo) simbólica, com o qual deve familiarizar-se o aprendiz.

Uma vez conhecidas as letras, ser-lhe-á possível combiná-las por meio da lógica e manifestar-se o verbo por meio da retórica.

Porém os signos ou letras têm tríplice sentido: externo, interno e espiritual.

As letras, segundo os ocultistas, são formas externas de poderes internos e espirituais.

A primeira letra do alfabeto, que é A, mostra em sua forma os dois princípios ou forças primordiais que partem do ponto de origem e formam o ângulo;

e também o triângulo que nasce do ângulo por meio da linha horizontal — o terceiro princípio — que une seus dois lados.

Essa primeira letra mostra-nos a origem de tudo e sua progressiva manifestação: a involução ou revelação do espírito no reino da forma ou da matéria.

Alef. A forma hebraica dessa mesma letra cujo valor numérico é *um* apresenta-nos, na linha oblíqua central, o primeiro princípio unitário do qual se manifestam as duas forças ou princípios no homem: ascendente e descendente, ou seja, centrífugo e centrípeto, masculino e feminino, representados pelas três colunas. É, por si mesmo, um signo de equilíbrio, pois mostra o domínio dos opostos e a harmonia produzida por sua atividade coordenadora. Em seu conjunto, mostra a trindade, isto é, a força manifestada pela unidade.

Até aqui chegou o conhecimento simbólico da letra A. Porém, pôde alguém decifrar e analisar seu sentido interno? Quais são as forças que se encerram na letra A e como se devem utilizar?

Não são muitos os cérebros que pensarão em rasgar o véu denso que oculta os poderes que se encerram na letra A e em suas companheiras de alfabeto.

Deus criou o universo por meio do verbo e o verbo se fez carne segundo número, peso e medida; então cada letra que forma uma parte da palavra deve ter seu número, peso e medida.

Quem descobriu o número, peso e medida de cada letra? Quem pôde utilizá-la conscientemente? Dizem que os mestres da Ioga têm esses segredos e contam-nos alguns no Ocidente, chegaram a possuir esse inapreciável tesouro.

Nós, muito longe da pretensão de possuirmos, oferecemos desvelar adiante, o mistério de cada letra, seu número, peso e medida, segundo nossa inspiração interna. Por enquanto, temos de seguir o sentido externo das letras.

A letra B é uma clara expressão da dualidade, dos dois princípios superpostos que evidenciam a lei de polaridade; mostra a relação entre o superior e o inferior, o céu e a terra, relação bem distinta em seus dois aspectos. O lado direito (que é o lado esquerdo da figura e corresponde à involução ou revelação do espírito na matéria) e o reto do outro lado (o lado ascendente que corresponde à evolução do espírito na matéria). O lado reto mostra o domínio do homem e o lado curvo, o da natureza.

A forma hebraica dessa letra, cujo nome é *beth*, patenteia igualmente essa relação entre o superior e o inferior, o céu e a terra, relação descendente por um lado e aberta por outro, símbolo das possibilidades ascendentes abertas ao homem mediante o estabelecimento de sua relação com o princípio da vida. Seu valor numérico é *dois*. É uma das letras que formam a palavra sagrada do aprendiz e, em seu devido tempo, estudaremos sua relação nessa palavra.

A terceira letra C é originariamente a de um esquadro e, como tal, se apresenta nos alfabetos fenícios e grego onde tem o nome de *gama* e o som da letra é *guê*.

O símbolo do esquadro foi explicado antes. Quanto à letra, em sua forma latina, mostra um arco, isto é, a tensão das energias individuais para alcançar um objetivo determinado. Também representa o ciclo descendente da involução que deve completar-se com a obra individual da ascensão evolutiva.

No alfabeto hebraico, essa letra se chamou guimel, camelo, e tem o valor numérico *três*. Refere-se ao verbo perfeito no ternário e ao progresso individual do homem, de baixo para cima, porque supõe um ser inteligente, um ser que pensa e outro que fala. É o símbolo material das formas espirituais. É o corpo físico que encerra a divindade do homem; é o mandil que isola o homem das impressões externas.

A *quarta letra D* é representada por um triângulo em vários alfabetos; é o *delta* em grego; seu nome em hebraico é *daleth*, que significa *porta*. É o homem, é a cruz, chave de todos os mistérios humanos, é o homem-cruz, a forma material com seus quatro elementos, inconsciente de sua divindade. Seu número é *quatro*.

O homem que medita em seu corpo físico, em sua cruz, é levado, por sua própria intuição na escala da perfeição até a letra Hé, até o pentagrama, até a rosa na cruz.

A letra E ou Hé significa o alento que anima todos os seres. É, como se disse antes, a rosa — espírito — florescente na cruz do homem. Assim como na magia, o pentagrama domina todos os elementos, assim também o espírito do homem domina todos os seus corpos inferiores. A letra Hé é representada pelo Círculo segundo a ciência antiga e seu valor numérico é *cinco*.

Assim, deve o aspirante à sabedoria, o neófito conhecer o valor das letras, porque cada letra representa uma potência invisível. Deve saber vocalizá-las para sentir seus benefícios e, por fim, deve buscar sua própria relação com a relação das letras.

Por exemplo: a letra A, latina e hebraica, representa a trindade de Deus e do homem; é o ternário que forma a unidade de todos os princípios, porque todo par oposto se encontra entrelaçado por um princípio de harmonia equilibrante.

O Pai e a Mãe geram o Filho; o enxofre e o sal produzem o mercúrio. O homem, a criatura perfeita, nasce da união do céu e da terra, realizando a mística união e a expressão do superior com o inferior.

Cada letra é uma potência, um poder e uma energia em si mesma, e pode se distinguir sob várias formas.

1º A letra é um símbolo representativo, criador eterno, que rege a evolução interna da criação.
2º Cada letra tem um som, força que possui o poder em sua vibração sutil e está constantemente vibrando em seu tom próprio.
3º Esse som, ao vibrar através da energia que anima todos os seres, modela as condições das formas para dar-lhes seus arquétipos.
4º A letra é a representação de uma divindade que tem íntima relação com a consciência do homem.
5º Vocalizar uma letra é chamar uma divindade por seu nome e atrair a si sua força cósmica.
6º Uma palavra composta de várias letras transforma-se em instrumento de geração do espírito porque se converte em ideia.
7º Cada povo adotou para suas letras uma forma especial que representa a propriedade de sua deidade, segundo a sensação com que impressionavam sua mente o atributo e as características de tal deidade.
8º De modo que, se o Hebreu pronuncia ou vocaliza a letra A adaptando a forma de sua própria letra, alçando a mão direita ao alto e estirando a esquerda para baixo, obtém os mesmos benefícios que um latino ao pronunciar a mesma letra adotando a forma latina.
9º Se cada letra do alfabeto é um poder, a combinação de várias letras produz uma aglomeração de poderes para um fim desejado.
10º O mantra sânscrito, conservado pelos iniciados orientais, não é mais que poder do verbo sintetizado em uma palavra; também as palavras são certas formas cabalísticas conservadas nas cerimônias da iniciação ocidental.
11º Toda palavra é uma ação e, se é ação, deve ser útil; há uma velha lenda cristã que nos ensina que o diabo não pode apossar-se dos pensamentos enquanto não se materializam em palavras.
12º Nas escolas herméticas há muitas palavras que não têm sentido para o profano e às vezes até para os próprios filiados. Essas palavras não foram criadas como quebra-cabeças, segundo alguns supõem, senão que

seus autores procuraram, antes de tudo, o poder oculto e esotérico de cada uma de suas letras, sem muito se preocuparem com o sentido que possam ter no dicionário da língua. Também os inventores do símbolo nunca tiveram intenção de que sua forma deva encerrar uma única ideia determinada, senão que do símbolo deve emanar a fonte de todas as ideias.

13º O aprendiz, ao estudar as letras do seu grau, deve meditar nos pontos anteriores para compreender que a essência do verbo ou palavra está no princípio, que a luz intelectual é a palavra, que a revelação é a palavra e que falar é criar; porém, para criar devem-se escolher os elementos da criação e empregá-los com mestria.

14º Deus, dando razão ao homem, deu-lhe as letras para formar a palavra e pronunciá-la.

15º A letra A, cujo valor numérico é um, é o primeiro som que articula o ser humano e primeira letra do alfabeto como o número *um* é a unidade mãe de todos os números. Ambas as figuras exprimem a causa, a força, a atividade, o poder, a estabilidade, a vontade criadora, a inteligência, a afirmação, a iniciativa criadora, a originalidade, a independência, o absoluto que contém tudo e do qual emanam todas as possibilidades, o homem rei da criação que une o céu e a terra, a supremacia, a atividade enervante, o desejo incansável de chegar ao seu fim etc.

16º Todos esses atributos e muitos mais pertencem à letra A. Os iniciados, conscientes do poder da letra, separada ou unida à outra para intensificar sua força, entoavam-na segundo ritmo especial, para produzir uma vibração e cor apropriadas que ajudavam a efetuar um resultado desejado em sua própria mente e nas dos demais. Atendendo ao já dito que cada homem tem uma nota particular; aquele que maneja a pronúncia das letras segundo sua nota ou tom pessoal, obterá poderes ingentes. Amados leitores! Aprendei a vocalizar as letras e manifestar-se-á proveito em vossos três mundos: espiritual, intelectual e físico.

Depois de ler os artigos anteriores, o amado leitor chega a compreender que a Maçonaria, as religiões e todas as escolas são fases da única lei natural que rege o Universo Maior e o universo menor que é o homem.

De modo que a Maçonaria é uma doutrina que tem por mira o despertar do homem, do sonho da ignorância ao cumprimento do dever. Porém, como esses deveres são abstratos, teve de apegar-se a símbolos, emblemas, rituais, para que a mente objetiva do homem possa algo sentir do que nele mora latente.

Tudo o que sobre a Maçonaria se escreveu é mera explicação de certas ideias; mas, se a ideia não se manifestar por atos, é vã, porque só a ação manifesta e comprova a existência da vontade.

Os rituais de uma religião são ideias manifestadas por palavras que cristalizam a vontade.

O ritual do 1º grau é a realização do ideal ou do espírito maçônico; é a exteriorização da divindade interna no homem ou, em outros termos, é um meio de ajudar o homem na sua união consciente com seu Deus interior, com seu Íntimo, fim procurado por todas as religiões esotéricas do mundo e ignorado pelas exotéricas.

Aqueles que compreendem que o corpo humano é a cópia fiel em miniatura de todas as divindades, de tudo o que existe no universo e por isso foi chamado microcosmo, verificarão que o ritual do 1º grau é um meio, um escalão, cujo fim é o aproximar *consciente* da mente humana a seu interno Criador, pois que essa mente desde que começou a usar seus cinco sentidos físicos, dedicou toda sua atenção ao externo e esqueceu-se do Íntimo e interno.

Resumindo: o mestre de uma Loja, ao chegar a compreender o espírito maçônico, entra a praticá-lo por meio do ritual.

Como se disse anteriormente, o templo é o corpo humano: "Vós outros sois o templo do Espírito Santo" e como "o reino de Deus está dentro de vós" todas as faculdades do homem devem voltar-se para o templo interno em busca do reino de Deus.

Considerando o homem igual a um templo cujo sacerdote é a razão iluminada pela sabedoria divina, guia e insinua a seus fiéis faculdades à adoração de Deus, no templo interno, e entra a oficiar e praticar o ritual da adoração.

10
A IOGA

Ioga é uma palavra sânscrita que significa *união*, embora signifique ainda contemplação e concentração. É o método que tem de seguir o homem para chegar à união mística com Deus. O verdadeiro iogue é o ser que reconhece a essencial divindade do seu verdadeiro ser e a essencial unidade de todos os seres, como o reconheceram e ensinaram Buda, Jesus e os demais reformadores do mundo, malgrado o preconceituoso ambiente em que viveram.

Pode alguém chegar à Ioga, união com o Deus Íntimo, por quatro caminhos, a saber:

1º pela Rajaioga, ou desenvolvimento da natureza interna por meio da disciplina mental.
2º pela Karmaioga, união pela ação ou obras. Outros usam a Hataioga, ou domínio das forças físicas pelo adiantamento espiritual.
3º pela Bhakti-ioga ou caminho do amor e da devoção.
4º pela Gnani-ioga ou caminho da sabedoria.

Para nosso trabalho atual só nos interessa a Rajaioga ou caminho do pensamento porque os outros três estão nele incluídos como depois veremos.

A disciplina da Rajaioga é um caminho com oito estações ou escada de oito degraus; cada qual pressupõe o conhecimento e prática do anterior.

Essas etapas chamam-se em sânscrito *agnas* ou *membros*. Com essa denominação, mostram-nos os iogues que o conjunto dessas práticas forma o corpo da Ioga, *caminho da união com o Íntimo*, assim como o corpo físico forma a união perfeita do verdadeiro Deus-homem.

Os primeiros dois são *Yama* e *Niyama*, *Moral* e *Devoção*, verdadeiras bases para chegar à união. Assim como os pés, direito e esquerdo, são necessários para suster o corpo, assim também da moral e da espiritualidade, as duas primeiras etapas da Ioga, depende o adiantamento nas seis seguintes.

A terceira e a quarta etapas chamadas *Ásana* e *Pranáyama*, posição e domínio das forças vitais por meio dos exercícios físicos e respiratórios, correspondem ao ventre e ao peito.

Ásana significa posição de sentar-se; consiste em erguer o busto e o abdôme durante os exercícios respiratórios. O objetivo dessa posição e dos exercícios é curar o corpo de todas as enfermidades físicas e obter mente sã em corpo são. É natural que a Hataioga, nesse caso, deva ser a parte complementar das práticas da Rajaioga.

Pranáyama, ou exercício respiratório. Embora *Pranáyama* tenha vários significados, o mais aceito é *vida* porque, segundo os iogues, *Prana* é a substância vital. Respirar é viver, disse um sábio hindu e, na Bíblia, temos o passo que diz: "E Deus lhe soprou nas narinas o alento da vida" de modo que a aspiração e o domínio do corpo pela Hataioga representam a parte vital do corpo da Ioga ou união.

A quinta e a sexta, chamadas *Pratyahara* e *Dhárana*, são os instrumentos da mente assim como os braços do homem são os instrumentos mais importantes para a ação física.

Pratyahara significa a concentração mental sustida num ponto externo. O objetivo dessa concentração é chegar ao invisível por meio do visível, ao passo que *Dhárana* constitui o primeiro dos três aspectos superiores ou internos da união com o Íntimo Deus e seu objetivo consiste na concentração interna, porque, quando a mente se firma fortemente e sem desviar-se num objeto, consegue identificar-se com a essência interna e externa do objeto de sua meditação. De modo que esta se faz uma escada até o absoluto.

A sétima é *Dhíana* ou contemplação e corresponde ao pescoço que sustenta a cabeça. Por meio do pescoço, todos os impulsos ou impressões do corpo passam à cabeça; assim também, por meio da contemplação ou meditação, chegam todas as faculdades da mente a ser como corrente ininterrupta para chegar a *Samádhi* ou a *identificação*.

A oitava é *Samádhi*; corresponde à cabeça; é a última etapa ou coroação de todos os esforços anteriores. A corrente identifica-se com a água do oceano; a alma individual com a alma universal e se reconhece sua unidade Indivisível de tudo o que existe e já não haverá pensador, nem pensado, nem pensamento, porque nesse estado nem olho humano pode ver, nem ouvido pode ouvir jamais, visto que os três elementos se fundem na mesma unidade e não haverá separação entre o meditador e o meditado: o homem torna-se um com O QUE É.

Como se vê, o propósito da Rajaioga é eliminar toda obstrução mental, fortalecendo a vontade e avigorando o poder da concentração para conduzir o aspirante à verdade, pelo caminho da perfeição, meta das religiões.

Raja significa Rei. Diz-se assim porque, pela vontade e concentração o homem torna-se rei do universo e pode, sem dificuldade, dominar a natureza física para abrir passagem até a união com a verdade.

Pitágoras, Platão, Plotino, Proclo, os gnósticos e os místicos cristãos praticaram esse método. Espinosa, Kant, Schopenhauer, Emerson etc. dizem ser objetivo desse método esquadrinhar o mistério da alma humana e incitá-la à atualização das faculdades latentes na intimidade de todo ser humano.

Quem domina completamente sua mente poderá reger todos os fenômenos da natureza.

A mente divina é o soberano poder do universo e quando a mente humana se une com a mente do Íntimo Deus, terá poderes divinos; de modo que a concentração em um objeto visível descobre a verdadeira natureza de objeto em si mesmo, no invisível. Quem se pode subtrair de todo do mundo externo e concentrar-se no *Eu Sou* descobre, ou melhor, sente-se idêntico à única realidade.

Então vemos que o Deus a que adoramos não é uma entidade separada e independente de nós, não está longe, senão mora em nós e nele vivemos, nos movemos, temos o ser e reconhecemos a essencial identidade com todos os seres.

A ciência da Rajaioga assinala oito etapas na senda da união com o Íntimo, como se disse. Essa ciência explica clara e cientificamente seus métodos.

Não há nada misterioso em seu sistema; pelo contrário, expõe e explica como se realizam os fenômenos, em aparência misteriosa. Essa Ioga demonstra que, enquanto ignoramos a causa dos fenômenos, os supomos misteriosos; mas, que, para esquadrinhar os enigmas do universo nos havemos de pôr em contato com nosso Íntimo onisciente que nos ensina a razão de ser de todas as coisas.

Rajaioga não exige fé cega; ao contrário, submete tudo à experiência da razão do aspirante para que, dos resultados, infira suas conclusões.

Quando despertamos uma faculdade em nós latente, esta nos acompanha além da morte porque deste mundo só podemos levar nosso caráter e nossa experiência.

Tais são os verdadeiros objetivos da Rajaioga ou união com o Íntimo por meio do pensamento.

A PRIMEIRA ETAPA

A primeira etapa da senda para chegar à união com Deus está simbolizada pelo pé esquerdo e seu objetivo é observar as leis da ética e da moral. Sem o pé esquerdo seria o homem coxo, não poderia seguir facilmente seu caminho. Sem moral, ninguém vai longe na senda para a união.

O pé esquerdo tem cinco dedos e a primeira etapa da Rajaioga tem cinco leis ou mandamentos que são:

Não matar
Não furtar
Não mentir
Não fornicar e
Não receber dádivas

Esses preceitos devem ser estritamente observados, pois, do contrário, não se adiantará o estudante na senda, nem alcançará o reconhecimento do divino Íntimo que em seu interior reside.

Cada um desses preceitos tem seu respectivo poder, como veremos depois; de modo que não há nada milagroso no que nos contam de um iogue ou de são Francisco de Assis amansando ou dominando animais dos mais ferozes e de outros santos ressuscitando mortos etc.

Não matar

É o primeiro preceito. Não matar não só o homem, mas também qualquer ser vivo, nem por pensamento, nem por palavra, nem por obra, porque o pensamento e a palavra são ações. O homem que se firma na ideia de não matar, todos os seres tornam-se mansos diante dele. Cessarão as rixas, a luta e a guerra entre os homens e até entre os animais quando a humanidade seguir este ensinamento: "Bem-aventurados são os pacificadores porque serão chamados filhos de Deus", disse Jesus, porque o pacificador é o que não mata e nunca pode ter inimigos; ao contrário, até os inimigos serão, ante ele, os melhores irmãos.

Não furtar

O segundo preceito é não furtar. Há furto clandestino e furto público; o primeiro é defeito do indivíduo, e o público pertence às nações fortes. O mundo atual está cheio de riquezas e alimentos; porém, com o furto clandestino e público vivem as nações na miséria e, quanto mais raptam as coisas materiais, mais a pobreza domina o mundo. Deve o aspirante estear-se na ideia de não furtar nem acumular riqueza. Também o furto pode ser por pensamento e, por isso, disse o legislador: "Não desejarás os bens do próximo".

Não mentir

Tanto delinque o que mente, como quem induz a mentir ou aprova uma mentira. A mentira leve é sempre mentira. Todo pensamento vicioso volta a quem o emitiu, depois de danificar os demais. A palavra veraz, em lábios limpos de mentira é lei para todos os homens e coisas. O homem veraz pode obrar milagres; basta-lhe dizer a palavra. Relata o evangelho que, indo o centurião pedir a Jesus a cura de um filho enfermo, lhe disse: "Senhor, sou um homem de poder (isto é, tenho o poder da palavra.) digo a este: vem! E ele vem — Dize tua palavra e meu escravo são ficará".

Não fornicar

Sem castidade não é possível ter energia espiritual. O cérebro que absorveu a energia seminal criadora por meio da castidade possui gigantesca força de vontade e concentração que pode mudar a sorte dos homens e ter domínio sobre as gentes. Só da castidade dimanam todos os poderes do homem.

"Bem-aventurados os puros de coração porque eles verão a Deus", disse Jesus.

Não receber dádivas

Toda dádiva é uma espécie de suborno e o subornado é influído pelo dador; assim, quem recebe dádivas perde a independência da mente.

Então, para chegar à união com o Íntimo, tem o aspirante de praticar, antes de tudo, esses cinco preceitos, correspondentes à primeira etapa, até adquirir seus poderes. Sem tais práticas em conjunto, nenhuma escola, nenhum mestre, nem religião alguma pode ajudá-lo em seu intento de chegar à união.

A segunda etapa

A primeira foi moral. A segunda é espiritual e simboliza o pé direito; também tem cinco preceitos que são:

Purificação externa e interna
Contentamento
Mortificação
Estudo
Submissão à vontade divina.

A purificação externa significa um corpo limpo por meio de banhos, abluções, duchas e irrigações. O homem desasseado atrai para sua atmosfera elementais sujos e inferiores que estorvam seu progresso.

Conta-se que Maomé encontrou no Templo da Kaaba um homem de cabelo desgrenhado e roupa sórdida, orando, ajoelhado. O profeta agarrou-o pelo cabelo e, tirando-o do templo, disse-lhe: "É preferível não rezar a entrar no templo tão sujo".

O ramo da Ioga chamada Hataioga cura da limpeza do corpo no domínio dos instintos.

Consiste a purificação interna em limpar também a sujeira da alma, limpando com pensamentos puros os pensamentos sinistros e maus, lavando a cólera com o amor, a luxúria com a pureza etc.

Um corpo extremamente limpo pode parecer belo a muitos, mas não assim ao aspirante que percebe a imundície interna; porém, conseguida a limpeza interna e externa, já não sente o aspirante tanto apego ao corpo físico e a fealdade do corpo se converte em formosura dada a santidade interna.

Quando a mente se limpa dos maus pensamentos, adquire a apaziguação do ânimo, a concentração, o domínio dos seus órgãos e o poder de reconhecer o *Eu Sou*.

Só se pode adiantar no conhecimento de si mesmo, aquele cujo corpo e mente são limpos e sãos. Mente sã em corpo são; mente limpa em corpo limpo. Chegando a ser dono de sua mente, o homem governará seu corpo e será dono desse instrumento da alma.

Contentamento

A dor e a tristeza são impedimentos para o progresso espiritual; por isso, a Rajaioga recomenda limpeza e saúde do corpo para evitar a dor física e exige limpeza e saúde da mente para não sentir tristeza. O contentamento, a saúde e a felicidade devem acompanhar ao aspirante no caminho até a união.

Mortificação

Mortificação não significa maltratar o corpo; ao contrário, a Rajaioga exige corpo são e forte. Consiste a mortificação em dominar os desejos desmedidos do corpo a fim de dotar seus órgãos do poder de eliminar dele as impurezas.

Quando se mortifica o corpo com jejum racional, por exemplo, depuram-se todos os elementos nocivos do sangue. Com a castidade aumenta-se a energia criadora e vitaliza-se o conjunto. Os resultados dessa racional mortificação produzem, muitas vezes, clarividência e outras faculdades psíquicas.

O Estudo

O estudo não consiste em ler obras, senão na consciente recitação de preces, quer em voz alta, quer mentalmente, o que é de maior eficácia. Já se disse que as vibrações do pensamento dirigido por meio da concentração formam como uma ponte entre a mente e o Íntimo.

Submissão a Deus

Essa submissão define-a Jesus no Sermão da Montanha que diz: "Não vos preocupeis com vossa vida dizendo: Que comeremos ou que beberemos ou com que nos cobriremos? Porque os gentios buscam todas essas coisas. Vosso pai celestial sabe que todas essas coisas haveis mister; mas buscai o reino de Deus e sua justiça e todas essas coisas vos serão acrescentadas".

Depois disse: "O reino de Deus está dentro de vós mesmos". Não significa tudo isso que o homem deve penetrar em seu mundo interno em busca do reino de Deus? Não significa que, quando o homem penetra no Íntimo por meio do pensamento se torna submisso à vontade do Pai celestial que o provê em todas as suas necessidades?

A terceira etapa

A terceira etapa ensina a postura do corpo, da qual depende a lei do equilíbrio corporal: aprender a sentar-se e manter-se ereto. A coluna vertebral é como a vareta mágica; cada vértebra deve ocupar seu devido lugar sem nenhuma opressão dos nervos, sem lhes estorvar a nutrição. Todo homem deve aprender a apoiar-se na planta dos pés, descansando apenas os calcanhares. Não é fácil tarefa, por não haver a educação intervindo nisso; porém, aquele que a tal coisa se dedica, sentirá depois uma sensação de bem-estar que recompensa todo o trabalho.

Sem tal requisito não se podem praticar os exercícios respiratórios. O aspirante tem de manter peito, pescoço e cabeça erguidos em linha reta.

Essa prática domina o sistema simpático e os nervos que regem o organismo e, quando a mente superintende seus sistemas, desaparece toda enfermidade.

O estudante não deve encostar-se ao espaldar da cadeira nem cruzar as pernas.

A QUARTA ETAPA

A quarta etapa é a respiração ou aspiração. A Rajaioga dedica vários tomos a essa importante fase.

Todo homem aspira átomos correspondentes ou afins a seus pensamentos e caráter. Ao pensar, respiramos átomos da mesma natureza que nossos pensamentos, e nosso sangue, por sua vez, deles se impregna.

Para atrair saúde, bem-estar, sabedoria, santidade etc., devemos pensar em cada um para poder aspirá-los.

Nos livros, há milhares de exercícios respiratórios e cada exercício pertence ou é dedicado a um órgão especial. Não nos é possível descrevê-los todos; porém, pessoalmente, exercitamos apenas dois e pareceram-nos suficientes para todos os nossos objetivos.

Primeiro exercício

É o equilibrador ou harmônico e consiste no seguinte:

1º Em pé, fitando o este, corpo erguido, aspirar lentamente pela fossa nasal direita, tapando com o dedo a narina esquerda, até encher os pulmões durante o tempo de oito pulsações ou oito palpitações do próprio coração. Durante a aspiração cumpre visualizar claramente o objetivo desejado. Com essa respiração, ou melhor, aspiração, absorvemos os átomos necessários à realização do nosso desejo.

Quando penetram em nosso sangue fazem vibrar os plexos; a ideia adquire caráter positivo e tende a estimular nosso ser para realizar o objetivo. Com as oito pulsações e aspirando, devem os pulmões chegar ao máximo de sua capacidade expansiva, sempre visualizando a ideia com toda a clareza.

2º Terminada essa fase, reter o fôlego nos pulmões durante quatro pulsações, retenção que facilita a assimilação sempre visualizando.

3º Terminada a retenção, passa-se à exalação que deve ser efetuada pela venta esquerda, durante oito pulsações, fechando a narina direita, sem visualização.

4º A quarta fase é o período de repouso e consiste em reter os pulmões vazios durante quatro pulsações, gozando do proveito obtido, também sem visualizar nada.

Esse exercício é chamado *positivo*, porque, pela venta direita se absorve a energia vital positiva e serve para desenvolver a mente consciente; terminando-o, devemos estimular o subconsciente do seguinte modo:

Recomeçar, mas agora pela narina esquerda, para aspirar a força passiva que alimenta o subconsciente.

1º Proceder como da primeira vez, mas de modo inverso: tapa-se a narina direita com o dedo, aspira-se lentamente durante oito pulsações sem nada visualizar.

2º Reter o ar durante quatro pulsações.

3º Exalar pela narina direita tapando a esquerda durante oito pulsações.

4º Reter os pulmões vazios durante quatro pulsações.

A Rajaioga recomenda outro exercício algo perigoso para certas pessoas. Não o aconselhamos a todos e consiste em:

1º aspirar pela narina esquerda durante oito pulsações.

2º reter o fôlego durante trinta e dois.

3º exalar pela narina direita durante dezesseis.

Cremos que, para praticar esse exercício é mister haver um guia que oriente a saúde corporal e mental do praticante, ao passo que a prática do anterior é não só inofensiva como encerra tudo o de que precisa o aspirante.

Segundo exercício

O segundo exercício deve ser praticado depois do antecedente e consiste no seguinte:

1º Em pé, para o Oriente, aspirar por ambas as narinas, durante oito pulsações. Enquanto durar a pulsação deve visualizar-se o que se deseja como vindo a nós e sendo nosso. Desse modo absorvem-se os átomos desejados para realizar o objetivo.
2º Reter quatro pulsações visualizando que as vibrações atômicas do que se desejou invadam nosso organismo.
3º Exalar durante oito pulsações e, durante esse tempo, visualizar nitidamente, como quem dirige, por meio do pensamento, todas as vibrações para a cristalização da ideia, como se as vibrações que saem por meio do fôlego fossem diretamente ao objetivo: a um centro que se quer despertar no organismo, a um órgão que se quer curar ou a um enfermo, vizinho ou distante, que se deseja restabelecer, ou a qualquer outro fim pretendido.
4º Reter durante quatro pulsações e repetir mentalmente uma frase que harmonize com o ritmo das quatro pulsações do coração; por exemplo: *Já - está - feito* ou *as - sim - se- ja* ou *a - mém - amém* etc.

Após esse exercício medite-se um momento para dar graças e dizer, por exemplo, com Jesus: "Eu e o Pai somos Um e Ele me dá sempre o que peço" etc.

Os dois exercícios devem-se fazer juntos.

Pode o leitor ler mil livros que tratam da ciência respiratória e pode praticar uma infinidade de exercícios desses livros. É livre; mas damos-lhe aqui o mais relevante, o mais necessário e, ao mesmo tempo, isento de todo perigo.

Muitos perguntam: "Quantas vezes temos de praticar esses exercícios? Quando? Onde?" etc.

Não podemos fixar nenhuma regra. Depende isso da urgência, da necessidade. Jesus disse: "E obtereis, se não por vossos merecimentos, por vossa exigência".

Todavia, podemos insinuar o seguinte:

1º Cada exercício pode ser praticado sete vezes seguidas em cada sessão.
2º Três sessões diárias antes de cada refeição, isto é, antes do desjejum (café da manhã), antes do almoço e antes do jantar. Sendo possível seria recomendável antes de dormir.
3º O lugar deve ser silencioso, limpo e puro.
4º O estado deve ser de perfeita saúde, sem nenhuma preocupação mental. Isto é muito importante porque se em nossa mente houver vexame

ou preocupação durante os exercícios, absorvemos átomos que aumentam o estado mental depois do exercício.

Compreendido e praticado tudo isso podemos passar à quinta e sexta etapas da Rajaioga.

A *quinta* é a concentração mental num ponto externo. Seu objetivo é o domínio dos órgãos dos sentidos, de modo que, sujeitos à vontade, se retraiam dos objetivos externos e permitam a concentração mental.

A *sexta* é a concentração interna. Consiste em fixar a mente num centro interno, coração, plexo solar ou qualquer outro. Seu objetivo é levar à sétima etapa que é a meditação ou contemplação. Esta consiste em suscitar ondas mentais cuja gradual intensidade prevalece contra todas as vibrações contrárias.

Os filósofos divergem entre si. Uma parte dá razão a Aristóteles quando diz: "Pelo estudo das coisas visíveis pode-se chegar à verdade". A outra parte diz com Sócrates: "Conhece-te a ti mesmo, isto é, meditando em teu mundo interno, e obterás a verdade".

A Rajaioga sempre ensinou os dois métodos; um foi seguido por Aristóteles e outro por Sócrates, mas não há divergência alguma neles.

A consciência pode identificar nossa realidade com a das demais formas de vida. Em cada homem, animal, planta e mineral vê, por trás da envoltura e forma visível, a presença do espírito idêntico a seu próprio espírito; vê-se a si mesmo em todas as formas da vida, em todo tempo e lugar.

Por outro lado, ensina que cada *Eu* é um centro de consciência no infinito oceano da vida e, embora aparentemente separado e distinto, está realmente em contato com o todo e cada uma das suas aparentes partes. Deduz-se daí que as duas escolas, existentes no mundo atual, se encontram no mesmo ponto.

A palavra mente encerra duas acepções: a primeira é "mente universal" e a segunda é "mente pessoal" com todas as suas faculdades. A mente do homem trabalha em três distintos planos que são: 1º a *mente instintiva* ou *subconsciente*; 2º o *Intelecto*, ou *mente consciente* e 3º a *mente espiritual*.

Esses três planos mentais constituem a envoltura do *Eu*, de maneira que, concentrando-se o intelecto na forma, chega à alma da forma, primeiro envoltório do seu espírito; mas concentrando-se no *Eu*, sente a unidade do todo em suas aparentes partes.

A concentração coloca a mente em completa harmonia com a vontade do *Eu* para acrescentar seu poder sobre o mundo exterior. A concentração tem por objetivo o domínio dos três planos mentais para obter poder e domínio sobre as forças do universo.

Tudo é *mente* e a mente do homem que obedece à vontade do *Eu Sou* é igual, em seu poder, à mente do Absoluto.

O domínio da mente por meio da vontade é a primeira coisa que ensina a Rajaioga.

Quando o aspirante chega a concentrar bem sua mente nas coisas externas e logra compreender sua natureza, já pode dirigi-las para o interior de si mesmo para dominar-se e dominar o mundo por meio da vontade.

Cumpre vedar qualquer pensamento ou impressão do mundo externo e pensar simplesmente *Eu Sou*. A mente há de deter-se na palavra *Eu* que significa *realidade*.

A prática deve ser feita em posição cômoda e tranquila segundo os ensinos anteriores.

A SÉTIMA ETAPA

A sétima etapa é a contemplação ou meditação que é a base do poder da vontade e seu cultivo facilita o exercício da potência volitiva. A meditação ou contemplação conduz à oitava etapa que é o êxtase, tão frequente entre os iogues e santos de qualquer religião, porque toda religião leva a Deus.

A atenção é a detenção da concentração da consciência. É a enfocação perfeita da mente na realidade das coisas. O homem é o criador, porém só cria as coisas em que se fixa a maior soma de atenção.

A imaginação detida, concentrada, é o poder criador do homem.

A atenção voluntária é o distintivo do homem-*Deus*.

A atenção voluntária é a fé e a fé não é mais que a atenção voluntária.

"*Tudo o que pedirdes* com fé (isto é, com imaginação atenta ou atenção voluntária contemplativa) *vos será dado*", disse Jesus.

Meditai nesta frase de Jesus: "*Pedi com atenção contemplativa, com imaginação atenta e tudo vos será dado*".

Já vos foi dada a primeira chave mágica do reino.

A oitava etapa

A oitava etapa é o êxtase, é chegar ao reino do Íntimo, no qual não se pode mais fazer que repetir o dito de são Paulo"; Nem olho humano viu, nem ouvido ouviu o que preparou Deus a seus eleitos, isto é a aqueles que chegaram a *Ele* pelo êxtase.

11
O MÉTODO CRISTÃO

O método cristão está resumido no *Sermão da Montanha* que se encontra no Evangelho de são Mateus nos capítulos V, VI, VII.

Capítulo V

Sermão de Jesus Cristo na Montanha

1. E vendo Jesus a multidão, subiu ao monte e, depois de se ter sentado, aproximaram-se seus discípulos.

2. E ele começou a ensiná-los dizendo:

3. Bem-aventurados os mendigos de espírito porque deles é o reino do céu.

4. Bem-aventurados os mansos porque eles possuirão a terra.

5. Bem-aventurados os que choram porque eles serão consolados.

6. Bem-aventurados os que têm fome e sede de justiça, porque eles serão fartos.

7. Bem-aventurados os misericordiosos porque eles alcançarão misericórdia.

8. Bem-aventurados os limpos de coração, porque eles verão a Deus.

9. Bem-aventurados os pacificadores, porque eles serão chamados filhos de Deus.

10. Bem-aventurados os que têm sido perseguidos por causa da justiça, porque deles é o reino do céu.

11. Bem-aventurados sois quando vos injuriarem, vos perseguirem e, mentindo, disserem todo o mal contra vós por minha causa.

12. Alegrai-vos e exultai porque é grande o vosso galardão no céu; pois assim perseguiram os profetas que existiram antes de vós.

13. Vós sois o sal da terra e se o sal ficar insípido com que se ressalgará? Para nada mais presta senão para ser lançado fora e pisado pelos homens.

14. Vós sois a luz do mundo. Não se pode esconder uma cidade situada sobre um monte.

15. E ninguém acende uma candeia e a coloca debaixo do médio, senão no velador e assim alumia a todos os que estão em casa.

16. Desse modo brilha vossa luz diante dos homens, que eles vejam as vossas boas obras e glorifiquem a vosso Pai que está no céu.

17. Não penseis que vim revogar a lei ou os profetas; não vim revogar, mas para dar-lhes cumprimento.

18. Porque, em verdade vos digo, enquanto não passar o céu e a terra, de modo nenhum passará da lei um só *i* ou um só *til*, sem que tudo se cumpra.

19. Aquele, pois, que violar um destes mínimos mandamentos e assim ensinar aos homens, será chamado mínimo no reino do céu; mas, aquele que os observar e ensinar, esse será chamado grande no reino do céu.

20. Porque vos digo, se a vossa justiça não exceder a dos escribas e fariseus, de modo nenhum entrareis no reino do céu.

21. Tendes ouvido que foi dito aos antigos: *não matarás e quem matar estará sujeito a julgamento.*

22. Mas, eu vos digo que todo aquele que se vira contra seu irmão está sujeito a julgamento, e quem chamar a seu irmão: *Raca*! Estará sujeito ao julgamento do Sinédrio, e quem lhe chamar: *Tolo*, estará sujeito à Geena de fogo.

23. Se fordes, pois, apresentar vossa oferenda ao altar e ali vos lembrardes de que vosso irmão tem alguma coisa contra vós.

24. Deixai vossa oferta diante do altar e ide primeiro reconciliar-vos com vosso irmão e depois vinde apresentar a vossa oferta.

25. Harmonizai-vos sem demora com vosso adversário, enquanto estais com ele no caminho; para que não suceda entregar-vos o adversário ao juiz, o juiz ao oficial de justiça e sejais recolhido à prisão.

26. Em verdade vos digo que não saireis dali antes de pagardes o último ceitil.

27. Tendes ouvido que foi dito: *não adulterarás.*

28. Eu, porém, vos digo que todo o que põe seus olhos em uma mulher para a cobiçar já em seu coração adulterou com ela.

29. Se vosso olho direito vos serve de pedra de tropeço, arrancai-o e lançai-o de vós; pois que mais vos convém que se perca um dos vossos membros do que seja todo o vosso corpo lançado na Geena.

30. Se vossa mão direita vos serve de pedra de tropeço, cortai-a e lançai-a de vós; pois vos convém mais que se perca um dos vossos membros do que todo o vosso corpo vá para a Geena.

31. Também foi dito: Quem repudiar sua mulher dê-lhe carta de repúdio.

32. Eu, porém, vos digo que todo aquele que repudiar sua mulher, a não ser por causa de infidelidade, a faz ser adúltera e qualquer que se casar com a repudiada, comete adultério.

33. Também tendes ouvido que foi dito pelos antigos: *não jurarás em falso, mas cumprirás para com o Senhor teus juramentos.*

34. Eu, porém, vos digo que absolutamente não jureis, nem pelo céu, porque é o trono de Deus.

35. Nem pela terra porque é o escabelo dos seus pés; nem por Jerusalém porque é a cidade do grande Rei.

36. Nem jureis pela vossa cabeça porque nem um só cabelo podeis tornar branco ou preto.

37. Mas seja vosso falar: *sim, sim; não, não*, pois tudo o que passa disso vem do maligno.

38. Tendes ouvido que foi dito: *olho por olho e dente por dente.*

39. Eu, porém vos digo: Não resistais ao homem mau; mas a qualquer que vos der na face direita, volta-lhe também a outra.

40. Ao que quer demandar convosco e tirar-vos a túnica, largai-lhe também a capa;

41. E se alguém vos obriga a andar mil passos, ide com ele dois mil.

42. Dai a quem vos pede e não volteis as costas ao que deseja que lhe empresteis.

43. Tendes ouvido que foi dito: *Amarás ao teu próximo e aborrecerás ao teu inimigo.*

44. Eu, porém vos digo: *Amai aos vossos inimigos e orai pelos que vos perseguem.*

45. Para que vos torneis filhos de vosso Pai que está no céu porque ele faz nascer o seu sol sobre maus e bons e vir chuvas sobre justos e injustos.

46. Porque, se amardes aos que vos amam, que recompensa tendes? Não fazem os publicanos também o mesmo?

47. E, se saudardes somente aos vossos irmãos, que fazeis de especial? Não fazem os gentios o mesmo?

48. Sede vós, pois, perfeitos como vosso Pai celestial é perfeito.

12
Da Oração e do Jejum

1. Olhai que não façais vossas obras diante dos homens, para serdes vistos por eles; de outra sorte não tendes recompensa junto a vosso Pai que está nos céus.

2. Quando, pois, derdes esmola, não façais tocar trombeta diante de vós como fazem os hipócritas nas sinagogas e nas ruas para serem honrados dos homens; em verdade vos digo que já receberam sua recompensa.

3. Vós, porém, quando dais esmola, não saiba vossa mão esquerda o que faz vossa direita.

4. Para que vossa esmola fique em segredo; e vosso Pai que vê, em segredo, vos retribuirá.

5. Quando orardes não sejais como os hipócritas, porque eles gostam de orar em pé nas sinagogas e nos cantos das ruas, para serem vistos dos homens; em verdade vos digo que já receberam a sua recompensa.

6. Vós, porém, quando orardes, entrai no vosso quarto e, fechada a porta, orai a vosso Pai que está em segredo e vosso Pai que vê em segredo vos retribuirá.

7. Quando orardes, não useis de repetições desnecessárias como os gentios; porque pensam que, pelo seu muito falar serão ouvidos.

8. Não sejais, pois, como eles, porque vosso Pai sabe o que vos é necessário antes que lho peçais.

9. Portanto, orai vós deste modo: Pai nosso que estás nos céus; santificado seja teu nome;

10. Venha o teu reino; seja feita a tua vontade assim na terra como no céu;

11. O pão supersubstancial nosso de cada dia nos dá hoje;

12. E perdoa-nos as nossas dívidas assim como nós também temos perdoado aos nossos devedores;

13. E não nos deixes cair em tentação; mas livra-nos do mal.

14. Porque, se perdoardes aos homens as suas ofensas, também vosso Pai celestial vos perdoará;

15. Mas, se não perdoardes aos homens, tampouco vosso Pai perdoará as vossas ofensas.

16. Quando jejuardes, não tomeis um ar triste como os hipócritas, porque eles desfiguram os seus rostos para fazer ver aos homens que eles estão jejuando; em verdade vos digo que já receberam sua recompensa;

17. Mas vós quando jejuardes, ungi a cabeça e lavai o rosto, para não mostrardes aos homens que jejuais;

18. Mas somente a vosso Pai que está em segredo, e vosso Pai que vê em segredo vos retribuirá.

19. Não ajunteis para vós tesouros na terra, onde a traça e a ferrugem os consomem e onde os ladrões penetram e roubam;

20. Mas ajuntai para vós tesouros no céu onde nem a traça nem a ferrugem os consomem e onde os ladrões não penetram nem roubam;

21. Porque onde está o teu tesouro, aí estará também o teu coração.

22. A candeia do corpo são os olhos. Se estes, pois, forem simples, todo o vosso corpo será luminoso.

23. Mas se forem maus, todo o vosso corpo ficará às escuras. Se, portanto, a luz que há em vós são trevas, quão densas são as trevas!

24. Ninguém pode servir a dois senhores; pois, há de aborrecer a um e amar ao outro, ou há de unir-se a um e desprezar ao outro. Não podeis servir a Deus e às riquezas.

25. Por isso vos digo: não andeis cuidadosos de vossa vida pelo que haveis de comer ou beber, nem de vosso corpo pelo que haveis de vestir; não é a vida mais que o alimento e o corpo mais que o vestido?

26. Olhai para as aves do céu que não semeiam, nem ceifam, nem ajuntam em celeiros; e vosso Pai celestial as alimenta. Não valeis vós muito mais que elas?

27. E qual de vós, por mais ansioso que estejais, podeis acrescentar um côvado à sua estatura?

28. E por que andais ansiosos pelo que haveis de vestir? Considerai como crescem os lírios do campo; eles não trabalham nem fiam;

29. Contudo vos digo que nem Salomão em toda a sua glória se vestiu como um deles.

30. Se Deus, pois, assim veste a erva do campo que hoje existe e amanhã é lançada ao forno, quanto mais a vós, homens de pouca fé?

31. Assim, não andeis ansiosos dizendo: Que havemos de comer? ou: Que havemos de beber? ou: Com que nos havemos de vestir?

32. (Pois os gentios é que procuram todas essas coisas); porque vosso Pai celestial sabe que precisais de todas elas.

33. Mas buscai primeiramente o reino de Deus e a sua justiça e todas essas coisas vos serão acrescentadas.

34. Não andeis, pois, ansiosos pelo dia de amanhã, porque o dia de amanhã a si mesmo trará seu cuidado; ao dia bastam os seus próprios males.

13

O Senhor condena os juízos temerários

1. Não julgueis para que não sejais julgados;

2. Porque com o juízo com que julgais sereis julgados e a medida de que usais, dessa usarão convosco.

3. E por que vedes o argueiro no olho de vosso irmão, porém, não reparais na trave que tendes no vosso?

4. Ou como podereis dizer a nosso irmão — "Deixa-me tirar o argueiro do teu olho" quando tendes a trave no vosso?

5. Hipócrita, tirai primeiro a trave do vosso olho e então vereis claramente para tirar o argueiro do olho de vosso irmão.

6. Não deis o que é santo aos cães, nem lanceis as vossas pérolas diante dos porcos, para que não suceda que as calquem aos pés e, voltando-se, as despedacem.

7. Pedi e dar-se-vos-á; buscai e achareis; batei e abrir-se-vos-á.

8. Porque todo o que pede recebe; o que busca, acha e a quem bate, abrir-se-lhe-á.

9. Ou qual de vós dará a seu filho uma pedra se ele lhe pedir pão?

10. Ou uma serpente se lhe pedir peixe?

11. Ora, se vós, sendo maus, sabeis dar boas dádivas a vossos filhos, quanto mais vosso Pai que está nos céus, dará boas coisas aos que lhas pedirem.

12. Portanto, tudo o que quiserdes que os homens vos façam, fazei-o assim também vós a eles, porque esta é a lei e os profetas.

13. Entrai pela porta estreita, porque larga é a porta e espaçosa é a estrada que conduz à perdição e muitos são os que entram por ela;

14. Porque estreita é a porta e apertada a estrada que conduz à vida e poucos são os que acertam com ela.

15. Guardai-vos dos falsos profetas que vêm a vós com vestes de ovelhas, mas, por dentro, são lobos vorazes.

16. Pelos seus frutos os conhecereis. Colhem-se, porventura, uvas dos espinheiros ou figos dos abrolhos?

17. Assim, toda árvore boa dá bons frutos, porém uma árvore má dá maus frutos.

18. Uma árvore boa não pode dar maus frutos, nem uma árvore má dar bons frutos.

19. Toda árvore que não dá bom fruto é cortada e lançada ao fogo.

20. Logo, pelos seus frutos os conhecereis.

21. Nem todo o que me diz: "Senhor! Senhor!" entrará no reino dos céus, mas aquele que faz a vontade de meu Pai que está nos céus.

22. Naquele dia, muitos hão de dizer-me: "Senhor! Senhor!" não profetizamos em vosso nome e em vosso nome não expelimos demônios e em vosso nome não fizemos muitos milagres?

23. Então lhes direi claramente: apartai-vos de mim, os que praticais a iniquidade, jamais os conheci.

24. Todo aquele, pois, que ouve estas minhas palavras e as observa, será comparado a um homem prudente, que edificou sobre a rocha.

25. E desceu a chuva, vieram as torrentes, sopraram os ventos e deram com ímpeto contra aquela casa e ela não caía, pois estava edificada sobre a rocha.

26. Mas todo aquele que ouve estas minhas palavras e não as observa será comparado a um homem néscio que edificou a sua casa sobre a areia.

27. E desceu a chuva, vieram as torrentes, sopraram os ventos e bateram com ímpeto contra aquela casa e ela caiu e foi grande a sua ruína.

28. Tendo terminado Jesus este discurso, as turbas admiravam-se do seu ensino;

29. Porque ele lhas ensinava como quem tinha autoridade e não como os escribas do povo.

Segunda parte

Esta sabedoria não é minha;
esta sabedoria está em mim.

1
CÍRCULO OU GENERALIDADES

1. O mundo é composto de energias atômicas inteligentes, diversas e infinitas.

2. Todo ser aspira e respira; só o homem aspira, respira e pensa.

3. O pensamento, no homem, é a base das suas aspirações e a aspiração forma o futuro do homem.

4. As inteligências, infinitas e diversas, que palpitam na natureza, esperam, ansiosamente, as aspirações e respirações do rei da Criação, para servi-lo e obedecê-lo.

5. Quando o pensamento entra nos mundos dessas inteligências, elas apressam-se a obedecer entregando a chave de toda a compreensão.

6. O mundo dessas inteligências é o mundo interno.

7. O que encadeia o homem à sua ignorância são seu pensamento e aspirações no mundo externo.

8. Não há inferno nem céu; não existe mal nem bem, senão no pensamento do homem.

9. No pensamento acha-se o verdadeiro e o falso. Quando o homem chega a distinguir entre os dois e a desintegrá-los, logra a união com seu verdadeiro *Eu Sou* no reino do céu.

10. O corpo é a quinta essência dessas inteligências que residem em todos os seus centros. As inferiores (por outros chamadas más) residem do umbigo para baixo; as superiores, ou boas, do umbigo para cima.

11. O objetivo da vida é converter as inferiores em superiores; assim o homem converte-se em Deus.

12. Por onde passa um homem, Deus purifica todos os átomos inferiores e enche a atmosfera de superiores.

13. Pensar alto e aspirar profundamente é atrair para o corpo as mais evolucionadas inteligências.

14. O átomo é uma inteligência viva que rodeia o pensamento esperando a aspiração e a respiração para nele penetrar.

15. Os átomos são anjos inteligentes que têm hierarquias como os homens.

16. O homem em seu corpo é a miniatura do cosmo. Tudo o que está acima é igual ao que está embaixo e tudo o que contém o macrocosmo, o microcosmo contém.

17. O objetivo do homem é salvar seus átomos inferiores que se encontram na natureza inferior; porém, não dominá-los. Uma vez salvos, desaparece toda aflição. Essa é a missão do Cristo no homem.

18. O homem que aspira e concentra abre um caminho direto a seu objetivo.

19. Os átomos anjos que residem no mundo interno do homem são donos de toda sabedoria.

20. Esses anjos internos respondem a toda pergunta dirigida pela concentração sustida.

21. A iniciação significa: ir dentro em busca do Cristo, impulso esse que é o iniciador em toda sabedoria. Todo homem é seu próprio iniciador e seu próprio salvador.

22. Quem busca no interior de seu Templo vivo acha o Deus Íntimo que nele mora.

23. Nossa atual idade é a mais adequada para essa busca por meio da concentração, aspiração e inspiração.

24. Aspirar, concentrar e respirar átomos de luz conduz-nos à iluminação.

25. Pensar e aspirar beleza é adquirir a *beleza*.

26. O objetivo de pensar e aspirar, em nossa atual idade, é libertar nossos sentidos da escravidão de nossos átomos inferiores para lograr o futuro desenvolvimento.

27. Cada centro, no corpo do homem, é um grau de conhecimento especial e todos formam uma universidade; devemos cursá-los todos.

28. Cada grau é dirigido por um Deus mestre. Todos os seus ensinos são internos. O homem só consegue entrar nesses cursos pela aspiração e aprendê-los pela concentração.

29. Toda seção no corpo tem uma vibração e uma lei individual; porém a *lei* das leis emana do absoluto Íntimo.

30. Aspirar e respirar meditando é o único caminho que conduz à única *lei* do reino interno.

31. O objetivo de nossa união com o Íntimo é dar-lhe liberdade de ação mais além de nosso corpo objetivo e ser consciente de suas obras.

32. A concentração é a ponte estendida do nosso corpo ao Íntimo Infinito e cuja serventia é com Ele comunicar-nos.

33. Respirar é viver; meditar é criar.

34. O corpo físico é como um país governado por várias hierarquias de governo. Seu rei é o pensador, seus governantes são os pensamentos e seus obreiros obedientes são os átomos.

35. O pensador é o rei que vitaliza e estimula todas as dependências governativas e obreiras.

36. Um pensamento são, uma aspiração pura e uma respiração completa e perfeita vitalizam todo o corpo.

37. O vale que separa nossa mente do *Eu Sou* pode ser vingado pela meditação aspirada.

38. Uma meditação sobre o puro e o justo recompõe a atmosfera dos nossos anjos trabalhadores.

39. A concentração voluntária e perfeita une os elementos da mente com a consciência da natureza.

40. Quando o homem medita e aspira, todo o seu corpo se converte em filtro, absorve muita força para dentro e essa força forma em redor do corpo uma armadura protetora que impede a penetração das forças destrutivas.

41. Temos de meditar até obtermos um pensamento próprio e força própria e não recorrer a outros seres pedindo-lhes proteção.

42. O pensamento próprio vem do interior e é ele o que nos guia no caminho da evolução e da libertação.

43. A meditação sobre o Íntimo rasga a atmosfera que cobre a sabedoria divina, herança de todo homem.

44. Os arquivos da sabedoria divina estão em mãos dos anjos da luz que nos circundam e vivem em nosso corpo. Para possuir essa sabedoria temos de conquistar esses anjos com a contemplação e a aspiração.

45. O homem atual trabalha com a metade de seus anjos ou átomos e quando logra estimular a outra metade sua união será consciente e perfeita com Deus e converter-se-á em uma coluna no Templo do reino interno.

46. A sabedoria divina é única; somente seu objetivo muda conforme os anjos atômicos que a ensinam.

47. O homem é bom ou mau, consoante à qualidade dos anjos nele prevalecentes.

48. Temos de considerar, de uma vez por todas, que cada átomo é um anjo bom ou mau, superior ou inferior. Uma inteligência superior pode comunicar-se com a mente humana por meio de seus anjos superiores e elevados e uma inferior por meio de anjos inferiores.

49. A saúde física, psíquica e mental é o único poder a que se submetem os anjos bons internos, ao passo que a enfermidade é quase sempre instrumento dos inferiores.

50. Todo excitante estimula o sangue e com ele os átomos inferiores alojados abaixo do umbigo. Estes, excitados, obstruem o caminho que conduz ao reino interno e comunicam-nos suas próprias instruções falsas e malignas.

51. Meditação e aspiração puras abrem a porta do coração que leva aos diversos departamentos do reino. A frase *porta do coração* não é termo poético, mas verdade. No coração há uma portinha de escape custodiada pelo átomo filho ou logos que abre ou fecha segundo a qualidade do pensamento.

52. Um pensamento de sacrifício e salvador pode abrir a porta do coração para descer, como Cristo, ao inferno, salvar os átomos de luz encadeados ali e subir com eles novamente ao céu da cabeça.

53. O átomo demônio ou inimigo que reside na parte ínfima do sacro no homem, intenta sempre enviar seus anjos malignos ou átomos ao coração; porém, a porta está sempre fechada para eles.

54. Todas as células do homem pensam e toda célula pensante alimenta-se dos átomos que penetram pela respiração.

55. O alimento melhor das células é o pensamento puro.

56. Pensamento puro e respiração solar absorvida pela venta direita do nariz queimam todos os resíduos impuros que possui o homem desde séculos.

57. A contínua aspiração, respiração e meditação puras comunicam o homem com as mais elevadas vibrações do Absoluto Íntimo e então ele adquire um poder mental ingente para dirigir a humanidade.

58. O homem tem muitos inimigos secretos que o perturbam durante a concentração e aspiração; para vencê-los tem de dirigir o pensamento ao plexo solar na região do estômago. Nesse plexo residem as forças lumínicas. Estas abrem caminho ao pensamento e o guiam para cima pela medula espinhal até chegar à consciência do real interno onde mora todo o saber e toda a felicidade.

59. Na medula espinhal e suas ramificações encontram-se todas as ciências do mundo desde o princípio. Cada inteligência angelical que nessas regiões reside é um arquivo de saber: inventores, poetas, artistas, gênios etc., se são bons, recebem suas inspirações da parte superior; se são maus, recebem-nas da inferior.

60. O libertino não pode penetrar nessa universidade porque seu plexo solar carece da energia de luz ou de anjos luminosos que lhe abram o caminho.

61. A energia criadora do sexo tem de encher com seu poder todos os centros magnéticos e convertê-los em sóis na densa escuridão do corpo. Esta força da luz criadora mantém a saúde do corpo, da alma e dos átomos dentro e fora do corpo.

62. Cada centro de poder tem direta comunicação com o Íntimo por meio da energia criadora; porém, desde que decresça tal energia, corta-se a comunicação.

63. Dentro do homem, dois princípios há ou duas forças a que as religiões dão o nome de boas ou más. Os ocultistas chamam-lhes positivas e negativas; os alquimistas dizem-nas rápidas e lentas; outros, harmônicas e desarmônicas, Cristo e anticristo etc.

64. O princípio do bem está representado por um átomo divino chamado pelos ocultistas *átomo nous* ou consciência divina e reside no coração, e cujos impulsos são construtivos. Esse átomo é a encarnação do segundo atributo da divindade que se acha na glândula pituitária. É a deidade manifestada da causa que permanece oculta.

65. O princípio do mal reside em outro átomo na parte inferior da espinha dorsal e seu impulso é destrutivo; chamemo-lo: rei do mal ou rei do inferno.

66. Ambas as entidades têm legiões de anjos atômicos às suas ordens e ambas lutam para atrair o homem.

67. O impulso de *nous*, ou impulso Crístico, domina o mundo interno e trata de absorver o pensamento do homem para esse mundo; o impulso de Lúcifer, chefe dos anjos rebeldes, domina o mundo externo e conduz o pensamento do homem para esse mundo.

68. O reino de Lúcifer vai do umbigo para baixo e nessa parte acha-se escrita a memória do passado. O reino de *nous* está no peito onde estão gravados os arquivos do presente. Na cabeça reina o Pai e em seu domínio estão os arquivos do futuro. Com letras de fogo estão escritas as vidas passadas no sacro; com letras de luz estão escritas as vidas futuras na cabeça e o fogo do sacro e a luz da cabeça unem-se no coração, centro da vida e residência do Salvador.

69. Não há bem nem mal, como os entende a humanidade; só há diferença de vibrações.

70. As vibrações tornam-se rápidas ou lentas conforme o impulso e a índole do pensamento.

71. Lúcifer é o impulso que limita nossos pensamentos e nos aprisiona a mente na atmosfera do mundo externo.

72. O *nous* é o impulso que nos livra dessa limitação e dessa prisão para converter-nos em amos do mundo.

73. O átomo Lúcifer evoca todos os átomos maus captados por nossos maus pensamentos desde nossa aparição no mundo para formar com esse exército seu reino inferior (inferno) e dominar o mundo externo.

74. Cristo, por meio do átomo *nous* onde reside seu impulso, evoca todos os átomos bons para livrar o homem do inferior e fazê-lo penetrar no reino interno do Íntimo onde não há nem bem nem mal.

75. Não há céu nem inferno como não há mal nem bem; existem só vibrações rápidas e vibrações lentas. O conjunto das vibrações rápidas forma uma entidade que se chama *Eu superior* e o conjunto das vibrações lentas chama-se *Eu inferior* ou natureza inferior. Mais adiante falaremos desses poderes no homem.

76. Quando um homem transforma suas vibrações densas e lentas em sutis e rápidas, diz-se que se tornou salvador do mundo, ou num Cristo e, quando transforma suas vibrações rápidas em lentas, converte-se em Anticristo.

77. O pensamento é que faz do homem Cristo ou Anticristo, ou melhor, é o pensamento que manifesta o Cristo ou o Anticristo no homem.

78. O mistério do homem consiste no dever de empregar a consciência da realidade, que está dentro dele, e não seu querer que se chama depois vontade. Por isso disse Cristo: "Faça-se tua vontade, meu Pai (isto é: a consciência da realidade chamada por Jesus: Pai) e não a minha".

79. Toda vez que Lúcifer, com seu exército anticrístico nos chama a atenção para travar batalha, aconselha-nos a religião a valermo-nos da oração e dos santos etc. Porém, há outro método também eficaz. Consiste ele no seguinte: elevar o pensamento à cabeça, céu do Pai. Com essa elevação, arrebatamos ao Anticristo uma parte de seus anjos atômicos que ficarão aderidos ao pensamento e, ao passarem pelas esferas da luz central, se queimarão e transformarão em anjos de luz. Diz-se então: "O demônio foi derrotado".

80. Os seres superiores provocam amiúde essas guerras voluntariamente. Dirigem o pensamento ao inferior e, em renhida luta, eles, com o pensamento principiam a salvar os átomos ou anjos de vibração densa que desejam trabalhar sob o estandarte do bem. É isso que significa a tentação de Jesus no deserto. Diz o Evangelho: quando Cristo, em Jesus, triunfou, o demônio o abandonou. Jesus, por experiência, conheceu os perigos desses momentos, pois muitos não podem resistir às provas e ensinou depois: *não nos deixeis cair em tentação.*

81. Nunca se deve provocar a tentação sem antes encher os centros com a força crística solar, porque a força solar no homem é o poder da fé que triunfa e esse triunfo obtém-se pela prática da Ioga ou do Sermão da Montanha.

82. A força anticrística nunca pode penetrar mais acima do umbigo, porém, pode atrair ao inferior, pensamentos cheios de átomos destrutivos. Todos os inventos da guerra atual são pensamentos utilizados pelo Anticristo no mundo objetivo.

83. No princípio houve grande batalha no céu (a cabeça do homem). Miguel (o Eu superior) e seus anjos lidavam com o dragão (Eu inferior); e lidava o dragão com seus anjos; e foi lançado aquele grande dragão, aquela antiga serpente, que se chama diabo e satanás que engana a todo mundo; e foi arroiado em terra e seus anjos foram lançados com ele (*Apoc.* XII, 7-9). Quando o Eu inferior cujo nome é diabo desobedeceu à chamada do Absoluto e se *rebelou* contra o Senhor, foi arrojado por Miguel, o Eu superior, ao inferno ou parte inferior do corpo do homem onde arde o fogo do desejo e do instinto.

84. "E quando o Dragão (Diabo, Eu inferior, princípio da desarmonia) viu que tinha sido derribado por terra (parte inferior do corpo) perseguiu a mulher que pariu o filho varão (perseguiu a matéria que gerou o homem, filho de Deus e de sua mente)" (*Apoc.* XII, 11-13).

85. Todos esses arquivos acham-se nas energias atômicas do sacro onde se pode ler, por meio da concentração, a origem dessa guerra no céu. Nele também se acham registradas as vidas transactas e suas consequências nas vidas futuras.

86. Para poder penetrar até esse ponto, temos de livrar-nos do mal e do bem e obrar segundo a consciência divina.

87. Ninguém pode ascender ao seu céu se, primeiro, não descer ao inferno ou inferior do seu corpo. Daí pode escalar a matéria, como fez Cristo para salvar os anjos que foram atraídos pelo pensamento dos homens até aquelas regiões.

88. Todo homem deve chegar à estatura de Cristo para salvar aqueles anjos encadeados; se não, terá por inimigo terrível o *fantasma do umbral* (do Eu inferior) que pode enlouquecer todo aquele que não seja Cristo. A única arma contra essa entidade, criada pelo próprio homem quando baixa ao inferno pela tentação, é elevar o pensamento à cabeça, residência das três manifestações do Absoluto.

89. O fantasma do umbral é um anjo tenebroso formado pelo acumulado mal das vidas passadas. É o lugar-tenente do Demônio e reside no eixo inferior da espinha dorsal.

90. O *Eu superior*, inimigo terrível do anterior, está representado por Miguel e reside no eixo superior da espinha dorsal.

91. O atual campo de batalha desses dois inimigos acha-se na região do umbigo. A princípio, Caim matou Abel, o mal venceu o bem: "E foram dadas à mulher duas asas de grande águia para que voasse ao deserto, ao seu lugar, onde está resguardada por um tempo e dois tempos e a metade de um tempo da presença da serpente". (*Apoc.* XII-14). A alma anima a vida durante três rondas e meia (durante o período de Saturno, do Sol e da Lua e, por fim, a metade do terrestre) que acompanharam a involução do homem e seu descenso à matéria quando nele prevaleciam os átomos densos e lentos, porém, depois do nascimento do Cristo na metade do quarto tempo, período atual da ascensão, o homem se encaminha para sua união consciente com o Absoluto de onde procedeu.

92. Lúcifer pode atrair do cérebro esquerdo todos os átomos que aprisionam o pensamento aos instintos animais; mas, não pode fazê-los de novo subir; no entanto, *nous*, no coração, pode fazer baixar os átomos do cérebro direito, cheios de luz, até o inferno, para salvar seus irmãos presos ali.

93. Uma vez obtido esse descenso pode o homem descobrir na intuição, memória da natureza, sua evolução desde o mineral, vegetal e animal e ver as forças que trabalharam em seu corpo humano.

94. O Eu inferior é lugar-tenente do átomo inimigo no homem, ou Lúcifer; o Eu superior é o átomo *nous*, manifestação do Cristo. Todo mau pensamento emana do cérebro esquerdo; o bom vem do direito. O esquerdo ajuda a magia negra empregando os elementos inferiores da natureza; o direito emprega em seu trabalho os elementos superiores ou anjos de luz.

95. A magia é um poder mental que possui os dois princípios.

96. A respiração pela narina esquerda absorve átomos lunares obscuros influenciados pelo inimigo interno do homem; entretanto, são eles, ao mesmo tempo, necessários à vida. A respiração direita é solar e seus átomos são luminosos. Os que respiram sempre pela narina esquerda têm medo da luz do sol.

97. "Se não vos fizerdes meninos, não podereis entrar no reino de Deus". Quando o homem, por meio de sua aspiração e pensamento, inicia sua entrada no mundo subjetivo, faz-se menino, protegido contra todo mal.

98. "Não resistais ao mal". O desejo de resistir ao mal atrai para nossos centros anjos guerreiros, fiéis servidores de Lúcifer, e a resistência converte-se em guerra destrutiva como a que está sucedendo entre as nações. A resistência a esses anjos malignos deve ser com amor e caridade; o mal desintegrar-se-á por si mesmo, como o fogo que, não encontrando o que devorar, a si mesmo se devora.

99. A mente que pensa mal ou que causa mal reabsorve o que emitiu de mal pela respiração, pelo alimento e pela bebida.

100. Os sensitivos e, muitas vezes, as crianças sentem-se molestadas ao lado desses seres.

101. Tristeza, melancolia, depressão, ira e demais defeitos são arautos do inimigo secreto do homem; pensar felicidade e aspirar alegria é a vassoura que varre e elimina esses mensageiros nefastos ou anjos malignos.

102. Há uma voz no coração que sempre nos fala em cada eventualidade, nos põe de sobreaviso contra toda a mente maligna; aquele que obedece a essa voz vinda do seu Íntimo nunca será defraudado.

103. Nunca devemos meditar no rei das trevas que está na base da coluna vertebral, porque tal meditação lhe envia novos poderes ou átomos respirados nesses momentos, e estes o ajudam contra nós. Às vezes esse inimigo nos oferece poderes e sabedoria desde que lhe enviemos nosso consentimento.

Chama-se a isso pacto com o demônio, pacto firmado pelos magos negros com o próprio sangue, em troca de bens materiais e fins egoístas.

104. Alimentam a mente do mago negro e de seus discípulos com certas frases sofísticas e obrigam-no a aspirar, pensar e respirar átomos que o ajudam a chegar a seus propósitos. Por exemplo: *só o forte deve subsistir e o débil morrer*. Ou esta outra: *o fim justifica os meios* etc. Uma vez gravadas, são sofismas na mente de uma nação e sua primeira aspiração será a guerra.

105. Essa filosofia luciférica e endemoninhada atrai aos povos, pela inspiração e pelo pensamento, motivos de destruição, pois eles perdem, em seus corações, o sentido da igualdade, *fraternidade* e justiça.

106. Uma vez dirigida para dentro a meditação, pode o homem ver, da porta de seu coração, a luta incessante em seu baixo ventre e sentir as dores e desgraças que aguardam o mundo futuro.

107. O objetivo da iniciação interna é converter o homem em salvador de seus próprios átomos energéticos, convencendo-os de que sejam obedientes ao seu Deus Íntimo; então, não haverá mais guerras porque não haverá guerreiros, nem destruição, faltando os destruidores.

108. Só o pensador e seus pensamentos são chamados a livrar a inteligência das garras desses inimigos internos e o homem e o mundo do polvo do mal.

109. O pensamento é como um imã pegadiço: se é mau atrai espíritos maus que se lhe aderem ao corpo de desejos. Uma vez cheio esse corpo dessas inteligências malignas, debilitam elas o bom que há no homem e o arrastam à ação. Por seus frutos se conhece a árvore.

110. Essas más entidades pululam no baixo-ventre e estão esperando com ânsias um pensamento maligno para converter-se em vampiros e combater as emanações que saem da consciência ou voz do coração.

Uma vez calada essa voz, obrigam o homem a proceder segundo a vontade do rei dos infernos e as obras serão: *ferocidade e ódio.*

111. A energia sexual é uma arma tremenda em mãos da magia quer branca ou negra e, com sua força criadora, pode o homem unir-se com o Íntimo ou, mais facilmente, com o demônio. É o pensamento o que atrai para a espinha dorsal, o fluido sexual para depositá-lo em sua bolsa respectiva. Se é animal ou satânico o desejo causador do derrame desse fluido, o corpo de desejos recolhe dos infernos milhões de átomos demoníacos na proporção dos derramados; mas, se esse fluido for retido por um pensamento de pureza, sua luz voltará ao corpo de desejos e aparece mais astral ou brilhante.

112. O corpo de desejos ou corpo astral é a primeira etapa na senda da iniciação, em que o homem deve vencer, nas quatro provas dos elementos inferiores. O iniciado pode relembrar essas provas quando medita no seu centro umbelical, centro em que se unem as correntes do corpo astral.

113. Lúcifer, ou inimigo secreto, ou inimigo íntimo, ou demônio indicam uma entidade só. Já dissemos ser ele o princípio do mal e estar colocado na base da espinha dorsal. Mais acima, no eixo da mesma espinha encontra-se outra entidade, lugar-tenente da primeira, do inimigo interno do homem, um anjo das trevas, chamado pelos ocultistas o terror do umbral ou o fantasma do umbral. É uma entidade terrível formada pelos maus desejos do homem e rege o corpo de desejos ou astral. Esse anjo maligno impede com seus exércitos a entrada do homem em seu reino Íntimo.

114. O mundo ou corpo dos desejos é criação do Eu inferior ou mente animal que arrastou o homem durante várias vidas. Porém, uma vez purificado, esse corpo se converte como num vidro transparente ante os olhos do homem. Por trás dele pode ver o mundo interno conquanto neste não possa entrar. É a alegoria de Moisés: pôde ver, de cima do monte, a terra da promissão, mas não lhe foi permitido entrar nela.

115. Na base do cerebelo encontra-se, em contraposição a Lúcifer, alojado na base da espinha dorsal, o Arcanjo (chamemos-lhe *Miguel* por não acharmos outro nome mais adequado), cujo lugar-tenente é o *anjo da espada*, contraparte do fantasma do umbral. Este anjo intercede e roga por nós quando vê que realmente desejamos a união com o Íntimo, o qual, por sua vez, concede a balança a Miguel para pesar nossos atos, bons e maus.

Essa alegoria, vêmo-la pintada em todos os quadros do Arcanjo Miguel, no momento de derribar o princípio do mal. Se os atos bons sobrelevam, podem nossos pecados ser perdoados e então, logramos, ajudados pelo anjo da espada, entrar no reino de Deus Íntimo.

116. O Arcanjo Miguel é o Eu superior formado por nossos bons desejos, pensamentos em toda nossa existência anterior. Seu lugar-tenente é o anjo da espada à porta do Éden. Voltaremos adiante a falar desse anjo e do terror do umbral.

117. Nossos pensamentos são pegajosos e contagiosos. Enquanto vive, o homem tem de pensar e enquanto pensa tem de absorver átomos, inimigos e amigos, em suas companhias, amizades e ambientes onde vive. Porém, onde há inimigos, há guerras. Os inimigos do homem são os de sua casa, diz o Evangelho; são eles os átomos irmãos e parentes que vivem em seu próprio corpo, mais queridos pelo próprio homem que irmão. No *Bagavad Gita* ou *Canto do Senhor*, aconselha Krishna a Arjuna que mate esses parentes e irmãos. Porém, o melhor meio de livrar-se deles não é matá-los e sim conquistá-los.

Jesus disse: "Se tua mão te escandaliza (isto é, os átomos malignos de tua mão) corta-a porque é preferível entrar no reino do Céu manco a entrar no inferno com as duas mãos"; ora, quando disse isso, não pretendeu dizer que o homem deve realmente cortar o braço e atirá-lo fora, senão que o pensamento deve descer a essas regiões com o fim de salvar. Temos de conquistar e eliminar pela iluminação o exército do inimigo secreto e este por si mesmo se desintegrará. Esse é o objetivo da iniciação interna e da descida do Cristo ao inferno para livrar os átomos das garras do inimigo secreto.

118. Atualmente esses átomos inimigos vivem, como zangãos, alimentando-se de nossa força, mas uma vez conquistados, tornam-se trabalhadores obedientes na vinha do Senhor.

119. Existe um adágio oriental que diz: "A mente desocupada é o armazém do demônio". Para livrarmo-nos das mercadorias do demônio é mister encher a mente com pensamentos úteis e prósperos.

120. Um pensamento nefasto, sobretudo em dia triste e escuro, enche nosso corpo de desejos com átomos de depressão. O pensamento de amor está simbolizado pelo incenso que, inalado pelo corpo de desejos, muito o aproxima de Deus. Assim também um pensamento concentrado comunica o homem com a realidade do ser em que pensa.

121. Seguindo a iniciação interna ou o caminho para o reino, o aspirante ou iniciado deve sofrer várias provas. A própria aspiração à conquista do reino avizinha o homem de seres elementais unidos à mãe natureza e que, em suma, compõem a natureza do homem.

122. Também os elementais são emanações da trindade de Deus no homem; vivem e trabalham conosco; são chamados espíritos ou anjos do ar, da água, da terra e do fogo. Todos esses anjos trabalharam na formação e evolução do homem no passado e continuarão trabalhando no futuro.

123. Segundo o dogma, há três pessoas em Deus e essas três pessoas não são mais que uma só. Três e um dão a ideia de quatro. Assim também o nome de Deus, em todos os idiomas, consta de quatro letras.

124. Em todas as religiões encontramos os quatro elementais embora com distintos nomes; porém, nosso objetivo é aplicá-los ao corpo humano. Os elementais são em alquimia, o *sal*, o *mercúrio*, o *enxofre* e o *azougue*. No *Apocalipse* estão representados no trono do Senhor (corpo físico) por quatro animais, tal qual na esfinge da pirâmide do Egito: cara de homem, patas de leão, asas de águia e corpo de touro que, interpretados por quatro verbos podem combinar-se de quatro maneiras e se explicam quatro vezes uns pelos outros.

125. Esses quatro elementais são emanações do Íntimo e plasmações do pensamento do homem. Todos têm trabalhado pela formação do homem e continuam trabalhando. Os elementais ou anjos do ar trabalharam a mente do homem ou seu corpo mental; os da água trabalharam e formaram o corpo de desejos; os da terra formaram seu corpo vital e os do fogo formaram o mundo das emoções e dos instintos. Todos esses quatro corpos se interpenetram no corpo humano para formar o homem completo.

O homem crucificado sobre esses quatro elementos pelos quatro elementais tem: os do ar, em torno da cabeça e dos pés; os da água, em todo o lado direito; os do fogo, no peito e os da terra, no lado esquerdo do corpo, todos confundidos e interpenetrados.

126. Esses seres são muito amigos do homem que pensa com justiça e sabe aplicá-la, ousa em praticar, em fazer a vontade do Íntimo e calar, por não desejar recompensa e fama; convertem-se então em servidores dos gênios e artistas em geral. Plasmam suas características nas obras do homem segundo a pureza do pensamento.

127. Domina e é servido pelos anjos do ar aquele ser que dedica toda sua força de pensamento ao mundo interno. Com perfeita concentração pode chegar aos planos da vida espiritual, onde alcança a iluminação. Para dominar os elementais do corpo de desejos ou da água tem de extirpar as paixões grosseiras e chegar à impessoalidade. Para dominar os anjos do fogo, tem de vencer seus instintos animais, emoções e tudo o que pode relembrar o animal. O domínio dos elementais da terra consiste num jejum racional, limpeza externa e interna, respiração e demais práticas esotéricas.

128. Quando o homem se converte em impessoal, como sua mãe, a natureza, esta põe sob suas ordens seus elementos e elementais que lhe descobrem leis, filosofias e ciências de todas as idades. Os elementais superiores respeitam e obedecem a todo homem cuja concentração é perfeita. Eles próprios o convidam a que penetre em seu reino para instruí-lo na sabedoria superior, escrita nas etapas internas do seu corpo físico; mostram-lhe as divisões e subdivisões do seu mundo interno e os habitantes de cada divisão. Também lhe ensinam a maneira de vencer as emanações dos átomos malignos; instruem-no de como distinguir as formas do pensamento, as mudanças do corpo e da mente com as estações e os anos. Ensinam-lhe as quatro etapas da vida, o movimento interno do organismo humano e a relação de cada parte do corpo com os mundos e sistemas solares, a circulação do sangue com o movimento universal, a respiração com os períodos do universo etc. (Leia-se o capítulo intitulado: "A iniciação egípcia e sua relação com o homem", na primeira parte desta obra).

129. Quando o homem pode atravessar e traspassar com o pensamento o corpo ou mundo de desejos, chamado *astral*, triunfante de todos os elementais inferiores deste mundo, passa a outro mais sutil, cujas forças têm relação íntima com o espírito da natureza. O corpo de desejos é elaborado na região umbilical do homem e manifesta-se no *fígado*. O terceiro, mais sutil, tem sua porta no *baço* e manifesta-se no sistema simpático.

130. Quem chega a esse mundo pelo pensamento sustido está em comunicação permanente com as inteligências angélicas, possuidoras da memória da natureza, manifestadas no homem pela intuição e, para ele, não haverá passado nem futuro.

131. As religiões valem-se da magia ritualística e simbólica para atingir esse mundo.

132. Os sagrados símbolos como a cruz, o triângulo, o círculo e o signo de Salomão etc., são no mundo físico, teclas cujos sons se repercutem no sistema simpático, de onde o homem recebe resposta.

133. O significado de cada símbolo é interno e não como se explica exteriormente. Por exemplo, a cruz não significa *morte* e sim *triunfo* sobre a matéria; também a fábula encerra verdade profunda.

134. A meditação sobre um símbolo sagrado atrai à mente átomos sagrados de luz e sabedoria, assim como atrai para o sistema simpático as vibrações do santo, de modo que a Igreja Católica não andou errada colocando em seus altares os símbolos e imagens de verdadeiros santos.

135. Para cada qualidade e virtude há um símbolo, assim como existe uma palavra para cada uma delas, mas, até hoje não acodem à mente mais símbolos porque não os aprendeu, nem compreendeu sua lição nos atualmente existentes.

136. No sistema simpático compreende o homem o significado do Gênese e percebe que nele se acham os *Eus*: Eu superior e Eu inferior; Arcanjo Miguel e Arcanjo Lúcifer. O primeiro é a reunião de tudo o que é benfeito pelo homem e o segundo, a aglomeração de todo o mal. O primeiro é luz, reina sobre os anjos da luz e está sempre em presença do Íntimo. Reside na parte superior da espinha dorsal. O segundo é trevas, reina sobre os anjos das sombras e reside na parte inferior da mesma espinha dorsal. Ambos são arcanjos, porém de vibrações diferentes.

137. Exatamente na metade da espinha dorsal encontra-se a porta do Éden, de onde saiu o homem. À entrada da porta acham-se dois anjos, um chamado o anjo da espada flamejante para impedir a invasão da mente inferior do Éden; o outro é chamado anjo Custódio; ambos intercedem pelo homem que anseia pela volta à sua morada edênica, ou reino interno.

138. O fantasma do umbral é o agente do princípio do mal. Reside acima do sacro ou eixo da espinha dorsal. Tem por missão aterrorizar o iniciado por mil modos, para vedar-lhe a senda da luz. As provas feitas no corpo ou mundo de desejos nada são ante esta última prova. Quem já meditou na obra *Zanoni* pode ter ideia do que significa o terror do umbral. O anjo Custódio ajuda muito o homem que sinceramente deseja a união com seu Íntimo. Quando o homem triunfa e derrota o fantasma do umbral chega à porta do Éden onde o anjo guardião do paraíso mora. Este anjo entrega-lhe a espada flamejante para o mundo que estorva a abertura da porta.

139. Os dois anjos serão guias até que o homem possa abrir a porta edênica. Então o abandonam por já não serem necessários, assim como o corpo físico, depois da morte, se desintegra e volta à terra de onde veio.

140. No sistema simpático podem-se ler as memórias remotíssimas da criação, as vidas passadas da humanidade e deste mundo. Do sistema simpático tiraram as religiões a história de seu Gênese: deuses, demônios, céus, infernos etc.

141. O pensamento de devoção, dirigido pelo anjo da espada, livra a mente da ansiedade; a devoção ao arcanjo da luz converte o homem na *própria lei natural* e ele poderá ler pela intuição a memória da natureza.

142. O anjo da espada é o que dota o homem com o poder de fazer milagres: curar enfermos, ressuscitar os que aparentemente morreram, dominar a magia dos elementais e pôr o homem na situação de escalar e chegar à presença do seu arcanjo. O arcanjo e o anjo da espada regularizam a respiração do homem para que possa absorver os átomos solares e lunares. Com o auxílio desses anjos podemos cortar as cadeias que nos atam ao animal e abrir a porta da prisão do Íntimo, para que ele manifeste seus poderes fora.

143. Invocar o anjo da espada é atrair a força curativa de todas as moléstias. Com pureza de pensamento e impessoalidade esse anjo assinala ao homem a causa da enfermidade e o modo de curá-la. Ordena a suas hostes que desalojem o mal; mas, a um enfermo com pensamentos de luxúria ou ódio, abandona-o aos átomos da morte, exército do terror do umbral.

144. O que tem dom de curar deve impregnar o pensamento do enfermo com vibrações positivas e puras para poder vencer, nele, as hostes da enfermidade.

145. Limpando a mente do enfermo com o amor, pode invocar seu anjo orando mentalmente, colocando as mãos no meio da espinha dorsal onde ele reside. Nesse estado, deve aspirar e respirar átomos curativos e colocá-los sob a direção do anjo que os forma em exércitos contra os da enfermidade. Todas as curas milagrosas são efetuadas pelo anjo da espada.

146. Excelente hábito será invocarmos nosso anjo antes de dormir porque o homem, durante o sono, viaja muito longe do corpo e deixa sua casa, a qual, se não houvesse guarda, poderia qualquer ladrão, dentre os elementais, assaltar ou habitar.

147. A melhor sabedoria é a reeducação de si mesmo e não o ensino de uma escola; esse anjo de luz tem a seu cargo nossa reeducação e, uma vez reeducados, podemos entrar em todas as etapas da natureza.

148. Pela aspiração, concentração e, mormente, impersonalidade, pode o homem identificar-se com seu anjo da espada; então, a inteligência recebe resposta a toda pergunta, ainda que a mente o não perceba e o que a outros enviamos nos será devolvido com acréscimo, seja bom, seja mau.

149. Quando o iniciado chega ao fim dessa etapa e obtém do anjo da porta edênica a espada flamejante, será dever seu abrir a porta do Éden ou do reino que leva à união com o *real*, o Íntimo. E quando a alma transpuser a porta do Íntimo já não sairá de novo.

150. O Éden ou o paraíso da Bíblia e o reino de Deus do Evangelho são a mesma coisa. O estado Edênico ou o reino de Deus representa o estado do homem quando era uno com seu Deus Íntimo.

151. Enquanto morava o homem no jardim Edênico, era impessoal, isto é, enquanto seu pensamento e sua alma atendiam sempre às coisas celestiais que residem na cabeça, vivia no paraíso divino impessoal; porém, desde o momento em que o pensamento e a alma quiseram provar da árvore cujo fruto se chama conhecimento do bem e do mal, cederam seus poderes ao desejo e viram-se envoltos por novas e estranhas condições. E, assim, chegou o homem ao estado incapaz de ver a realidade.

152. Desde o momento em que o homem começou a materializar seus pensamentos divinos e impessoais, teve de cair por força e ser expulso do jardim do Éden; porque, com a aglomeração de seus desejos criou o intelecto e abandonou a consciência impessoal divina. Com a criação do intelecto formou novo mundo na parte inferior do corpo e povoou-o de toda classe de átomos atraídos por seus desejos e instintos.

Esse mundo é o inferno.

153. Nesse estado de queda, nunca esqueceu seu estado edênico, reino da felicidade. Tem muitas vezes intentado regressar ao paraíso; mas, ao chegar à porta da entrada, verificava ter seu intelecto criado muitas barreiras intransponíveis, como os querubins com a espada flamejante e o fantasma do umbral de que já falamos. Então, começou a estudar o bem e o mal, o céu e o inferno, o anjo e o demônio, e tudo o que nada tem com o real, só do intelecto, acreditando poder, com esse estudo intelectual, regressar ao paraíso.

154. Chegou, por fim, o momento em que, cansado do uso externo de sua mente, se voltou para o interior e achou aí a verdadeira senda para o reino de Deus, prometido desde a formação dos séculos. Então, pensou e meditou na maneira de vingar os obstáculos e esse foi o começo de sua iniciação, ou seu caminho para o interior.

155. Depois, graças à iniciação interna compreendeu e sentiu que o fim é igual ao princípio. O estado edênico foi impessoal, o estado do reino de Deus interno deve ser impessoal também.

156. O inferno do homem acha-se em seu baixo ventre, seu purgatório no inferior do seu sistema simpático nervoso e seu céu na medula espinhal até a cabeça.

157. Depois da morte, leva o homem consigo sua mente, seus corpos de desejo ou astral, seu corpo mental e outros mais sutis, de maneira que, se a mente, com o pensamento e a aspiração, aglomerou na parte inferior do corpo muitos átomos malignos, ficará sujeito a essas criações mentais durante um tempo mais ou menos amplo sofrendo e queimando-se no fogo de seus próprios desejos e pensamento. Diz-se então que a alma está no inferno ou no purgatório. Depois tem de subir ao céu criado por seu pensamento para gozar de suas boas obras. Céu e inferno não são mais que criações do próprio homem e estão no próprio homem.

158. Durante a vida e não depois da morte deve o homem explorar e penetrar em todos esses mistérios porque depois da morte não pode realizar o que deveria fazer em seu corpo durante a vida, como não pode o compositor executar suas obras se não possui o instrumento.

159. Já se disse que o pensamento é como o imã; atrai os átomos por meio da aspiração. A bebida e o alimento são seres vivos ou anjos que têm afinidades com a vibração do pensamento, de modo que o pensamento, a respiração e o alimento são o material que elabora o sangue, veículo do *Eu*. Se o veículo é bom e puro, nossa aspiração atrai a atenção do *Eu Sou* que começa a trabalhar para converter o homem em salvador do mundo.

160. Com o pensamento puro e concentrado, chegamos, em nossa peregrinação interna, à porta do Éden. O anjo da porta deu-nos sua espada para afastar o terror do umbral e os anjos malignos. Falta-nos agora despertar o Cristo no coração, onde deve nascer para fazer-nos entrar.

161. O amor *impessoal* e a pureza despertam esse impulso no coração e começam a invadir a medula espinhal e todo o sistema nervoso, sintonizando todos os seus centros de energia para abrir-nos o caminho até o reino da realidade.

162. No centro da medula espinhal tem o iniciado de deter-se para contemplar o inferior e o superior nele. Pode ascender até unificar-se com o Íntimo; porém, se é verdadeiramente salvador do mundo, tem de descer novamente para salvar aqueles seres que serviram de degraus para a subida. Cristo disse: "Vou ao Pai...". Depois, também disse: "Estarei convosco até a consumação dos séculos até que o último membro chegue à perfeição".

163. Nesse estado, o homem já é *onisciente*.

164. Ao converter-se em Cristo, principia a escolher seus discípulos e apóstolos que devem trabalhar sob sua direção.

165. Mais tarde veremos onde estão colocados os apóstolos. Agora podemos dizer que o homem, nesse plano, sente a inteligência cósmica em si e, ao dizer *Eu*, fala em nome do Pai ou de seu Íntimo, como o fazia Jesus.

166. Pode, à vontade, subir a montanha para comunicar-se com o Pai, como o fazia Jesus e, depois, baixar aos mundos inferiores onde tem de sentir seus sofrimentos e dores; mas, ao mesmo tempo, aprende o mistério da mente humana e adquire poder para dominar mentes sãs e enfermas.

167. Nesse mundo, o homem une-se à *grande inteligência* que registra toda experiência. Essa inteligência é um sol no centro do cérebro que dirige todo o sistema dentro de sua órbita. Os ocultistas, ao referirem-se a essa inteligência, dizem: Quando o discípulo está preparado, vem o mestre; quer dizer, quando o discípulo está iniciado no mundo interno, vem-lhe o saber do átomo mestre, ou a experiência de todas as idades. Relata o Evangelho que, ao sair da água Jesus, desceu sobre ele o Espírito Santo em forma de pomba. Os termos são outros, mas o sentido é um só.

168. Sob a direção desse mestre ou do Espírito Santo, trabalham os senhores ou anjos da mente. Esses anjos estão simbolizados pelo maná (mente) que baixou do céu sobre os hebreus (os que passaram aos reinos inferiores) no deserto (e chegaram a ter um corpo humano). O objetivo desses anjos, que formaram a mente, é aproximarem-se da verdade.

169. Chegando a esse estado, é o homem dono de sua mente, de seus pensamentos e mundo interno. Então, despregam-se-lhe, ante os olhos, os sete selos apocalípticos.

170. O primeiro trabalho do iniciado neste mundo é salvar os anjos inferiores que habitam com os átomos animais e ditam leis tirânicas à humanidade, valendo-se de homens, instrumentos do demônio, para causar guerras e destruição.

171. Um adágio diz: "Deus vale-se do homem para castigar o mundo; mas, ai de quem se vale de Deus como instrumento de castigo". O iniciado vê, de antemão, a melhora que segue ao castigo e une-se com o raio que guia os destinos do mundo. Com a iluminação mental podemos ver o que *é* e então, já não haverá passado nem futuro. Poderemos participar da substância mental divina e não necessitaremos de anjo guia ou protetor invisível. Esse anjo desintegra-se e volta à esfera de onde procedeu.

172. O homem, ao abandonar o estado edênico, tomou o caminho da descida, isto é, da cabeça, levou-o o desejo pela medula espinhal e dela ao sistema simpático; depois, ao mundo do desejo ou corpo de desejos e, por último, ao físico.

Hoje, para voltar ao seu paraíso, tem de desandar, ascendendo pelo mesmo caminho da descida, guiado pela aspiração, respiração, pensamentos puros e positivos. Consiste a positividade em corpo e mente puros, sãos e fortes porque um corpo enfermo está dominado pelos anjos malignos e nunca pode adiantar-se na senda da ascensão com semelhante sobrecarga. A mente enferma emite vibrações densas e lentas que, não só estorvam a seu dono, como aos demais.

173. O silêncio é fator importante para o adiantamento. *Saber*, *ousar*, *fazer* e *calar* são as quatro leis do iniciado; cada palavra vã sai do interior do homem como uma flecha, rompe a envoltura áurea que o protege dos anjos malignos e estes aproveitam essa ruptura para penetrar em nosso interior.

174. A positividade é a ponte que nos conduz do sistema simpático ao sistema nervoso ou mundo mental. O ensino que nos ilustra sobre a positividade, encontramo-lo no método Ioga e no Sermão da Montanha, de Cristo, na primeira parte desta obra. Sem a prática desses métodos ninguém pode dar um passo na senda ascendente interna.

175. A lei de dar e receber é rigorosamente aplicada no mundo interno. Aqueles a quem foi dada a sabedoria superior estão na obrigação de instruir, curar e salvar os anjos inferiores que sustém e mantêm sua vida.

176. Não se deve confundir sabedoria divina, ciência oculta, teosofia, que é prática das leis do Íntimo, com teologia ou outras instruções recebidas dos elementais dos desejos. Toda alma cujo espírito é infantil reside em corpo sensitivo; esses seres recebem frequentemente comunicações dos elementais ou de seres desencarnados que mostram inteligência nada superior, embora não falha de utilidade.

177. Gênio é aquele que, em sua arte, pratica a sabedoria superior.

178. Devemos dizer aqui algumas palavras sobre a respiração. Diz um sábio ocultista que o homem morre porque inala mais do que exala; porque durante a respiração normal não exalamos todos os restos de dióxido de carbono. Com o tempo, esse gás mortal que vai ficando em nossos pulmões, causa a morte.

179. O sangue é o veiculo do *Eu Sou*; para que o veículo seja apto nas manifestações do *Eu Sou*, necessita de três coisas: respiração completa e perfeita, alimento são e pensamentos puros.

180. O homem, não somente aspira átomos da mesma afinidade que seus pensamentos, mas ainda, ao exalar, impregna, com os mesmos átomos aspirados, todos os seus trabalhos. O alimento ingerido segue a mesma lei da respiração. Um ditado oriental diz: "Fulano ou fulana tem boa mão para cozinhar", e isso é exato porque o mesmo quitute preparado por duas pessoas separadamente tem sabores distintos.

181. Toda pessoa, antes de comer, deve abençoar o alimento invocando o *Eu Sou* com as mãos estendidas sobre o alimento, ou traçar, com a direita, o símbolo da cruz, porque a bênção emite raios de luz que, impregnando o alimento, afugentam os átomos malignos que por outros pensamentos penetram.

182. Já dissemos, na primeira parte, que o mistério da unidade está mais além da nossa compreensão e condicionou o princípio de todas as coisas; porém, se não podemos acompanhar esse desconhecido em seu princípio, podemos segui-lo em suas consequências. A unidade princípio da criação deve abarcar os mundos: *divino, humano* e *natural* ou *Deus, homem* e *universo*.

183. O homem ao abandonar seu estado edênico ou sua unidade com o *Eu Sou* desceu, tomando o caminho da medula espinhal e daí passou ao sistema nervoso, ao simpático, ao corpo de desejos, ao vital, até chegar ao físico. Na descida, teve de dividir-se em dois, manifestar-se em três, equilibrar-se em quatro, dominar com cinco etc. Agora, para voltar ao seu prístino estado, deve palmilhar o caminho de regresso, ou o ascenso interno por meio da aspiração, da respiração e do pensamento.

184. Desde que o *Eu Sou*, no princípio, quis manifestar-se, a unidade dividiu o círculo em dois, formando as duas polaridades, para, com elas, converter-se em trindade. Se traçarmos um círculo num papel e o dividirmos com uma linha vertical, temos um símbolo, embora tosco, do *Eu Sou*, o qual ao manifestar seu primeiro atributo formou, ao mesmo tempo, a dualidade e a trindade.

185. Há verdades opostas umas às outras porque o ritmo faz triunfar cada qual por sua vez. Existem duas polaridades no homem que têm origem na mesma fonte, como existem o dia e a noite; porém, existem simultaneamente e não no mesmo hemisfério; mas, como há sombras na luz, há claridade na escuridão.

186. Todo desejo é centrífugo e toda vontade espiritual é centrípeta. Todo ser polarizado deve aspirar e respirar na alma do mundo; se não, deixa de ser ou ter existência.

187. O homem, o mais perfeito dos seres, é quem deve encerrar em si essas duas leis inseparáveis uma da outra e que formam uma só. O poder verdadeiro e o verdadeiro saber são o equilíbrio forçado desses contrários, porque o equilíbrio é o poder do amor que triunfa sobre a natureza. O sobrenatural não é mais que o amor equilibrante.

188. O caduceu, na espinha dorsal do homem, representa duas serpentes, uma à direita e outra à esquerda. No meio, em cima da haste central brilha o globo de ouro ou cabeça que representa a luz equilibrada.

189. A serpente edênica que foi causa do descenso, da morte, apoderou-se da mente humana e do pensamento para arrastá-los ao mundo inferior, o mundo dos instintos e desejos. E a serpente de bronze, no deserto da matéria física, ou corpo é a que salva da morte. Ambas estão colocadas na espinha dorsal, sobre o *tau* ou medula. É o mistério da unidade em sua manifestação dual.

190. O sábio, o iniciado, deve ser equilibrador e justo. Ao adquirir o poder no ponto central, deve derramar a energia, equitativamente, a ambos os lados. Esse poder, que é a unidade, bifurca-se em: *saber* e *ousar* (sabedoria e fé) e em criar e transformar (*fazer* e *calar*). Os pontos extremos assemelham-se, tocam-se pela lei do equilíbrio que é o poder *uno* em cada ser.

191. Esse poder *central uno* está: 1) no homem; 2) na união do homem com a mulher. Falemos primeiro da unidade no homem e, depois, na unidade do homem à mulher.

192. Quem se coloca nesse ponto de união será servido pelos deuses; esse ponto é a imortalidade entre a vida e a morte: é o movimento perpétuo entre o dia e a noite; é a magia entre o saber e a fé; é o poder criador entre o homem e a mulher; é o amor entre a vontade e a paixão. Todo iniciado deve saber a verdade para fazer a lei.

193. O reino de Deus está dentro de nós, isto é, na *unidade* ou ponto de união da dualidade no cérebro; o reino do inferno está dentro de nós, isto é, no que está fora desse ponto de união e se manifesta em dualidade.

194. *Eu Sou* é a substância da qual emanou e se fez o mundo e tudo o que existe. É a força criadora universal. Espírito é uma forma dessa força; alma, ou força vital de vida é outra forma sua.

195. O átomo *nous* representa o *Eu Sou* no *Coração* do homem e é essencial para a perfeita manifestação da matéria. *Nous* deve estar presente, como unidade, a fim de atuar. *Nous* é dual binário; é a lei universal; tudo quanto existe é dual em sua natureza e *trino* em sua manifestação.

Segundo a lei divina, todo aquele que tem dentro de si uma potencialidade para manifestar-se há de dividir-se em duas polaridades; cada qual é absolutamente necessária à outra para manifestar-se: negativo e positivo.

196. Então *nous* é ao mesmo tempo negativo e positivo e explica-nos a lei que, estando presente as duas polaridades ou fundida como *unidade*, só então pode o homem atuar ou criar. *Nous* não é o *Eu Sou*. *Nous* é o sol material, o *Eu Sou* é o *sol espiritual* muito mais além que o sol físico.

Voltemos à lei: "Tudo quanto existe é dual em essência e tudo quanto se manifesta é *trino* em princípio".

Podemos formar um triângulo para compreender essa Lei.

UNIDADE
OU
VIBRAÇÃO COMBINADA

O
NOUS

O VIBRAÇÃO NEGATIVA — O VIBRAÇÃO POSITIVA

197. Em todas as manifestações materiais, as duas essências no homem estão sempre unidas pela infusão de uma na outra e o ponto de contato é a manifestação da combinação dos dois.

As manifestações materiais são negativas e limitadas, as manifestações espirituais são ilimitadas e divinas. Assim, nos materiais, achamos *nous* negativo porque suas vibrações são limitadas e finitas e, nas espirituais, são ilimitadas e infinitas. *Positivo* e *negativo*, isoladamente, não têm o menor vestígio de energia ou força; porém, ao uni-los temos uma manifestação da energia.

Essa energia não se deve a uma das polaridades senão à *união* dos *dois* em *um*.

Quando essas duas se unem, surge terceira condição que torna operável a manifestação.

198. *Eu Sou*, o Deus Íntimo, é a grande força vital no corpo do homem. O átomo *nous*, sua emanação, é o dual que se manifesta quando suas duas polaridades se combinam em uma unidade.

O positivo *nous* é eletricidade e o negativo é o magnetismo. Pode ser que o magnetismo seja criado pela eletricidade (espírito) e a eletricidade ou espírito seja manifestação direta de *nous*. A eletricidade provém do sol e o magnetismo vem da terra.

199. Negativo quer dizer algo que é menos, embora não exista por si mesmo, nem possa ter essência própria. Negativo é algo que falta no positivo; é o elemento necessário, complementar, desejado por e para o positivo. Não há corrente negativa; há, sim, uma condição necessária à positiva. Positivo também não existe em si; há uma condição, a do início de sua simpatia ao negativo para nele atuar. O positivo penetra; o negativo absorve. Aviva-se o negativo quando movido pelo positivo.

200. A unidade de ambas as condições ou elementos, positivo e negativo, é necessária para qualquer manifestação.

A manifestação ocorre no ponto de união dos dois elementos. Nesse ponto de união acha-se o equilíbrio.

A união dos dois elementos + e − causam a vida e a manifestação da vida.

A matéria é a roupagem do espírito; mas o espírito manifesta-se em formas diversas através de seus princípios: terra, ar, água e fogo e de suas divindades: sólidos, líquidos, gases e éteres.

O espírito sustém todos os graus e distinções das formas criadas e é a unidade da criação.

O homem é a mais alta manifestação de Deus.

Todos os seres: homem, animais, plantas são formados por substâncias terrenas negativas, nas quais as vibrações positivas de *nous* entram para dar-lhes vida e o mero fato de respirar e viver demonstra a unidade da mesma fonte.

A única fonte é *Eu Sou*, o Absoluto. O espírito empresta à matéria sua qualidade negativa e *nous* dá ao ar ou atmosfera a qualidade positiva.

"Deus formou o homem do pó da terra e soprou em suas narinas o alento de vida e o homem se fez alma vivente".

A união dos dois polos forma um terceiro, ou a trindade.

201. Na dualidade há prazer e dor; na unidade da dualidade há *lei*. O pensamento deve atravessar o prazer e a dor da dualidade até chegar à *verdade* na união. Se dirigir o pensamento à cabeça, ponto de união da dualidade, invade o homem a felicidade celestial, isenta de prazer e dor; porém, se o dirigir para os vários extremos da dualidade, vive o homem sentindo prazer e dor.

202. O iniciado é o que manifesta a alma do mundo cuja lei não tem nem mal nem bem, senão unidade. Para o iniciado, o bem é sua mão direita, seu olho direito, seu ouvido direito etc., e o mal é sua mão esquerda, seu olho esquerdo, dualidades necessárias para a unidade perfeita.

O lado direito é positivo, ativo; o lado esquerdo é negativo, passivo. O direito emana cor vermelha; o esquerdo, cor azul, e ambos, unidos, formam um terceiro, de cor roxa: espiritualidade.

203. O equilíbrio não é nem bem, nem mal; é o resultado de duas forças e, por conseguinte, a vida é o movimento alternado.

204. A vida compõe-se de uma aspiração e de um sopro; morte e vida são a contínua geração. Aquele que dá recebe e o que recebe tem de dar. Tudo é perpétua troca. Conhecer essa troca, à vontade, é possuir, cientemente, a divindade humana.

205. O corpo do homem abrange dupla luz: atrai e irradia. Nossa atmosfera é úmida, pegajosa. Quando para ela atraímos um mau pensamento, este nos rodeia com suas vibrações, como enxame de moscas que giram em torno de uma imundície. Na superfície do corpo acham-se muitas antenas que atraem pensamentos bons e maus. O corpo é como imã andrógino; atrai as duas potencialidades da alma do mundo. O *Eu Sou* julga-nos pela aura que nos rodeia.

206. Os raios do sol, chegando à cabeça, estimulam o sistema nervoso; os da lua atuam no simpático. As pessoas dominadas pelos pensamentos negativos, devem evitar os raios lunares, expor a cabeça descoberta à luz do sol pela manhã e fugir das cidades onde flutuam cadáveres de pensamentos putrefatos.

207. É mister saber que toda ação provoca uma reação e ao atacar, cumpre defender-nos e, ao destruir, importa regenerar imitando a natureza. A sabedoria completa consiste no emprego das forças antagônicas e, nesse manejo, reside o segredo do movimento perpétuo e a duração do poder.

208. Todo o universo aspira e respira, e o que é assim no universo é no homem. Toda aspiração e respiração são duais. O homem aspira alternativamente uma hora pela fossa nasal direita, outra, pela esquerda e alguns minutos por ambas. A aspiração pela direita absorve energia solar e, por conseguinte, positiva, ao passo que a esquerda faz o mesmo com a energia lunar, negativa. Os ramos das duas fossas nasais estendem-se pelo cérebro e descem por cada lado da coluna vertebral até fundirem-se no sacro. Os iogues chamam *Pingala* à energia por onde desce a aspiração positiva e que é um nervo ao lado direito da coluna; *Ida* ao nervo esquerdo por onde passa a energia lunar, e *Sushumna* a um terceiro conectado com os outros dois no gânglio sacro e sobe pela coluna central até o cérebro, depois de repartir diversas energias, pelas diversas ramificações, aos plexos e centros vitais.

209. Justamente na união dos nervos nasais reside a energia do Pai, desce pela direita; a energia do Filho na metade e, na esquerda, a do Espírito Santo. Os dois que estão aos lados transmitem a energia que as fossas nasais absorvem e o do meio a distribui por todo o organismo. Com ela equilibra-se constantemente o corpo e conserva-se a atividade de cada órgão.

210. Há uma membrana muito sensível mais acima do centro do nariz. Acha-se sob o domínio do *Eu Sou*. Essa membrana faz funcionar os três condutos. Os nervos supramencionados recebem seu impulso de uma Entidade inteligente, sensível aos eflúvios positivos e negativos com que a toda hora o signo ascendente do Zodíaco impregna o ar da região em que culmina e, em obediência às leis que regem a eletricidade fecha uma fossa nasal e põe a outra em atividade. Cada signo ocupa o meridiano durante duas horas e o mesmo signo tem uma fase positiva e outra negativa; o fluxo pelas duas narinas é igual e o corpo assimila as duas energias em proporções iguais.

211. O universo respira e o homem aspira o que o universo respira: oxigênio, hidrogênio, carbono, eletricidade, prana, raios das longínquas galáxias, sóis, planetas, satélites e correntes siderais que atuam na vida da terra e no pensamento do homem e, conforme a narina pela qual respiramos farão positivas ou negativas nossas disposições físicas e mentais e seremos sensíveis e aptos para certas classes de influências que vão modelando o que somos e fazem que cada pessoa sinta, pense e obre em relação à sua maneira de aspirar: positiva pela direita, negativa pela esquerda e neutra quando fluem simultaneamente pelas duas.

212. Essa propriedade da aspiração é uma base da lei da dualidade para disciplinar o corpo e a mente, para alongar a mocidade e ter em si o poder mágico da iniciação e demais poderes ignorados pela ciência.

213. As escolas orientais e ocidentais têm métodos diferentes. O oriental, que é atrativo ou passivo, aconselha a respiração contida ou retida para alargar o campo de sua aura e, por conseguinte, se torna mais receptivo; porém, segundo o oriental, essa aspiração deve durar, às vezes, até doze segundos, ser retida cinquenta e dois segundos e exalada durante vinte e quatro segundos; deve começar pela esquerda e terminar pela direita. O ocidental, que é positivo, refuga esse exercício e aconselha começar pela direita. O oriental vai de acordo com o misticismo e do psiquismo; o ocidental prefere a magia e o poder.

214. O iniciado deve chegar ao completo conhecimento e uso da lei do binário, unindo ambos esses processos para equilíbrio da lei.

215. O pensamento é o homem. Toda pessoa passiva e mística aspira com maior força pela narina esquerda e toda pessoa ativa aspira fartamente pela direita; porém, nesses casos, não entram os defeitos nasais, salvo se, por uma lei de compensação oculta, existe um defeito na narina direita para obrigar o homem a ser místico ou passivo, e vice-versa.

216. O binário ou dualidade manifesta-se na aspiração e na respiração, no sopro quente e no frio; até uma posição de mão pode respirar e aspirar conforme o pensamento. Nunca devemos estender a mão direita ao colérico, ao excitado, ao apoplético, nem a esquerda ao esgotado, ao aflito e ao débil. A mão direita deve acariciar o último e a esquerda tem de acalmar o primeiro. As duas polaridades formam a lei.

217. O fluido proveniente do Sol é o mesmo que o centro cerebral do organismo humano e o fluido lunar é igual ao medular ou simpático inferior. Para a depressão lunar temos de fortificar-nos com a energia solar e para a excitação solar temos de acalmar-nos com o fluido lunar.

218. A depressão e a cólera são duas portas, uma à direita e outra à esquerda do centro medular por onde penetram os mensageiros do inimigo residente no baixo ventre. Esses mensageiros são os germes da enfermidade e da destruição do organismo. O único remédio é o equilíbrio por meio do pensamento de felicidade.

219. Quando a depressão invade temos de fechar a narina esquerda e respirar pela direita e quando a cólera domina, temos de fechar a direita e respirar pela esquerda. A aspiração pela direita evita o resfriamento e a aspiração pela esquerda refresca pelo calor e baixa a febre.

220. A dualidade está no corpo humano. A alma do mundo manifesta a simpatia masculina no lado direito e a simpatia feminina no lado esquerdo. Porém a aspiração pelas narinas obra em forma de cruz: o alento pela direita que é solar, anima os órgãos internos da parte esquerda. Por isso encontramos o coração, o órgão mais nobre do homem, colocado ao lado esquerdo, ao passo que o alento da esquerda invade os órgãos do lado direito.

221. A sabedoria exige seres normais que tratam de equilibrar a lei respirando alternativamente por uma e outra narina e de chegar ao equilíbrio perfeito respirando por ambas ao mesmo tempo, de maneira igual. Cabe aqui um conselho aos aspirantes. "Cada qual deve estudar seu temperamento; se é muito passivo, deve, por meio da respiração direita, tornar-se ativo e, se é muito ativo, deve aspirar pela esquerda para obter certa dose de misticismo."

222. Também os pensamentos são duais: harmônicos, e desarmônicos, para não empregar as palavras *bons* e *maus*. Os harmônicos vêm, ao homem, do cérebro direito e os desarmônicos do esquerdo. Nas escrituras cristãs, esses dois hemisférios do cérebro estão simbolizados por Galileia e Cafarnaum, Éden e trevas exteriores, fé e dúvida etc. Esses dois hemisférios no homem são os dois condutores por onde se diversifica a alma do mundo e manifestam suas emanações. O amor, a doçura, o sacrifício, a atividade e todo sentimento harmônico são elaborados no cérebro direito; o ódio, a crueldade, o egoísmo etc. provêm do esquerdo.

223. No estado desarmônico, deve o homem dirigir seu pensamento ao cérebro direito e restabelece-se a harmonia. Também a respiração positiva direita influi nesse estado.

224. Os médicos aconselham que o homem durma sobre o lado direito. Esse conselho tem uma parte de verdade. Dizemos uma parte porque os sensitivos, ao dormirem a maior parte da noite sobre o lado direito amanhecem deprimidos, desanimados e sem apetite. Nosso conselho será que o homem deve dormir sobre o lado esquerdo e para isso há uma lei: ao dormir sobre o lado direito, abre-se a narina esquerda e o homem aspira as influências lunares, negativas, ao passo que, ao deitar-se sobre o esquerdo, abre a narina direita e os átomos positivos solares enchem o homem e ele amanhece alegre, contente, com apetite e disposto a trabalhar com maior energia. Os sacerdotes hindus conhecem essa lei e caminham, de dia, sobraçando à esquerda um guarda-chuva ou outro objeto o qual, comprimindo uma artéria sob o ombro, atua abrindo o lado positivo do nariz. Por esse meio, resistem ao cansaço e à fadiga.

225. Disse Rama Prasad: "Feliz é quem respira". Certamente quis dizer: "Feliz é quem respira bem". Também nós podemos dizer: "Desditoso o que respira mal porque a felicidade consiste em pensar e aspirar positivamente e a desgraça e a enfermidade vão para os que pensam e aspiram mal".

Cada pensamento cria um exército de átomos vivos e cada aspiração absorve o que criaram os pensamentos. Então devemos compreender que o pensamento inarmônico é causa de todo mal e desgraça.

226. Quando as escrituras dizem que o homem está vigiado por dois anjos, um bom e outro mau, quis dar-nos a entender a verdade embora por meio de um símbolo. Como o pensamento influi no sangue próprio e alheio, deduz-se que o pensamento negativo entrega todos os seus átomos malignos como um exército, ao demônio oculto em nós e este povoa nosso corpo com seu poder destruidor, ao passo que os bons pensamentos entregam seus átomos ao anjo da espada que está à porta edênica e em nós produzem regeneração e rejuvenescimento.

227. O hemisfério esquerdo do cérebro é instrumento do inimigo ou demônio e esse instrumento é empregado para ferir por meio da difamação, da calúnia e da crítica acerba que destrói o gênio dos demais.

228. O cérebro esquerdo, chamado também pelas escrituras da Babilônia, é o que absorve os átomos da enfermidade. *Eu Sou*, por meio de seus anjos, protege o templo-corpo contra esse inimigo ou adversário. É o anjo da intuição o que mais luta contra a desarmonia do cérebro esquerdo.

229. Do centro do coração, o homem pode contemplar esses dois mundos opostos para equilíbrio da lei. O esquerdo atrai, por meio do seu veículo ou corpo de desejos, os pensamentos inferiores que se acham nas baixas etapas do mundo mental e vivem da putrefação das forças que destruíram. O direito atrai, por meio do seu veículo, corpo vital, os superiores, para a positividade da lei.

230. O mistério da unidade por meio da dualidade consiste em harmonizar e entrelaçar os dois cérebros para que as aspirações e respirações do homem e seus pensamentos contrários cheguem a neutralizar-se. Por enquanto, cada aspirante, ao iniciar-se internamente, deve lutar contra os pensamentos putrefatos para não perder contato com o *Eu Sou*. Senão terá de passar muitas vidas até reatar esse contato.

231. O melhor meio de evitar esse desligamento ou separação é cuidar da energia sexual como a menina dos olhos, porque a luxúria é uma porta larga por onde pode entrar a maldade, o ódio, todo vício que degenera o homem e os que o rodeiam. Essa influência degeneradora persiste até durante gerações.

232. A fama, a glória e o poder buscados e adquiridos por meio da energia criadora, seguem a direção da senda do mal. Em breve falaremos da energia sexual empregada pelas fraternidades negras.

233. Não deveis esquecer que, na respiração há iluminação. A aspiração passiva é a fonte da recepção como é o método oriental; ao passo que a ativa é o melhor método de praticar.

234. A vida do homem deve ser incessante luta para o perpétuo equilíbrio. Muitos sentem e dizem que há dupla alma inteligente dentro de si e dizem verdade porque sentem a lei antagônica em si. No homem há duas naturezas inteligentes e fortes. Essas naturezas chamam-se Eu superior e Eu inferior. O Eu superior tem por exército todas as entidades elevadas de nossos pensamentos, palavras e boas obras. O Eu inferior é a aglomeração de tudo quanto é baixo. O iniciado, para chegar a adepto e unir-se com seu Íntimo, deve dissolver com o pensamento penetrante o primeiro e o segundo.

235. Sem dualidade não há manifestação e sem trindade não há equilíbrio. Todos os órgãos do homem são pares opostos equilibrados pelo nariz, língua, umbigo e falo. Que é a sabedoria? É o equilíbrio ou a filha de dois princípios opostos.

236. Temos dois olhos, dois ouvidos, dois hemisférios cerebrais como instrumentos de nossa inteligência; duas mãos e dois pés, instrumentos da vontade. O pensamento ordinário pode apenas compreender a dualidade; mas a intuição sabe que essa dualidade é o símbolo da árvore da ciência do bem e do mal, cujos frutos hipnóticos causam morte ou esquecimento da consciência da unidade primordial, essencial e eterna.

237. Não está desperto em todos o olho interno nem o discernimento para conhecer a realidade da unidade; por isso, esse segredo foi muito cuidadosamente guardado, porque ninguém os podia entender e os homens comiam, por ignorância, o fruto mortífero.

238. Os dois princípios complementares, humanizados em todos os nossos órgãos, nos dois lados, direito e esquerdo, chega a seu ponto culminante nos dois sexos que integram a raça humana e todos os reinos da natureza. Os dois sexos representam os dois aspectos, masculino e feminino, da divindade. O ser que quer ingressar no templo da sabedoria, tem de voltar à unidade da vida.

239. A unidade central se acha no centro do cérebro, de onde parte a alma do mundo, no corpo físico, em duas linhas distintas; é o ângulo dos maçons, que representa o oriente ou mundo da realidade divina, indivisível; a parte contrária é o mundo visível, ocidente, onde a unidade se divide. O homem tem que voltar sempre ao ponto central da cabeça, ao oriente de luz, à única realidade de onde emana todo o poder.

240. Todo homem tem de ser seu mundo e morar no centro como um rei que vigia seus súditos. Cada corpo é um templo e o verdadeiro homem é um sumo sacerdote que mantém a casa do Senhor em ordem. Todas as religiões delinearam seus templos, esquematicamente, de acordo com o corpo humano: a Arca de Noé, o Tabernáculo, a Pirâmide de Quéops, o Santuário de Karnac, o Templo de Salomão, a Basílica de São Pedro em Roma etc. não são mais que a cópia do corpo humano. A loja maçônica é símbolo do organismo humano.

241. Os trabalhos dentro do templo da igreja e da loja são uma série de atividades que se desenvolvem dentro do corpo de maneira física e espiritual. O sacerdote, para oficiar, veste-se com roupa feminina porque conserva a ideia de que, por meio da dualidade, se chega à união com o *Eu Sou* e porque dessa bissexualidade nasce o verbo. O objetivo de toda religião e de todo mistério era conduzir o homem ao mundo interno e não externo. O verdadeiro iniciado é aquele que rasgou o véu lendo e decifrando os símbolos.

242. Ensina a antiga sabedoria que o homem deve chegar a possuir dois sistemas espinhais perfeitos que trabalhem juntos harmonicamente em seu governo. Para ele, simbolizaram os antigos esse mistério com uma figura bicéfala, uma cabeça masculina e outra feminina. Indicavam com isso que o homem foi andrógino e o será futuramente. Então, será negativo e positivo equilibrado e não se reproduzirá como o faz atualmente. No fim será como no princípio. Então, dará o homem nascimento a seus novos corpos ou veículos e será seu próprio pai e sua própria mãe, completos em si mesmo.

243. Os mestres legaram ao mundo a iniciação para tornar possível esse processo no futuro imediato sem esperar o curso natural da evolução. Os místicos chamaram-lhe mistério do fogo, ao passo que os ocultistas lhe chamaram o mistério do sexo ou magia sexual. Então, o mistério do fogo ou sexo é a segunda chave do reino.

244. Os antigos buscaram essa chave do arcano supremo do poder do fogo e os modernos os imitaram, conquanto hajam tergiversado as doutrinas arcaicas. O fogo era e é a divindade que arde no homem e no universo. É o mistério do Espírito Santo que desce com línguas de fogo sobre os discípulos, com línguas de luz e inspiração no coração, altar da alma.

245. Prometeu roubou o fogo divino e trouxe-o aos homens e porque os homens o utilizaram para a destruição, foi ele encadeado para que um abutre lhe devorasse o fígado, até que um ser humano dominasse o fogo e o livrasse do seu encadeamento. Essa profecia cumpriu-a Hércules que é o iniciado perfeito, o filho da luz. Prometeu é Lúcifer. Lúcifer é a estrela matutina; a estrela matutina é a Virgem Maria. Maria é o símbolo da mulher e a mulher é o emblema da natureza.

246. O *Gênese* relata (Cap. III, vers. 15): “Porei inimizade entre ti e a mulher e entre tua linhagem e sua linhagem; ela te esmagará a cabeça e tu espreitarás seu calcanhar”. O homem é a vontade e o poder; a mulher atiçadora do fogo. Pela união dos dois se formou a sabedoria que modelou a terra, o universo e todos os seres visíveis e invisíveis. O primeiro é a vida; a segunda manifesta-a. Do cérebro direito cruza a vida para a zona esquerda e, do cérebro esquerdo cruza o movimento para a zona da vida e ambos formam a luz que é metade vida e metade ação e formam a esfera da união.

247. Todo homem que trabalha para difundir sua luz ao mundo é o iluminado Hércules que salva Prometeu encadeado, a natureza por meio da espiritualização.

248. No homem, há três sóis: o sol Pai, na cabeça, que ilumina; o sol Mãe, o Espírito Santo no sexo, que alimenta e fortalece o corpo e o sol Filho, no coração, que desenvolve a inteligência, ou, em outros termos: o sol Íntimo manifesta seu calor no sexo, sua vitalidade no coração e sua luz no cérebro.

249. As virgens vestais nos templos antigos eram encarregadas de manter sempre o fogo do altar. É à mulher que incumbe esse privilégio de acender essa chama sagrada no templo divino, no corpo do homem.

250. A mulher é o delegado supremo da deidade; ela é a que deve acender o fogo do altar no coração do homem, porque só ela é capaz de atrair ou produzir o fogo divino ou força geradora do homem. Porém, o fogo é fumo e luz; o homem deve escolher entre um e a outra.

251. Os sacerdotes antigos usavam substâncias, ervas, animais, para atrair a luz astral ou a alma do mundo de modo especial; mas, os iluminados modernos suprimiram toda planta e todo animal, substituindo-os pelo magnetismo da mulher em seus trabalhos de alta magia.

252. Até o cristianismo adquiriu o incensório que representa o corpo humano; o fogo do incensório é a chispa espiritual da chama divina, e o incenso é o símbolo do gérmen espiritual encerrado no coração do homem. A chama consome o incenso e o fogo espiritual do coração consome a natureza inferior do homem.

253. A Virgem Maria, ou a mulher, é a que deve espiritualizar essa matéria densa humana e elevá-la como fragrante incenso até o Altíssimo. Um dos significados da cruz é a fricção dos dois paus cruzados para produzir fogo, significado fálico, emblema do fogo cósmico.

254. O fogo aceso pela mulher no sangue gasoso do homem circula pelo sistema, anima e mantém o corpo em contato com a alma do mundo por meio de seus raios áuricos e centros magnéticos.

255. A chama sagrada acesa pela mulher traduz-se em fumo no sexo; o fígado transforma-o em calor no coração e a glândula pineal em luz no cérebro. Toda essa transmutação depende da imaginação do homem. Se a imaginação se dirige para baixo, durante a chama, atrai matéria cerebral para aumentar a fumaça sufocante e, se se eleva ao coração e ao cérebro, produz o calor do amor em um e a luz na outra.

256. Ensinou-se-nos que o fígado é a fonte da imaginação. Também o Mar Vermelho cruzado pelos hebreus (de *haber*) o que cruza, o que *passa* e desta palavra vem *Páscoa*. Significa que o homem deve passar ou cruzar a natureza emocional que brota dos centros formadores do sangue do fígado e entrar pela porta defesa pelo querubim ao paraíso da luz, ao reino do céu, à terra da promissão.

257. O fogo aceso pela mulher deve ascender pela medula espinhal até o cérebro de onde sai pelo ócciput como luz dourada, como nimbo que os artistas clarividentes pintaram ao redor das cabeças dos santos e que significa a regeneração do homem ou sua iluminação.

258. Os antigos adoravam Deus colocando, em seus altares, a figura ou imagem de um homem; os próprios cristãos, em seus altares, o homem e a mulher, Jesus e Maria, José e Maria.

Sabemos de uma seita do Oriente que só adora a divindade sob a forma feminina e coloca a mulher em seus altares. Primitivamente, essa adoração tinha por objetivo chegar a descobrir os mistérios da divindade no homem. Os antigos compreendiam e sentiam perfeitamente o dito de Hermes: "Como é acima, assim é abaixo". Compreendiam que cada parte do organismo humano tem seu significado secreto. As medidas desse corpo serviam para medir todas as partes do cosmo e conhecer, com exatidão, seus movimentos. Exemplos dessa sabedoria conservam a Pirâmide do Egito, a Arca de Noé, o Templo de Salomão.

259. Quando o tempo atirou o véu da ignorância sobre as mentes humanas, começou o homem a adorar o símbolo em si, esquecendo a realidade simbolizada e deu a cada ato dos seus mistérios um sentido objetivo. O mundo atual aprende o que lhe ditam os sentidos externos e não se detém a estudar inteligentemente o mundo interno do homem para chegar a descobrir o verdadeiro arcano da sabedoria.

260. Quando o homem voltar ao reino interno e subjetivo, compreenderá as palavras do Divino Mestre que disse: "O reino do céu está dentro de vós mesmos". Compreenderá que Adão não é um homem, senão a primeira emanação positiva do Absoluto.

Que Eva não é uma mulher, senão a segunda emanação passiva.

Que o jardim do Éden está no corpo, que reúne essas polaridades.

Que a terra da promissão é o corpo humano.

Que o Santo Sepulcro é o coração; que Judas é o egoísmo próprio; que o Mar Vermelho é a natureza emocional do fígado do homem.

Que os evangelhos são um relato da vida passada do homem e o *Apocalipse*, a vida futura.

Que o espírito do homem é o sol central que arde como chama solar.

Que o reino interno se acha no Absoluto, manifestado pela dualidade e conhecido pela trindade.

Que os sete anjos do Senhor são seus sete centros e cada um é presidido por um espírito planetário.

Que o reino do céu está dentro do homem, na cabeça; o da terra no peito e o do inferno no baixo ventre.

Que o fogo infernal arde eternamente no sexo e atormenta a quem o busque e que Lúcifer, a besta, está nessa parte do corpo.

Que a serpente do Éden que enganou o homem está na parte esquerda da espinha dorsal e a serpente do deserto na parte direita.

Que o querubim com a espada flamígera está na metade da espinha dorsal e impede ao profano a entrada ao reino de Deus se não se iniciou nos mistérios internos.

Que a árvore da vida e do conhecimento do bem e do mal, no meio do jardim do Éden é o sexo que está no meio do corpo humano.

Que os centros do corpo humano despedem energias que se cruzam e entrecruzam por intermináveis correntes; é a contraparte do sistema solar, com seus astros e planetas (sóis e luas e cometas) que giram regular e irregularmente em redor do único centro *Eu Sou*.

Que as ondas de vida emanadas de Deus para todo o universo é o mesmo sistema nervoso que comunica todas as partes com o Íntimo em que vivem, se movem e têm o Ser.

Que a crucificação do Cristo é um fato que se repete dentro do corpo; sua sepultura em uma tumba nova, isto é, em corpo novo a cada reencarnação; seu descenso ao inferno, ao sacro onde arde o fogo eterno, para livrar os bons átomos e ressuscitá-los com sua ressurreição e atraí-los com ele, na ascensão, ao céu, ou cabeça e sentar-se à direita do Pai. (Todos esses mistérios eram revelados àqueles que tinham demonstrado ser dignos de possuir o mistério do fogo, chave da vida e da morte).

261. Que o filho de Deus é o filho do fogo sagrado, ao passo que o filho do homem é o filho dos deuses humanos representados na Bíblia por Adão e Eva, Caim e Abel, embora estes dois irmãos sejam inimigos acerbos e um mate o outro; porém, no mistério de Adão e Eva têm de viver um com o outro para voltarem à completa unidade, porque, dentro de todo ser vivo, hão de existir um e outro.

Que todo homem deve ser rei e sacerdote ao mesmo tempo.

Que o espírito unge o corpo do rei da criação, porque o espírito é o sacerdote do Altíssimo.

262. Esse é o mistério da dualidade, do binário, do equilíbrio do homem e da mulher.

O espírito não é masculino nem feminino; não é positivo nem negativo; é andrógino e neutro. Por isso, cria corpos andrógenos. Porém, a mente humana tem de passar por muitas etapas da evolução para poder compreender o mistério da unidade e as palavras de Cristo, quando disse: "Naqueles tempos não se casarão nem serão casados, nem gerarão, nem serão gerados; mas viverão como anjos ante meu Pai".

263. Quando o homem voltar a ser andrógino, será um Deus completo; porém, enquanto possuir sexo diferente será metade de um Deus e necessita da mulher para divinizar-se. Por enquanto é a mulher que aperfeiçoa o homem e o homem à mulher porque os dois se completam na unidade.

264. Os iniciados, os santos, os mestres podem chegar ao equilíbrio sem intervenção do sexo, porque puderam desenvolver igualmente as duas polaridades por meio da verdadeira intuição. Por isso, esta insignificante obra não está escrita para eles; tampouco foi escrita para os que querem ver para crer, embora tenhamos descoberto por meios naturais, ver o que está mais além da matéria, pois o que não crê, ainda que visse, não creria. Só escrevemos estas páginas para aqueles corações que buscam a verdade interna.

265. Todo indivíduo está provido de dois elementos de magnetismo universal, da *Anima Mundi*, chamem-lhe como queiram: o elemento positivo e projetor e o elemento negativo ou atrativo. Os plexos ou centros são os polos dispostos em diferentes lugares do corpo. Falaremos deles mais adiante.

Não obstante, há certos temperamentos que são mais projetores que atrativos; em outros, sucede o contrário. Quem chegar ao equilíbrio será um Deus e por isso dissemos que só os santos, os mestres e os grandes iniciados são os que chegam a semelhante estado.

O fluido no corpo nunca está estacionado; circula de um indivíduo para outro.

Por conseguinte, quando um homem de temperamento positivo se reúne a uma mulher de temperamento receptivo ou negativo produz-se um intercâmbio que ativa, no organismo, certo calor de índole desconhecida. É o fluido que surge e penetra nos centros vitais do corpo, sobretudo se não tem o estorvo das roupas.

266. Tudo o que ativa a circulação do sangue aumenta o volume do fluido; portanto, os cinco sentidos são os meios dessa combustão que aceleram esse movimento.

267. O corpo é uma pilha inesgotável que expele magnetismo pelos plexos positivos. Até nos centros magnéticos existe essa dupla polaridade. O fogo sagrado expelido pelos centros positivos comunica o homem com as hostes superiores, ao passo que os centros passivos ou atrativos recebem esse fogo superior. Esse é o objetivo da chave do poder da dualidade.

268. O homem e a mulher proporcionam um ao outro:

1. Maior atividade e liberdade dos centros magnéticos.

2. Alcançar, com isso, o maior grau de vibrações que os capacite de comunicar-se com os deuses externos que têm seus representantes no próprio corpo.

3. Transformarem-se nesse estado em verdadeiros criadores.

269. Aqueles que não creem na força do magnetismo podem comprová-la por si mesmos na própria matéria.

Suspenda num fio flexível do comprimento de dois metros ou mais um anel de prata. Em outro fio igual suspenda-se um anel de cobre. Não havendo anéis podem servir outros objetos de peso, porém que sejam de prata e cobre, por ser o primeiro metal positivo e o segundo negativo.

Uma vez colocados os dois fios com os objetos suspensos, coloca-se o operador entre ambos, estendendo a mão direita aberta horizontalmente para o fio que sustenta o anel de prata e a esquerda para o de cobre, ambos à conveniente distância.

Após alguns minutos de quietude nesse estado, uma das duas massas mover-se-á e logo a segunda.

A que primeiro se move revela a classe de temperamento magnético do indivíduo; se for o de prata é positivo, projetor; se o de cobre, é negativo, receptor; mas, durante essa experiência, não deve ter consigo nenhum metal e sobretudo tirar os anéis dos dedos.

270. Pelo mesmo processo pode-se estudar a harmonia que se acha entre o homem e a mulher, sobretudo entre noivos que pensam contrair casamento; porque, se na mulher predominar o mesmo temperamento que no homem, não deve realizar-se o matrimônio, pois não está equilibrada a lei do binário.

Quanto menos roupas haja no corpo, maior será o movimento; porque, quando o homem está nu, muito mais intensas são as irradiações.

271. Na própria natureza se acham os ritmos: a noite e o dia; a noite é atrativa e o dia é ativo. O homem também, durante o dia é ativo e, durante a noite, passivo, quer dizer que, durante a noite, pode atrair a si a aura das hostes superiores, ao passo que, durante o dia, pode comunicar a sua a todos os seres.

272. Já se disse, na segunda chave da obra *Poderes* ou *O Livro que diviniza*: "Temos de buscar a esposa espiritual. Temos de amá-la sem desejo e adorá-la sem profanação".

O objetivo dessa chave é acender no homem o fogo sagrado. Atualmente, alguns sábios recomendam que, desejando o homem entregar-se a um trabalho intelectual intenso, procure acender esse fogo por uma excitação genésica; mas, naturalmente, não deve apagá-lo. Essa excitação facilita o trabalho dando à mente intuitiva certa elasticidade a fim de alcançar certas fontes de iluminação ignorada pela mente objetiva.

Nós não nos detemos só nisso. Ao contrário, vamos muito mais longe. Já dissemos na obra *Poderes* que esse fogo sagrado criará felicidade, sabedoria, abundância, valor e faz do homem um Deus na terra.

273. Quando a mulher acende no homem e este nela o fogo sagrado ou a energia chamada força solar, então, pode-se dizer que o homem está no caminho da grande iniciação interna, porque essa energia, ao brotar, ascende pela medula e vai aos diversos centros do corpo ativando em cada um sua própria luz ou sua própria nota. Então o homem poderia distinguir o próprio Cristo que está de volta novamente e lerá o nome do Salvador composto com as sete vogais da natureza, escrita nos sete centros magnéticos do corpo. Esse mesmo fogo acendido lhe dará sabedoria para vocalizá-los; então, sintoniza-se com a consciência da natureza e recebe resposta do seu salvador.

274. Esse fogo pode consumir todo entrave que haja entre o homem e seu salvador quando esteja bem dirigido. Quando invade todo o sistema nervoso, transforma o homem para nele gerar o salvador do mundo. Esse é o renascimento de que fala Jesus no Evangelho.

Nesse estado, o cimo da montanha a que ia Jesus orar, isto é, a parte superior do crânio, emite o fogo sagrado.

275. Quando isso acontece, atinge o homem a união perfeita com o mesmo Deus Íntimo e interno.

A sarça de Horeb terá ardido em todo o sistema nervoso sem consumi-lo e o iniciado penetra no reino de Deus Interno, iniciará seu domínio no céu e na terra, no positivo e negativo porque já se converte no uno.

Quando o fogo sagrado ascende à cabeça aí se transforma em luz e se diz que o homem é iluminado, porque aí se acha a grande escola mental, dirigida pelos senhores da mente abstrata e o iluminado se coloca em uníssono com a grande inteligência. Será o onisciente e estará mais além, muito mais além do que a que os homens chamam ciência do futuro. Por isso, dizem que o gênio vem antes do tempo, pois, em dado momento, o gênio viu a luz da força solar muito mais além do presente.

276. É o Salvador quem, no homem, acende o fogo apagado do coração e sua chama alcança então a mente, para que esse fogo volte a descer no dia de Pentecostes sobre os discípulos em forma de línguas de chama solar, outorgando-nos o dom das línguas.

O dom das línguas não significa possuir e falar muitos idiomas, senão aprender o idioma universal da natureza; essa linguagem é comum e aprendida por toda mente e todo coração. Enquanto o homem vive no fumo desse fogo vai construindo torres de Babel que causam a confusão das línguas.

277. Quando a mulher atiça o fogo sagrado no homem e o homem não trata de apagá-lo, ele converte-se numa luz num mundo de trevas e todos os seres maléficos correm para ele; mas chocam-se contra essa armadura luminosa como as ondas contra as rochas.

O iniciado esquece-se de seus próprios sofrimentos e só sofrerá os alheios; porém, mais tarde, torna-se imune: nem dor, nem aflição, nem doença, nem contratempo algum pode atingi-lo mais do que pode uma nuvem perturbar o sol.

Não errou a Igreja Católica ao copiar a ladainha de Ísis e aplicá-la à Virgem Maria, onde figuram tantos mistérios da mulher, dizendo na invocação: "Refúgio dos pecadores, consolo dos aflitos, Arca da Aliança, porta do céu, estrela matutina, cura dos enfermos" etc. pois, isso e muito mais pode a mulher outorgar ao homem ao manter nele o fogo divino sempre e sem tratar de apagá-lo. Saúde, felicidade, poder, abundância, sabedoria, santidade etc. serão vassalos do homem.

278. Importa recordar sempre que o homem é igual ao pavio e a mulher ao fogo e o pensamento é que produz fumaça, calor ou luz. E aquele que vê essa luz pode ler em seu cérebro o mapa do sistema solar.

279. O homem vive de três alimentos, a saber: o alimento físico para o corpo; a aspiração para o corpo anímico e o pensamento para o corpo mental. Assim como o corpo físico recebe sua nutrição dos átomos do alimento, o anímico dos átomos atmosféricos, assim também o mental recebe sua alimentação da atmosfera do pensamento que o rodeia.

Aqui chegamos ao ponto importantíssimo do jejum. Segundo nosso falível parecer, o jejum não significa somente a abstinência de comer, senão, conforme a etimologia da palavra (a, sem; *yunar*, juntar, unir), sem união sexual, de maneira que é interessante notar que, quando um homem jejua, durante alguns dias, nele se efetuam dois fenômenos: o primeiro, pelo não comer, diminuir a densidade atômica do corpo; o segundo, por não apagar o fogo criador, este, ascendendo à cabeça, sente-se mentalmente estimulado.

Quando Jesus disse: "Os pais comem o agraço e os filhos ficarão com os dentes botos" revelou uma verdade. A energia seminal ou fogo sagrado é uma energia hereditária. Se a humanidade atual não gera filhos fortes, física e espiritualmente, é porque os pais não souberam conservar sua energia criadora.

280. Muitos discípulos falam do mestre e a maioria deles não compreende quem ele é. O verdadeiro mestre é uma força superior que pode ter ou não um corpo físico. Essa força divina é o conjunto do fogo sagrado que ao subir à cabeça, se converte em átomos de luz que iluminam o discípulo para poder entrar em seu mundo interior.

À luz desse átomo, o iniciado aprende os mistérios da natureza que é a casa de Deus, da qual a mulher é o santuário, ilustra-se na lei secreta do binário, aprende o mistério da Cabala, da Igreja, da Mãe etc., e toda a sabedoria que se encerra na mulher.

281. A futura salvação do homem depende da mulher que algum dia será a verdadeira santa vestal do homem que nele acenderá e conservá o fogo sagrado.

O homem, diante da mulher, deve escolher entre a liberdade e a escravidão. A liberdade é a iluminação e a escravidão é a morte. São os dois pratos da balança na mulher, com fins evolutivos. É o pensamento que registra a inclinação da balança.

A lei da oposição é a lei da atração ao mesmo tempo. Quando um mal nos ataca é que o atraiu a mesma força do mal que se acha em nós, para atormentar-nos. Essa é a lei.

O homem deve proteger a mulher, de si mesmo, como protege um olho ou a mão esquerda.

282. O verdadeiro mestre é essa entidade de luz que se acha no centro do cérebro. Não trata de aniquilar o anjo das trevas na base da espinha dorsal, porque este proporciona combustível à sarça do sistema nervoso e o *Eu Sou* é quem converte o fogo em luz.

Essa entidade negra é também mestre, de cujos ensinamentos necessitamos ainda hoje. Ele comunica-nos sempre o poder de fazer milagres por meio do desejo ardente, ao passo que a entidade branca é quem, da cabeça, nos dá a sabedoria para mantê-lo e não tratar de apagá-lo.

283. Uma vez que o iniciado sente a influência lunar e solar, abrem-se-lhe os olhos para apreciar o valor da parte passiva em seu lado esquerdo ou no corpo da mulher. Essas correntes fluem como fontes de inteligência, as quais, atualmente são de tendência passiva, mas que foram escalas para o homem galgar a inteligência superior.

284. A mulher é a imensidade da natureza, em cujo ventre reside Emanuel, *Deus conosco*. No ventre da mulher está escondida a máxima sabedoria; porém, essa sabedoria está no fundo de um abismo escuro e perigoso. A esse abismo cumpre descer ajudado pela Luz. Porém, o que desce guiado pela fumaça de seus desejos ardentes infalivelmente se abismará.

A mulher deve espezinhar a lua para poder outorgar ao homem a sabedoria secreta.

285. Qualquer pessoa pode ver um exemplo dessa luz sagrada. À noite, no escuro, basta premir, suavemente, com o dedo, o globo ocular. Verá, com os olhos fechados, uma luz brilhantíssima; de dia; há certas pessoas que veem, não com os olhos, chispas luminosas que saem dos olhos. Essas chispas são da natureza da luz sagrada. Deve-se ordenar que voltem ao cérebro de onde saíram e elas obedecerão docilmente.

286. "E os dois serão uma só carne" diz o Evangelho. A torre de Babel e a pirâmide egípcia têm o significado do binário ou da união do homem e da mulher. Em Babel, a torre é a união da terra com o céu; no Egito a pirâmide é a união do céu com a terra.

E, na visão de Jacó "havia uma escada apoiada na terra e seu extremo tocava o céu. E os anjos de Deus subiam e desciam por essa escada".

"De tuas cadeiras fiz trono e teu ventre é mais vasto que os céus" canta a Igreja nas ladainhas à Virgem.

Benditos os olhos que veem Deus nas entranhas da mulher.

287. E disse Jeová Deus: "Eis aqui o homem; é como um de Nós em saber o bem e o mal. Ora pois, impeçamo-lo de estender a mão e tomar também da árvore da vida, de comer e viver para sempre".

Até quando continuará o homem cego e torpe sem ver nem compreender o mistério dessas palavras? Até quando seguirá o homem o caminho da morte sendo imortal?

"O senhor pôs o paraíso na terra do Éden", no Oriente, na cabeça, e, quando se afasta dela para o Ocidente, o sexo prostituído, chora-a como ao paraíso perdido.

Era a mulher que havia feito o homem um dos Deuses; pois o mistério dos dois é o mistério da unidade.

288. Quando os dois forem um, uma só carne, quando o masculino não seja feminino, nem haja feminino nem masculino, virá o reinado de Deus. A terceira pessoa da Santíssima Trindade é uma pessoa feminina. *Pneuma* (sopro) pertence ao gênero neutro; *Spiritus*, em latim, está em masculino. *Ruach*, em hebraico, às vezes é masculino, às vezes feminino. *Ruacha*, em aramaico, é sempre feminino. Jesus ensinava seu evangelho em língua aramaica e seu ensino tocava no mistério do ser feminino em Deus.

Onde há somente o masculino, não há sexo, não há divindade. O sexo entra em Deus como ser feminino.

289. "Há de amá-la sem desejo e adorá-la sem profanação. Quem adora a Deus na mulher não precisa ir a nenhum templo" foi dito em *Poderes*, porque a natureza é o templo de Deus e a mulher é o sacrário que santifica o templo; é o santo dos santos.

O *sanctum sanctorum* era um recinto no templo, fechado em três lados por paredes brancas e cuja única saída estava coberta por uma cortina. Esse era o sarcófago ou tumba do Deus solar a quem era consagrado o templo.

Essa tumba é o símbolo da ressurreição cósmica, solar e humana; é o despertar para a nova existência.

290. A Arca da Aliança da Bíblia tem o mesmo significado e símbolo da matriz da natureza e da ressurreição. Assim também no humano a matriz da mulher é a tumba da alma e ressurreição para a vida nova.

Aquele que adora a mulher, sem profanar seu sacrário ou santo dos santos, forçosamente tem de ressuscitar na nova vida espiritual.

291. A Arca de Noé, na qual se conservam os seres vivos necessários para voltar a povoar a terra, corresponde ao umbigo da mulher. O umbigo está unido pela placenta com o receptáculo onde se acha o embrião da matriz que contém os germens de todas as coisas vivas.

A câmara do rei, na pirâmide do Egito, é a representação da matriz da mulher. O iniciado que representa o Deus-homem tinha de ser colocado no sarcófago e representar o raio vivificador penetrando na matriz fecunda da natureza ao sair da manhã do terceiro dia. Representava a ressurreição da vida depois da morte.

292. A tumba é o símbolo do princípio feminino no cosmo, na natureza e no homem. O próprio Jesus, o Cristo, cumpriu esse mistério passando pelas fases da lei.

Todos os símbolos das religiões, tais como barco, nave, recipiente, cálice, baleia, mar, tumba, lua nova etc., são símbolos da mulher e do princípio feminino no homem.

Também as personificações desses símbolos: Vênus, Astarteia, Mãe de Deus, Rainha dos Céus, Rainha do Abismo ou da Terra, Rainha da Fecundidade, Mãe do Salvador, Eva, Virgem Maria, Vestal etc., representam a mulher, ou o princípio feminino ou o Espírito Santo.

Os antigos sabiam disfarçar o mistério dos arcanos com símbolos: a nave ou meia lua, o barco da vida, era a madre, a mulher cujo segredo ou sabedoria a ninguém se ensina, exceto ao... *mais elevado*.

293. Quem é o mais elevado? — É o Yod, é o Deus masculino... Já se disse que a câmara do rei na pirâmide do Egito é o santo dos santos, símbolo da matriz da natureza e da mulher. Nenhum homem podia entrar, pela passagem da entrada, na câmara do rei, com o corpo erguido. Tinha de curvar-se e o homem curvado para entrar no santo dos santos é o Jeová dos hebreus, ou o Espírito Santo dos cristãos, o dador de vida pela ação geradora.

294. Diz a Bíblia: "Deus criou o homem à sua própria imagem, à imagem de Deus. Ele o criou, macho-fêmea os criou"... e não, como se traduziu, "macho e fêmea" porque, sendo o homem a imagem de Deus, não deve ser nem macho nem fêmea e sim andrógino; porém, quando depois se realizou a separação do sexo, foi necessário que Adão conhecesse sua mulher para novamente converter-se em criador, à imagem de Deus. "A soma de meu nome é Sacr, o portador do germen" disse Jeová a Moisés. De modo que Yod, Eva ou Jeová, significa o matrimônio que é um sacramento na Igreja.

Todas as diferenças assentam em terem as religiões exotéricas tomado o mistério dos dois como coisa real, sendo ele completamente metafísico e espiritual. Então, a diferença está no sentimento; porém, os símbolos bíblicos são idênticos.

295. A ética do primeiro símbolo, o homem curvado à entrada do santo dos santos, significava a concepção e renascimento do indivíduo e sua regeneração por meio do fogo sagrado, para converter-se no ser espiritual que é, antes do seu nascimento físico. As religiões exotéricas maldizem esse oculto, sublime e grandioso significado e o traduzem pela queda do espírito, da degeneração e horrorizam-se ao falar em sexo e em sua união.

296. Do exposto, devemos compreender que a união sexual representada pela entrada no sarcófago, na câmara do rei, no santo dos santos, no tabernáculo ou no templo de Salomão, a adoração de Noé na arca ou também no santo dos santos, significam regeneração, não geração. É no santuário dos santuários que se convertem os homens em sacerdotes imortais e filhos de Deus, mas nunca em homens mortais e filhos da carne.

O verdadeiro mistério dos dois era e é tão sagrado que não se pode revelar ao vulgo; porém, temos certeza de que a compreensão só penetra na mente do que merece compreender os ensinos.

A Arca da Aliança denuncia o mistério dos dois ou de Jeová: o Yod ou *falo* e *Heva*, a abertura ou matriz.

297. Maria disse ao anjo: "Como há de ser se não conheço marido?".

O anjo respondeu: "O Espírito Santo descerá sobre Ti e a força do Altíssimo te bendirá".

Esta é a chave do reino na dualidade: o Espírito Santo é a Mãe, o Altíssimo é o Pai. No corpo puríssimo de Maria, o Pai se uniu à Mãe. Deus é Pai-Mãe, pese ao cristianismo exotérico e a qualquer outra religião. O filho do homem é a sombra do filho de Deus por vir quando o Altíssimo se une ao Espírito Santo.

"O Eterno te reclamou como o esposo reclama a esposa" (Is., 1-6) Deus-homem é o desposado da Deusa mulher e serão a mesma carne. Então, Deus é Ele e Ela juntos, homem e mulher. O Pai-Mãe é o Deus verdadeiro criador. É Adão-Eva, a imagem e semelhança de Deus".

Os dois sexos separados na matéria formam a unidade do todo no espírito.

298. Todo indivíduo de determinado sexo guarda em si o embrião do sexo oposto e encerra o ser em sua integridade perfeita, ou a personalidade futura; porque, sem a unissexualidade não há *impessoalidade* e sem a *bissexualidade* não há *personalidade*.

O homem que não tem algo feminino e a mulher que não tem algo masculino serão como as bestas, macho e fêmea, porém não seres humanos.

Esse mistério cumpre-se no céu do homem: é o mistério do sexo que conduz o homem à vida eterna, à ressurreição.

Assim, levam os anjos atômicos, do céu do homem à sua terra o pólen da árvore da vida. Essa semente é trazida do mundo divino para ser semeada na matriz da natureza-mulher e vive pelo sentimento e amor.

299. Toda união sexual, disse um sábio, é um passo de constelações inteiras de almas humanas, Via-Láctea, Via Celeste.

O mistério dos dois é o mistério do Espírito Santo; quem blasfema contra esse mistério não será perdoado.

"E perguntaram a Jesus: Quando virá o reino? E disse Ele: Quando dois forem um, e o masculino passe a ser feminino e já não haja nem masculino nem feminino" (Clemente de Alexandria, *Stromata* XIII-92).

300. O homem, para voltar à divindade, deve ter uma mulher em si e não uma mulher para si. Muito poucas cabeças são capazes de pensar por si mesmas porque estão dominadas pelos átomos da bissexualidade.

Quando evoca a mulher no homem e este nela, a chama luminosa ilumina os sete centros do corpo e os compenetra com seu poder, tendo em conta que essa chama não deve ser apagada.

301. Essa chama, no sacro, converte o homem em criador. Conhecerá suas vidas passadas, escritas na base da espinha dorsal; compreenderá e sentirá o mistério do Espírito Santo com seu fogo criador. No centro esplênico, verá o desenvolvimento da vida e da saúde corporal, mental e espiritual e esse fogo será no corpo o elixir da vida. No centro do umbigo adquirirá o poder da intuição e o dom da profecia; o futuro e o passado ser-lhe-ão presentes. No centro cardíaco, sente o homem o nascimento do Cristo em si e compreende o objetivo do Seu sacrifício e o verdadeiro significado das religiões e da ciência. No centro laríngeo, adquire a clariaudiência e ouvirá os sons celestiais para traduzi-los e vocalizá-los em palavras criadoras, construtivas. Então, poderá dizer com Cristo: "Minha palavra é a verdade que sai da boca de Deus" e obterá logo o dom das línguas. No centro frontal, chegará, por meio da intuição, a ver até o coração da Terra e o céu estará sempre aberto diante dele. Conhecerá suas vidas futuras e o processo da evolução do universo. E, quando essa luz subir ao centro coronário, poderá dizer e sentir ao mesmo tempo: *Eu Sou Ele*; *Ele é Eu*, porque chegou à última etapa da evolução e se converte na própria divindade. Cada centro tem sete portas e, atrás de cada porta, se acham sete atributos do Absoluto; porém, cada atributo tem uma relação direta com cada porta e cada porta tem uma passagem secreta para cada centro.

302. O Supremo Poder, o Absoluto, tem nome diferente em cada religião: Deus, Allah, Ormuz, Isvara, Brahma etc. Porém, como todos esses nomes designam um ser pessoal, nós lhe daremos um nome impessoal: o Íntimo ou *Eu Sou*.

Eu Sou é sempre unidade; porém como criador e autor do universo manifesta-se por três modos fundamentais: primeiro, Pai; segundo, o Filho; terceiro, o Espírito Santo. Essa trindade acha-se em todas as religiões. Na egípcia, temos Osíris, Ísis e Hórus; na escandinava, Odin, Freye e Thor. Os assírios e os fenícios tinham Anu, Ea e Bei; a cabala judia tem: Kether, Binah e Chokmah etc.

Para nós que vivemos num ambiente cristão, seguimos a nomenclatura cristã: Pai, Filho e Espírito Santo. A esses três aspectos do *Eu Sou* correspondem os três atributos: poder, sabedoria, atividade.

303. Quando o *Eu Sou* quis se manifestar, emanou de si a matéria primordial à qual dirigiu seus três atributos para plasmar a criação.

O terceiro aspecto chamado Espírito Santo, como força elétrica, começou a realização do plano divino como força material. O vazio desse espaço chamado Koilon foi desalojado por sua energia formando como borbulhas ou pontos de consciência sustidos unicamente pelo poder de sua vontade. É o que significam os dois primeiros versículos do *Gênesis*: "No princípio criou Deus o céu e a terra. E a terra (matéria primordial) estava nua e vazia e as trevas estavam sobre a face do abismo e o espírito de Deus era levado sobre as águas".

De sete borbulhas formou espirais que, por sua vez, formaram outras maiores compostas de sete das de primeira ordem e, por igual forma, se construíram as da segunda, terceira, quarta, quinta e sexta ordem. Dez fios de espirais de sexta ordem entrançaram-se de modo especial, semelhante a um ovinho de fios dobrados em espirais para formar o átomo físico. A matéria, pois, não é mais que um conjunto de espirais, de pontos de consciência do terceiro aspecto chamado Espírito Santo, mantidos nessa forma pela concentração determinada de sua energia.

Esse fato é um mistério que pertence a todas as religiões.

Os evangelistas que relatam a história do homem simbolizam esse mistério de modo muito poético. São Mateus diz: "E a geração de Jesus Cristo foi desta maneira: sendo Maria sua Mãe desposada com José, antes que juntos vivessem, achou-se ter concebido no ventre do Espírito Santo" (II, 18).

O profeta disse: "Eis aqui a Virgem, conceberá e parirá um filho e chamar-se-á Emanuel que quer dizer: Deus conosco".

De modo que o descenso do terceiro aspecto da divindade na matéria primordial passiva está simbolizado pelo descenso do espírito do Espírito Santo sobre a Virgem Maria.

Tendo meditado sobre como se formou o átomo, podemos atinar com vários pontos: a formação do universo, a formação do homem e o significado de descenso do Espírito Santo ao ventre de Maria.

Relata são Lucas no capítulo primeiro, versículo 34 e 35: "E disse Maria ao anjo: Como pode ser isso desde que não conheço varão"?

E respondeu o anjo e disse: "O Espírito Santo virá sobre ti e o espírito do *Altíssimo* te cobrirá de sua sombra e por isso o santo que de ti nascer será chamado filho de Deus".

304. Quando o terceiro aspecto do Absoluto deixa constituída a matéria-força, aparece o segundo aspecto no ventre de Maria, ou matéria física. Ao contato de sua energia, reanima-se a matéria e nela brota a vida forma. Essa vida, emanada do segundo aspecto ou Filho, agrupa a matéria em formas persistentes, apenas enquanto são objetos de concentração de sua energia.

Ao descer o segundo aspecto até a matéria, comunica aos elementos físicos o poder de entre si combinar-se para formarem-se os estados distintos, do mineral ao animal.

305. O primeiro aspecto chamado Pai esperou até que o ser animal, isto é, animado pela vida, se individualizasse da alma de sua espécie para sobre ele enviar um fragmento seu, de seu espírito, para iniciar sua evolução buscando a divindade em tudo quanto existe na unidade do todo.

De maneira que Deus, o Íntimo, *Eu Sou*, considerado sob os três aspectos, como Pai tem a natureza, Maria, por filha; como Filho, tem a natureza por mãe; como Espírito Santo, que fecunda, tem a natureza por esposa.

306. Devemos compreender, de uma vez por todas, o seguinte: ao dizer aspecto ou pessoa da trindade, jamais devemos imaginá-lo um ser, um homem ou uma entidade, pois tal concepção nos leva a muitos erros; mas, conceituando as três pessoas ou manifestações do Absoluto como poder, vida e movimento, nossa inteligência pode ajudar-nos a compreender o mistério da trindade ou dos três em um.

307. O homem, que é a miniatura do universo e a imagem de Deus, tem a sede do poder no átomo que se acha no impenetrável entrecenho. A vida tem sua morada em outro átomo, na glândula pituitária e o movimento está em outro que jaz na glândula pineal.

308. O primeiro átomo, que representa o Pai, domina a cabeça e a medula, fonte da energia nervosa, origem do poder pensante e inteligente.

O átomo Filho materializa a vida no tórax, origem do sentimento, da paixão e do saber.

O terceiro átomo, que é movimento, fabrica a matéria no ventre, domínio da sensação e do instinto.

Mas, acima dos três se acha o cérebro, contraparte do *Eu Sou* que abarca os três e todas as suas criações.

Da unidade do cérebro emanam todas as diversificações no corpo; todavia continuam sendo nele uma unidade.

309. É preciso compreender que não estamos falando do *Eu Sou* porque d'Ele nada sabemos senão que existe. Estamos falando dos seus aspectos.

O primeiro aspecto, chamado Pai, não pode manifestar-se em plano inferior ao supremo, só no homem, ao passo que o segundo aspecto desce ao plano imediatamente inferior (o tórax no homem) de cuja matéria se reveste e se diferencia do primeiro; habita em todo ser vivo. O terceiro, porém, desce até o ventre da Virgem Maria, a matéria inerte, para dar-lhe movimento. Esses três aspectos na cabeça estão no mesmo nível e os três são um; porém, na descida ao tórax e ao ventre, são muito distintos cada qual em seu próprio plano.

310. Cada um dos três aspectos tem função especial que cumprir no preparo e desenvolvimento do homem.

Já dissemos no item 208 que os iogues chamam *Pingala* o nervo por onde desce a aspiração positiva e está situado ao lado direito da medula vertebral, e *Ida* ao nervo esquerdo por onde passa a energia negativa ou passiva, e *Sushumna* a um terceiro que conecta com os outros dois no gânglio sacro e sobe pelo centro da coluna até o cérebro, depois de repartir diversas energias a todos os centros. Agora, podemos comparar as funções dos três aspectos: o Pai não pode manifestar-se em plano inferior ao supremo, porém sua energia, poder que se assemelha à eletricidade, alcança o nervo do lado direito até o extremo da espinha dorsal. O Espírito Santo faz baixar sua energia movimento pelo lado esquerdo passivo e, ao chegar à base da espinha dorsal, essa energia, unida à do Pai se transforma em fogo chamado fogo serpentino. O Filho recebe as energias dos dois e, neutralizando-as, forma, em ambas, a vida luz que ascende com ela do reino mineral ao divino ou do baixo ventre, coração, até a cabeça.

A trindade superior assim manifestada converte-se em unidade, seja porque Deus se faz homem, seja porque o homem se converte em Deus por meio do poder, vida e movimento, pelo pensamento, aspiração e respiração.

311. Com a pureza e respiração equilibrada de ambas as fossas nasais, equilibra o homem os dois princípios na base da espinha dorsal e, com o pensamento concentrado pode fazer que ascenda a energia pela medula central até o cérebro, formando, ao redor da cabeça, uma auréola de força que desperta o átomo da glândula pineal. Uma vez despertado esse átomo, o homem encontra seu mestre. É o que quer dizer: "Quando o discípulo está preparado o mestre aparece", ou que equivale a: "quando a mente do discípulo está envolta pela aura luminosa da energia criadora, vem o mestre ocupar seu trono no cérebro". O mestre é o mesmo átomo do Espírito Santo que, antes da Iniciação está latente no homem, mas, depois dela, faz sentir sua vontade na mente do iniciado.

312. Conforme for a aspiração e perseverança do homem, alarga-se a área dessa auréola, porque, quanto mais se encher de átomos mentais puros, maior será seu resplendor.

313. Quando o átomo do Espírito Santo se converte em mestre do homem, envia sobre ele a iluminação, ou, como diz a religião, desce sobre o iniciado e este se converte em adepto, em luz do mundo; mas, deve estar preparado para a crucificação. Assim, quando desceu sobre Jesus, começou este sua missão e, ao mesmo tempo, se preparava para a morte.

314. O adepto sentirá, nesse estado, que seu cérebro é um espelho que reflete os sete sistemas solares e que nele tem sete estações emissoras e receptoras para comunicar-se com os sete sistemas planetários por meio dos seus sete centros magnéticos.

315. O pensamento é como foco de luz, ilumina seu interior como seu exterior ao mesmo tempo. É também alimento para a aura mental como o alimento físico o é do corpo. O alimento do físico tem papel importante nessa aura. Todos os Santos jejuavam para diminuir os átomos densos no corpo, motivo pelo qual se estimulava a mente.

316. O homem casto lega a seus filhos um átomo de Espírito Santo muito forte e robusto, ao passo que o luxurioso seminiza sua energia cerebral e nunca pode ter pensamento forte nem superar em seu meio.

317. Ao despertar, o átomo do Espírito Santo envia sua iluminação em forma de línguas de fogo sobre as doze faculdades da alma que simbolizam os doze discípulos de Cristo. Nesse estado, o adepto pode livrar-se do demônio, desintegrando-o para sempre.

318. A aspiração passiva mística pode dar-nos a iluminação quando estiver acompanhada pelo pensamento de devoção; mas, se a acompanhar o pensamento de ódio, coloca-nos em mãos do demônio e forma, de nós, adeptos satânicos ou magos negros, ilustrando-nos na sabedoria de nosso passado inferior não evoluído.

A respiração negativa é chamada lunar porque nos traz da lua certos átomos que, sendo muitos, perturbam nossa energia solar na mente e se diz então que o homem é *lunático*; mas, para uma semente sã, esses átomos são a inspiração dos poetas, artistas e inventores.

319. A maioria dos enfermos morre à noite, porque a terra é como o corpo humano, perde a energia solar positiva quando domina a energia lunar; por isso, aconselha-se dormir, à noite, sobre o lado esquerdo para que a narina direita se abra e aproveite o resto da energia solar durante o sono.

320. Quanto mais aspiramos e respiramos, mais purificamos nossa aura mental que é o trono do mestre.

Então podemos dedicar-nos a libertar o *Eu Sou* da prisão que havíamos mentalmente construído em redor d'Ele. Quanto maior a área mental, mais se unem e entrelaçam os dois hemisférios do cérebro e chega um momento em que se convertem em unidade. Assim, desvanece-se nossa natureza inferior porque já não recebe alimento da mente e esta pode unir-se à envoltura que rodeia todo o corpo para eliminar a zizânia ou imundícias que se encontram na sua parte inferior. A devoção e a concentração são os melhores depuradores dessas escórias.

321. Pelo sistema simpático pode o homem ser iniciado nas iniciações passadas, pode compreender o *Gênesis* e os livros sagrados de todas as religiões com seus respectivos símbolos. Porém, logo que entre pela porta do Éden será iniciado na quarta iniciação futura, ou estado a que, um dia, chegará.

O Eu superior é o iniciador na iniciação passada. O átomo *nous* que é a miniatura do homem perfeito, o que chegou à estatura de Cristo, como diz Paulo, será o iniciador na quarta iniciação futura.

322. Os símbolos das iniciações passadas, encontramo-los em todas as religiões. A Maçonaria tem grande parte deles, ao passo que os da futura se acham no *Apocalipse* de são João. Aquele que concentra a mente nos símbolos passados recebe do Eu superior uma iluminação que decifra todos os mistérios menores encerrados em seu sistema simpático, que são reflexos de inteligências das esferas passadas, porque todos esses símbolos estão escritos nesse sistema. No sistema nervoso estão escritos os do futuro dos quais fala o *Apocalipse*.

323. O Eu superior inicia o homem nas iniciações menores, nas etapas do mundo mental concreto; depois, em todas as do desejo e logo no do anímico. O Eu superior ensina-lhe como evitar os perigos de todos eles porque, na parte inferior de cada mundo há etapas terríveis e espantosas.

324. Começando pelo plano mental, que é o que se segue ao do desejo, este não está separado daquele senão pela atmosfera diferente de vibrações, do mesmo modo que o corpo de desejos do plano físico. O átomo mais sutil da matéria astral contém uma envoltura de matéria mental densa. O mundo mental não funciona por meio do cérebro mas em seu próprio mundo, liberto das ligaduras do espírito-matéria físico. O cérebro não é a mente, mas é o instrumento da mente que transmite os átomos construídos por ela ao sistema nervoso. O mundo mental está dividido em duas seções: superior e inferior. O primeiro é abstrato, o segundo concreto e objetivo. Nessas duas grandes divisões vivem átomos inteligentes inúmeros, seres que guiam o processo da ordem natural e dirigem as legiões que se acham em ambas as divisões.

325. No plano inferior do mental, residem átomos inteligentes que vibram de modo rápido, porém sempre atuados pelas vibrações do desejo, de tal maneira que podem servir para harmonia ou desarmonia do universo.

Nesse plano inferior reside o amor, como veremos mais tarde; porém, o amor pode ser egoísta, pessoal, e pode ser altruísta, impessoal. É o homem que deve dirigir esses átomos segundo a intenção previamente concebida. O mago negro pode utilizar essas inteligências por seu amor ao mal; ao passo que o mago branco as utiliza por seu amor ao bem.

326. O mago é aquele ser que atua diretamente na esfera mental dos seus semelhantes. Se lhes sugere bons pensamentos, ideias nobres que os possa ajudar e confortar, chama-se mago branco porque toma energia a seus átomos de luz e a transmite a seu próximo. Seu maior privilégio e mais intenso gozo consiste em ajudar seus irmãos em luta, sem que saibam eles de seus serviços, nem tenham a menor ideia do poderoso braço que lhes aligeira a cruz. Não o veem, não o conhecem. Amigos e inimigos recebem por igual seus benefícios que ele atrai das esferas superiores para derramar a mãos cheias, sem esperar recompensa. O mago negro sente prazer em causar dano a seus semelhantes, ama o mal pelo mal mais ainda que seu proveito pessoal.

327. O iniciado tem de baixar ao mundo do desejo inferior onde domina o demônio por meio da natureza, ou Eu inferior, cujas vibrações são muito densas. Os átomos desse mundo são criados pelos maus instintos e baixos desejos que residem no ventre e baixo ventre. Toda vez que o homem quer concentrar-se em algo superior, o demônio ou inimigo oculto envia esses átomos, como exército inimigo para obstruir o caminho que leva ao superior e tratam de convencer a mente da inutilidade de combater suas influências. Fazem todo esforço para captar o homem à sua causa e satisfazer seus desejos. Nesse estado de caos, o Eu superior envia seu mensageiro, ou anjo da guarda, ou protetor secreto, fala-lhe do coração para fortificá-lo e ajudá-lo na senda e prosseguir avante. Se o homem ouve a voz interior, seu mestre, no cérebro, lhe dá as indicações para ajudar e salvar das garras do demônio, pelos pensamentos, aqueles átomos, e, ao mesmo tempo, para salvar aquelas almas recentemente desencarnadas, presas nas etapas inferiores do mundo dos desejos. O pensamento é como corrente de luz que rasga as trevas dos mundos inferiores e ilumina seus habitantes.

328. O iniciado é um aspirante a mago branco e a mestre de compaixão. mTem de descer, por compaixão, aos planos inferiores para salvar os que ali estão encadeados e iluminar todas as inteligências enganadas que funcionam nesse plano e em cada uma de suas etapas com o véu da ilusão e são iguais às almas pouco evoluídas que ali se acham e recebem suas impressões através de uma atmosfera mental densa.

As três subdivisões superiores do plano mental são morada do pensador. Do plano superior e sutil, o pensador conhece, de antemão, as dificuldades e obstáculos que aguardam o homem em sua senda e atua conscientemente através dos seus veículos inferiores com toda certeza e saber.

329. O homem inferior vive acumulando átomos mentais no baixo ventre e tais átomos fazem-no sofrer a influência dos mundos inferiores (inferno); responde com preguiça a todo estímulo superior. Ali se arraigam os prazeres, a ira, os sofrimentos, o terror e tudo o que trouxe de animal consigo. Os desejos animais, no homem, maior vigor tomam quando são alimentados por forças mentais inferiores. Aqui formam a memória e a imaginação que correspondem ao instinto. Esse instinto é modelado e criado por átomos de sua própria imagem e semelhança. Esses átomos formados pelos sentidos atraem para eles força mental mais densa e podem reproduzir-se, à vontade, pelos nascentes poderes da consciência.

O demônio, no homem, apodera-se dessas inteligências criadas pela imaginação e as une aos seus exércitos para estimular a atividade interiormente engendrada pelo desejo uma vez experimentado; o mesmo inimigo dirige-as novamente aos sentidos para que estes experimentem de novo o prazer evitando o desgosto.

330. O mental inferior excita o desejo que nele dorme e este estimula o corpo físico. Por isso, o homem pouco evolucionado busca os prazeres e se torna, dia a dia, um bruto mais perigoso que o próprio animal, até que o mesmo prazer provoque nele a dor e a dor lhe infunda imagens mais fortes que as do prazer; então, começa a usar e empregar sua vontade que atrai, do mundo mental superior, auxílio para vencer a tentação. Assim, o homem escravo de suas paixões torna-se homem de vontade para aperfeiçoar sua natureza inferior.

331. O homem superior, pelo domínio de sua vontade sobre a natureza animal e pelo pouco uso de suas paixões, absorve a energia dos átomos superiores e emprega-a em todas as suas empresas; então, os inferiores se desintegram, uma vez abandonados pela energia mental que lhes dava vida e uso.

Cada tentação dá a esses átomos vida nova. Porém, tirando-se-lhes essa vida, voltando-se o pensamento para cima ou levando a mente a praticar alguma obra boa, esses átomos caem como cadáveres e serão expulsos com seu material velho.

O triunfo sobre eles depende do primeiro esforço e a repetição do ato determina o caráter. O homem de caráter torna-se potencialmente espiritual, porque eliminou do corpo mental todo desejo denso e grosseiro e todo o animal de seus sentidos, os quais não podem responder simpaticamente às vibrações inferiores. Esse é o objetivo da iniciação quer antiga quer moderna. Em tal estado o pensamento se reveste de átomos diáfanos com os quais pode descer, à vontade e sem nenhum perigo, às regiões do inferno em seu corpo, como desce o escafandrista às profundezas do mar.

332. O leitor deve compreender aqui um ponto muito essencial: quando o homem ascende ou desce uma etapa dos mundos mental e de desejo, os quais se encontram em seu próprio corpo, põe-se realmente em comunicação com os seres e almas humanas que habitam esses mundos.

No mundo físico, acha-se em comunicação com todos os homens e com todas as etapas sociais. Assim também, quando se inicia internamente, tem de comunicar-se com aquelas almas desencarnadas, cujos desejos e pensamentos as encadeiam em todas as etapas do mundo mental. Essa advertência nos ensina que os mundos internos são diferenciados pela qualidade das vibrações e não jazem, como supõe o intelecto, em cima ou embaixo.

Quando dizemos que o homem baixa ao mundo inferior, devemos compreender que o pensador diminui a rapidez da vibração e quando ascende acelera essa mesma vibração.

333. A primeira divisão do mundo mental inferior comunica-se com a sétima superior do mundo astral ou do desejo, porque há semelhança nas vibrações de ambos. O mestre interno no homem não permite a este que baixe diretamente ao mais inferior desse mundo e tem de começar pela sétima etapa cujas vibrações são mais elevadas que as demais inferiores.

A sétima etapa ou subdivisão superior do mundo de desejos está dentro e fora do corpo humano; está ocupada pelos átomos intelectuais que o homem arrastou durante suas vidas. Referimo-nos ao que respeita ao interior do corpo; mas, na parte que se acha fora do corpo encontramos as almas desencarnadas que viveram essa intelectualidade cujo objetivo foi o proveito pessoal.

Achamos também átomos e almas que trabalharam na formação dos povos e fizeram de cada país uma pátria e instituíram, com fins políticos, a separatividade entre os homens, espezinhando o princípio da fraternidade e igualdade. Esses átomos e almas vivificadas pelo pensamento formam os políticos e homens de estado no mundo atual que trabalham em seu proveito próprio, ocultando-se com o escudo da palavra *pátria*.

334. Na sexta etapa, encontramos átomos e almas intelectuais e artísticos que prostituíram o talento para gozo pessoal em proveito da natureza sensível. Também se encontram os devotos que desejaram a salvação própria pouco se lhes dando a dos demais. É a devoção egoísta que pretende, se possível, monopolizar o céu para si.

335. Também, na quinta etapa de vibração encontram-se os átomos e almas devotas que pedem recompensa material por sua devoção ou um céu o mais material possível. Aí estão os seres que prostituíram a religião para obterem proveito e domínio sobre os demais em vez de trabalharem pela dita humana desinteressadamente.

Há também átomos e almas filantrópicos que fundaram asilos, igrejas para os sectários de uma religião excluindo os fiéis de outras religiões. Essas almas, na parte externa influem nos átomos internos do corpo que têm as mesmas ideias para converter o homem em médium e fazer conferências ou dar explicações religiosas.

336. Na quarta, veem-se átomos e almas daqueles seres que buscam sempre adiantamento material e têm apego aos bens deste mundo físico. São os adoradores do ouro e do lucro.

337. Na terceira, residem os avaros e todos os que buscam proveitos à custa de alheios sofrimentos. Para eles tudo é lícito contanto que ganhem a partida.

338. Jazem na segunda aqueles átomos e almas luxuriosos e libertinos que vivem interessados nas trivialidades da vida, sujeitos a satisfazer sempre qualquer desejo animal e inferior. Estão-se queimando sempre no fogo de seus apetites e gozos físicos. Esses átomos e almas vivem sempre descontentes, ambiciosos e inquietos. Padecem de todos os sofrimentos segundo a intensidade dos seus desejos.

Aqueles que estão dominados por esses átomos são charlatões, vãos, sobretudo os do elemento feminino. Esses gozos deixam o homem com escassa inteligência. Em seus sonhos estão sempre molestados por visões eróticas porque nunca sentiram o verdadeiro amor impessoal. Seus átomos sempre lhes inspiram moléstia, depressão, desgosto etc.

339. A primeira divisão é a mais terrível e horrorosa. É o verdadeiro inferno no homem e fora dele. Aqui residem os átomos e almas de vis desejos e instintos que eles formaram e criaram para no futuro os aprisionarem nessa etapa de vibrações muito densas. É muito difícil eliminar esses germes porque já são partes do próprio caráter e natureza. Esses átomos têm a mesma atmosfera do demônio que vive no meio deles. Todos os horrores da vida se encontram ali em toda sua espantosa realidade. Esses átomos são formados pelos apetites bestiais que temos trazido e alimentado desde tempo imemorial; dão à fisionomia uma forma semianimal. Os iniciados que baixam a essa etapa descrevem esses átomos e almas de maneira espantosa que ao leitor parece incrível.

Aí estão os átomos e almas criminosos, assassinos, bêbados, ateus, suicidas que tiveram medo da vida.

Acendem o fogo das paixões brutas e os apetites ferozes de vingança e ódio, modelam até a fisionomia segundo os desejos animais e estão esperando o momento de obsessionar o homem e levá-lo a maior excesso.

340. O objetivo da iniciação é limpar o corpo físico de todos esses átomos, ensinando-lhes a aspirar à pureza e harmonia com o infinito; porque, já repetimos várias vezes, o homem aspira e respira átomos semelhantes aos seus desejos e pensamentos. Também se disse que, depois da morte, leva consigo suas aspirações e obras, de modo que esses átomos que atormentam o homem durante a vida são os mesmos que o atormentam depois de morto no mundo inferior do desejo, simbolizado pelo inferno em todas as religiões. O homem, dominado por tais desejos baixos vive sempre atormentado, medroso e deprimido nessa etapa que criou e encheu de inteligências que lhe fazem sofrer em vida e depois da morte.

341. O corpo de desejos ou mundo astral está no ventre e no baixo ventre e comunica-se com o sistema simpático.

Falemos agora do mundo mental que reside no sistema nervoso e se comunica com a cabeça.

342. Na primeira etapa do mundo mental, começando de baixo para cima, estão os átomos e almas que irradiam amor paterno, materno e fraterno e o de amizade desinteressada. Também se acham os que anelam por imitar um ser perfeito e desejam levar vida mais elevada, porém lhes falta a firme resolução de cumprir seus anelos embora anseiem por iniciar a Obra.

343. Na segunda, permanecem os de devoção e amor a Deus tal como o conceberam em mentes; todos vivem ávidos por beatitude. Quando o iniciado penetra nessa parte do seu mundo interno, sente a atmosfera de piedade que criou nas vidas passadas por sua devoção e entusiasmo de comunicar-se com o ser adorado. Esses átomos são para fortalecer as qualidades do coração e da inteligência.

344. Na terceria acham-se os átomos e as almas sinceras e nobres que consagram seus serviços à humanidade. Como têm muita sabedoria, melhoram sempre o estado do mundo. Ensinam e inspiram ao homem projetos filantrópicos e a concepção de um mundo de bondade. O ser desinteressado está impregnado desses átomos: realiza as obras mais gigantescas do mundo sem pedir recompensa.

345. Na quarta residem as inteligências da arte e da ciência que inspiram à mente humana a ideia do adianto espiritual às elevadas esferas. São elas as que derramam sua luz e inspiração sobre os gênios em matéria de arte; aos sábios levantam o véu da natureza. Esses seres têm a verdadeira inspiração, o dom da profecia e dos inventos. Nessa etapa recebe o homem a sabedoria celestial para decifrar os mistérios de todas as religiões e torna-se instrutor dos homens. A mente pode comunicar-se com os mestres e reformadores que vieram ao mundo pois que, nessa divisão, já pode falar com seu próprio mestre que reside na pineal e esta se converteu em trono do Espírito Santo.

346. Há homens de uma evolução mais adiantada: os que se emanciparam da escravidão da carne e das paixões. Seus átomos residem na quinta etapa do mundo mental. Nessa etapa, o homem e a alma sentem a vida real e a existência sublime da alma.

Aqui a pessoa obtém verdadeira paz, descobre sua senda individual, pode ir adiante e retroceder à vontade na imensidão da natureza, descobrindo e conhecendo as operações imutáveis sob os mais diversos fenômenos. Sentirá a existência da alma sem necessidade de raciocínio.

347. À sexta, vão os átomos e as almas dos seres que experimentam débil apego às coisas temporais e se dedicaram à vida superior: intelectual e moral. Seus átomos os ajudam a trabalhar pelo bem, depurando, de seus veículos inferiores, restos de males incomparáveis com a natureza íntima que o ser sente em si; adquirindo certas virtudes respondem às exigências irresistíveis da voz interior. Aqui sente o homem a inteligência divina em suas atividades criadoras, estuda a evolução de todos os seres e resolve seus problemas, porque, nessa etapa, cada fenômeno tem seu justo valor e todos os mistérios de Deus deixam de ser mistérios. Todo o insondável será resolvido pela intuição que rasga o véu da lei de causa e efeito.

Nessa etapa a alma goza com a comunhão de outras grandes almas que cumpriram sua evolução terrestre e vibra em harmonia com elas, assemelhando-se-lhes pouco a pouco.

348. Na sétima e última etapa, estão os átomos e as almas de seres completamente evolucionados. É a porta que conduz à vida eterna. Os átomos dessa divisão são a fonte do saber e da moral que derramam sua sublime energia pelo corpo. Daí provém a inspiração do gênio. Nessa etapa, vivem os iniciados, com ou sem corpos ou veículos inferiores. Estão sempre em contato permanente com a consciência divina e identificados com a Vontade do Íntimo. Já não podem sentir a separatividade embora não tenham ainda chegado a mestres.

349. Muitos perguntam: "Qual o objetivo do iniciado ao penetrar em seu próprio corpo e conseguir o caminho para o mundo interno por meio da iniciação?".

Quando o homem, por meio da iniciação, perde o apego às coisas materiais por sua aspiração ao superior, perde também todo temor da morte e a qualquer desgraça ilusória. Então, tem de penetrar em seu mundo interno para enfrentar-se com os átomos animais e demoníacos que consigo traz há centenas de vidas. Depois tem de desintegrá-los e fazê-los desaparecer de seu corpo para que este seja um verdadeiro templo do *Eu Sou*.

Para isso é necessário arrostar o fantasma do umbral, aquela entidade tenebrosa formada pelos fatos passados do homem. É necessário descer ao inferno para sentir o sofrimento que aos demais causou e desarraigar a árvore do mal que em sua natureza plantou desde o começo.

350. No inferno podemos perceber a lei de causa e efeito que ensina que toda dor infligida aos demais tem de ser sofrida pelo causador. Ao chegar a este mundo tem ele de identificar-se com seus habitantes sofrendo as consequências de seus atos.

Esse é o significado do enterro na iniciação egípcia, isto é, o descenso às profundezas do seu Eu inferior.

O tormento é tremendo; porém, o iniciado está sempre vigiado e auxiliado por seu mestre interno embora não o saiba.

Basta que o iniciado invoque a consciência divina para que o mestre apareça em seu auxílio e reelevação.

351. Os magos negros utilizam os átomos dessas etapas inferiores e os projetam sobre determinadas pessoas para influenciar e dominar o mundo com a arma do mal. Quando o iniciado a eles desce, tratam de convencê-lo da inutilidade de sua tentativa; oferecem-lhe proveito pessoal se a eles se unir filiando-se ao exército do demônio; porém o mestre interno jamais o abandona. Uma vez triunfante dessas tentações, invade-lhe o sentimento do amor impessoal e a sede de justiça de que fala Jesus em sua quarta bem-aventurança e se converte na própria lei que não é nem o bem nem o mal.

Se não baixar a essas regiões jamais poderá sentir a dor por ele causada aos demais, nem poderá, em consciência, reparar o dano feito, embora de modo inconsciente. Porém, o iniciado tem de fazer isso em vida e não esperar nunca a morte para a reparação. Após a morte, há de esperar muito tempo para resgatar o dano; mas, depois da iniciação pode o homem começar imediatamente.

352. No inferno, encontram-se muitas almas e átomos desesperados de cujo desespero fomos nós a causa. Criamos este inferno e nele colocamos essas inteligências e essas almas. Neles influenciamos direta ou indiretamente com os nossos pensamentos e desejos.

O único meio de libertá-los consiste em desintegrar esse inferno. Muitas lutas tem de travar o iniciado com os habitantes dessa região. Só o amor desinteressado e impessoal é arma que possa triunfar nessas guerras. Ao sentir e palpar os sofrimentos por ele causados ao criar esses átomos que dominam seus irmãos pela força do mal, começa nele outra vida cujo objetivo é reparar o dano e salvar o mundo.

353. Os seres superiores permitem, nessa região, que o mal se divida entre si e a luta se trave entre as duas partes. Essas lutas comunicam-se e contagiam as nações no mundo físico, que estão contaminadas com a força do mal, para que declarem guerras entre si até que as partes se debilitem e deixem passo ao surto de nova raça mais pura, a que possua melhores sentimentos de fraternidade e igualdade. Aí, aprende o iniciado como combater o mal com o bem, a defender-se e a defender a humanidade. Por isso vemos que cada instrumento inventado para destruição é combatido por outro que anula seus efeitos.

No inferno, tem de estudar todos os males para saber como anulá-los no futuro, quando chegar a salvador da humanidade, e ao apoderar-se dos conhecimentos que possuem as entidades inferiores, busca o meio de obtê-los em serviço do *Eu Sou*, depurando-os e desintegrando o inferno do seu corpo.

354. Muitos seres e almas vivem nessas regiões inferiores e sofrem o indivisível. Quando um iniciado baixa até o mundo inferior de seu corpo, põe-se em contato com eles porque já se disse que, no baixo ventre, há vibrações muito densas e essa densidade de vibrações é a que se comunica ao homem com o inferno onde residem as almas e os átomos.

O inferno está dentro e fora do homem e a relação que se encontra dentro da parte externa e a interna é a densidade.

Quando o iniciado desce a esses infernos, todos os habitantes clamam por ele com toda a veemência para que os salve de seus tormentos. Ele tem de acudir a seus chamados vencendo todo obstáculo e lutando contra as entidades malignas que querem impedir a salvação desses seres e almas.

355. Nas etapas inferiores dos mundos dos desejos, encontram-se aqueles átomos criminosos que se apoderaram da mente do homem que vive em vigília e em sonhos reconstruindo seus crimes.

356. O iniciado espiritualista sente, nesse estado, que tem uma aura, em redor, impenetrável, defensora sua de todo mal emanado dessas entidades demoníacas e, por mais que tratem de nele penetrar se chocam contra sua aura e retrocedem qual pedra atirada contra um muro de aço.

A iniciação interna torna o ser invulnerável, física, mental e espiritualmente.

357. Na iniciação interna, pode o homem receber comunicações dos seres que atravessaram antes a mesma senda sobre a maneira de proceder para acelerar a evolução.

358. As forças do mal não se aquietam nem se conformam com a derrota; por sua vez tratam de inspirar a outros seres a execução de seus planos. Sempre escolhem por presa os literatos e artistas de índole baixa e corrupta e estampam em sua obra os átomos do mal. Esses átomos impregnam a mente humana e tratam de arrastá-la ao crime. Tem-se ouvido muito de leitores que, após haverem lido a obra de um autor, hajam tentado suicidar-se ou se tenham suicidado. A natureza inferior do leitor absorve os átomos depositados pelo autor em suas obras e esses produzem-lhe na mente certas vibrações semelhantes às depositadas pelo demônio na mente do autor. Essas tiram-lhe o contato como o *Eu Sou* e cerram-lhe o ouvido interno à voz da consciência.

359. Muitos são os fins do descenso em vida aos infernos por meio da iniciação interna; porém, o maior é o seguinte: quem chega durante a vida até essa esfera não sofrerá dano na segunda morte que está anunciada no *Apocalipse*, a morte astral, porque a mente, ao aprender a atravessar essas regiões uma vez, não pode ficar aprisionada nelas depois da morte do corpo; a alma poderá passar facilmente ao mundo mental e o iniciado converte-se em salvador, auxilia os recentemente mortos, em suas viagens mentais, ajudando-os a atravessar as etapas inferiores, ensinando-lhes como devem abandoná-los e despertando neles a aspiração para que se elevem a mundos superiores.

360. Com a prática do método Ioga e com a observação do Sermão da Montanha, o iniciado torna-se herói, a quem nada amedronta no cumprimento do dever. Seu amor impessoal é a melhor armadura e defesa no descenso ao mundo infernal. Nem o terror do umbral, nem o demônio interno podem infundir-lhe medo em sua obra de salvação, porque por onde ele passa emana amor e o mesmo amor lhe abre o caminho, colocando em sua senda sentinelas ou anjos de luz que o acompanham em seu descenso e ascenso.

O que ama nada teme. O iniciado chega a amar a morte e quem ama a morte ama o maior inimigo. Com o amor ao inimigo desaparece o motivo do temor e o descenso ao inferno será muito fácil porque o inferno não é mais que o estado desprovido de amor.

361. No sistema simpático e no sistema nervoso há muitíssimas coisas que aprender. Não se pode dizer quanto tempo necessita passar o iniciado em estudo e prática nesses mundos. Tudo depende de sua perseverante prática em despertar os átomos adormecidos no próprio corpo e porém, uma vez despertados pela aspiração, respiração e concentração, pode o iniciado desintegrar a besta, a serpente e o demônio que nele se encontram.

Desde esses momentos, principia o trabalho árduo para chegar a mestre. Deve explorar todas as regiões do seu corpo, vitalizá-las com seus respectivos habitantes para chegar à estatura de Cristo.

Deve descobrir por si mesmo a iluminação. Tem de dirigir tudo o que nele se encontra e descobrir as grandes correntes de inteligência que trabalham pela construção do corpo. Essas inteligências trabalham no passado e trabalharão no futuro até que o corpo se converta em Jerusalém, a Cidade Santa, simbolizada no *Apocalipse*. Tem de penetrar na imensidade do passado e estudar a imensidade do futuro.

362. Com a aspiração fervorosa, o homem atrai o material adequado e necessário para a realização do objetivo desejado. Com a respiração harmônica e regularizadora esse material entra no corpo e, com a concentração dirige o sangue, veículo do *Eu Sou*, à parte desejada do corpo, levando consigo os átomos aspirados como um exército triunfante para derrotar e desintegrar os átomos do mal e abrir a senda da união.

Até aqui foi necessário ensinar ao profano que está fora do Templo, por meio da palavra, para que soubesse conduzir-se. Doravante será iniciado; deverá praticar, descobrir e sentir por si mesmo a fim de chegar a adepto. O profano é o homem antigo; o iniciado é o homem moderno e adepto é o homem do futuro.

363. Perguntam muitos: "Será certo que o homem pode salvar seu mundo e salvar a humanidade?" A essa pergunta podemos responder: "O problema individual é o problema universal".

Tudo quanto ocorre e existe no mundo externo é expressão (de *ex*, fora, e *pressão*) de algum pensamento interno criado e gerado, com anterioridade, por um indivíduo.

Se o indivíduo é desgraçado, todo o mundo que o rodeia é desgraçado. É impossível separar o indivíduo do mundo porque ambos são *um*. Por isso, para salvar o mundo, tem-se de salvar primeiro o indivíduo. O universo é o conjunto manifestado de todas as emoções, pensamentos, desejos do indivíduo e dos indivíduos que constituem o mundo com suas nações, raças, castas e países.

Um só homem pode dirigir os pensamentos de uma nação, suas emoções e desejos.

O homem de pensamento potencial pode contagiar, com a índole do seu pensamento, todo seu povo. Esta é a origem de todas as guerras e de misérias consequentes às guerras.

364. O iniciado interno deve ser soldado no exército do *Eu Sou*, deve afrontar os fatos e dissolvê-los no silêncio, infundir nos demais elevadas aspirações, espiritualidade, fraternidade e boa vontade, e todas as virtudes que pode conceber; porém, se não possui essas virtudes nem as experimentou em si, como pode aliviar os demais?

A iniciação interna tem por objeto a união com o Íntimo e com todos os seres. Uma vez unido o iniciado a seu Íntimo, irradia compaixão, misericórdia, caridade, fraternidade e todos os atributos da divindade. Então pode, por meio do seu pensamento, reger os impulsos gerados, da fonte interna, no silêncio e na impersonalidade.

365. O iniciado no mundo interno vê todos os problemas do mundo externo surgidos do mundo subjetivo, do qual pode trabalhar para resolvê-los aplicando as leis eternas e imutáveis descritas no método *Ioga* e no *Sermão da Montanha*.

Dessa maneira, o iniciado gera o fluxo de sua aspiração e de seus pensamentos e infunde-os em si próprio e na humanidade. Esse fluxo organizará a sociedade futura na qual o Espírito de Cristo se expressará pelo coração de todos os indivíduos e viverão as nações como uma só família de um só Pai.

2
REALIZAÇÃO — A UNIDADE

1. Saber sem praticar é como ter um tesouro enterrado que para nada serve, nem para ninguém.

Para chegar à unidade, deve o aspirante praticar o que praticaram todos os profetas e mestres:

a) No físico, ter um corpo são.
b) No anímico, ter aspiração pura.
c) No mental, ter concentração perfeita.

Essas três condições relacionam-se umas com as outras. Não há corpo são se o homem não tem aspiração nem pensamentos sãos.

2. Muitos são os meios de conservar a saúde ou recuperá-la em caso de enfermidade. Vários também são os meios de obter aspiração pura e perfeito pensamento. Podemos, todavia, reduzi-los a uma frase: obter equilíbrio físico, moral e espiritual.

Nos parágrafos seguintes, encontrará o aspirante todos os conselhos necessários para exercitá-lo.

3. Ao levantar-se, de manhã, levante as mãos para o Oriente, para o Sol e diga: "sol espiritual, invisível, verbo divino que se acha fora e dentro de mim, agradeço-te o recobro da minha consciência. Dá-me tua luz, tua força e teu amor para unir-me a ti e amar a meu próximo como a mim mesmo". Permaneça nesse estado até sentir formigamento nas pontas dos dedos. Coloque então as mãos sobre o coração dizendo: "Agradeço-te, meu Pai, por me haveres enchido de teu poder e ofereço-me para empregá-lo em benefício de meus irmãos."

4. Fazer sete inspirações rítmicas pensando, ao exalar, na vitalidade que circula pelo corpo e desperta os centros psíquicos.

5. Depois, praticar, com a maior pureza de pensamento, sete exercícios da respiração harmônica e equilibrada que consiste em: a) tapar a narina esquerda e aspirar pela direita contando mentalmente oito palpitações do coração; b) reter durante quatro palpitações; c) tapar a narina direita e exalar pela esquerda durante oito pulsações; d) reter os pulmões vazios durante quatro pulsações. Repetir o mesmo exercício porém desta vez aspirando pela esquerda tapando a direita; durante as oito pulsações, reter quatro; exalar, tapando a esquerda, pela direita, oito, e reter quatro e assim sucessivamente até sete vezes.

Durante esse exercício visualizar sempre que a energia positiva entra pela direita e a passiva pela esquerda e concentrar a mente em que, ao chegarem, a primeira pelo nervo direito da espinha dorsal e a segunda pelo esquerdo, formam, na base da medula, o circuito para produzir a vitalidade no corpo.

6. Em seguida praticar sete respirações com ambas as narinas abertas. A respiração deve ser sempre rítmica, 8-4, 8-4, porém desta vez, devemos dirigir nosso pensamento para o coração onde mora o átomo *nous*. A cada inalação devemos visualizar que entram pelo nariz átomos de amor e, ao exalar, meditemos que esses átomos vão formar o exército desse átomo divino.

Se as narinas estiverem obstruídas devemos lavá-las com água morna antes de cada exercício.

7. Findos esses exercícios, deve o aspirante lavar bem a boca, encher um copo d'água, abençoá-lo magnetizando a água, estendendo as mãos sobre o copo e pensando que a água se está impregnando com sua energia. Isso durante um minuto. Logo depois deve tomar o conteúdo.

8. Antes de cada refeição deve lavar as mãos, estendê-las sobre os alimentos da mesa, abençoando-os para afastar deles todos os átomos malignos neles introduzidos, quer por pensamento, quer pela atmosfera do ambiente.

A bênção pode ser com a mão direita fazendo o sinal da cruz sobre o alimento precedida por uma curta oração como esta: "Em nome d'Aquele que está em mim, eu vos bendigo criaturas de Deus para que satisfaçais as necessidades das pessoas que vos tomarem por alimento. Desejo de todo coração que todo faminto tenha o que comer. Assim seja".

9. Ao sair para o trabalho e sempre que se encontre com os demais deve desejar-lhes mentalmente paz, olhá-los suavemente e repetir em silêncio uma frase de amor: desejo-vos a todos paz e felicidade.

10. Nunca se deve passar ante um necessitado sem socorrê-lo, embora com pequeno auxílio e dar-lhe mentalmente paz e prosperidade.

11. Cumpre diariamente fazer uma obra de caridade; deve buscar a quem beneficiar.

12. Importa conservar o equilíbrio corporal ao sentar-se, manter-se e andar ereto. Nenhuma vértebra deve oprimir sua irmã. Deve pisar sobre a planta dos pés e não apoiar muito nos calcanhares; pense sempre no equilíbrio. A força corpórea tem sua contraparte superior no corpo mental.

O mestre na glândula pineal regra a energia física; o demônio é o causador do desequilíbrio. Muitos hão de rir-se disso, porque creem que temos do demônio os mesmos conceitos que eles têm dele. Já dissemos que nosso demônio representa a desarmonia e o desequilíbrio, e é quanto basta.

13. Ninguém se pode iniciar internamente se está subjugado por enfermidades. Desde que o homem começa estas práticas para conservar a saúde ou recuperá-la, torna-se imã que atrai átomos de saúde, átomos vitalizadores.

Todo enfermo é ignorante e débil e atrai átomos de ignorância e debilidade. Há seres que se dedicam ao esporte para desenvolver músculos; porém, isso não basta porque, no mais dos casos, a força bruta, muscular, desaloja a doçura espiritual e a doçura é a verdadeira força do iniciado.

14. Durante os exercícios importa afastar qualquer preocupação mental; a melancolia, a tristeza e demais emoções negativas são imãs que atraem, durante o exercício, átomos nocivos. O aspirante tem de limpar o corpo externa e internamente. O homem equilibrado respira com mais força e vigor e sua respiração sã e alegre extermina todos os átomos destrutivos e enfermos. Se o homem respira segundo o ritmo da natureza, viverá sempre são, sentindo a palpitação saudável da vida.

15. O banho externo representa o batismo das religiões. Os elementais da água exterminam os átomos impuros do corpo; porém, o banho não significa punição para o corpo com água gelada nem com água muito quente. A água exposta ao sol é a melhor.

O banho de sol é como o batismo do fogo; mata os elementos inferiores do fogo, sobretudo quando diretamente dirigido sobre os órgãos sexuais; porém esses raios debilitam os mentais superiores quando dirigidos para a cabeça e cerebelo.

16. A limpeza interna consiste em respirar ar puro dos bosques e campos. O homem não pode viver dois minutos sem respiração.

Também consiste a limpeza interna em tomar muita água durante o dia, porque a falta desse elemento produz prisão de ventre, causa de todas as enfermidades. O homem que evacua diariamente, regula diariamente sua mente. Sem água o corpo vive apenas poucos dias.

17. O aspirante deve tomar alimentos sãos e mastigá-los devidamente; nunca deve chegar ao fanatismo em sua dieta. Terá, uma vez por outra, desejo interno de comer tal ou qual coisa para reparar deficiências de certos elementos.

O alimento está impregnado, como a água e o ar, de átomos. Quando, antigamente, se abstinham os cristãos de comer carne oferecida aos ídolos, faziam-no porque sabiam que aquela carne estava impregnada de átomos vingativos e malignos e sabiam, intuitivamente, que o corpo se transmuda conforme os átomos de que se nutre.

18. O homem, segundo seu temperamento, é tríplice: físico ou instintivo, sensível e espiritual ou de razão. Assim também são três as principais ordens de manifestação da vida que nos animam: vegetatividade, sensibilidade e espiritualidade. Essas três ordens correspondem às três grandes divisões da fisionomia: parte inferior, da base do queixo à base do nariz; parte média, da base do nariz à linha das sobrancelhas; parte superior, da linha das sobrancelhas à parte alta da testa. Devemos notar que a parte baixa do rosto (é vegetatividade) corresponde ao abdômen, lugar da nutrição, pelo tubo digestivo; que a parte média (é sensibilidade) se une diretamente ao peito, centro emocional e, enfim, que a região frontal limita o órgão físico da razão ou espiritualidade.

19. A parte inferior do rosto corresponde às sensações físicas e às necessidades orgânicas. É aí que se aprecia o grau de potência dos instintos ou vida vegetativa.

A parte média revela os sentimentos, as emoções, as paixões da alma, a imaginação e a impressionabilidade. A parte superior exprime o ideal e a qualidade dos pensamentos.

20. Se a parte inferior é mais larga e mais alta que as outras duas, trata-se de um instintivo; se a parte mais alta e mais larga é a média, demonstra ser um emocional, e, por fim, se é mais alta e mais larga a parte superior, teremos um espiritual ou idealista.

21. O homem equilibrado deve ter as três partes iguais; porém, se se observa um exagero qualquer de uma das três, deve valer-se de meios naturais para equilibrar-se.

O instintivo ou vegetativo equilibra-se pelo jejum mais ou menos longo; o sensitivo equilibra-se pelos exercícios respiratórios; o idealista deve escolher a classe de seus pensamentos. Dessa maneira os três tipos podem alcançar a mesma meta.

22. Todos os centros e átomos do corpo respondem ao jejum, à respiração, ao pensamento. Esses exercícios aumentam a atividade e o corpo físico torna-se ágil, são e forte.

23. Quando se enviam átomos de pureza à energia sexual, esta se converte em luz deslumbradora, a qual se eleva até à mente e nos enche de felicidade, porque o ascender faz vibrar o sistema simpático e nervoso, os quais se convertem em instrumentos dóceis do mestre interno. É esse o objetivo da castidade.

24. Temos falado dos deveres do homem para consigo e sua saúde. Tratemos agora de falar sobre os deveres para com seu próximo. A tolerância deve ser a primeira norma em sua vida e sobretudo com os do seu próprio lar. Se a mulher, o filho ou outro membro da família não o compreendem, deve ensiná-los suavemente, porque a mulher, os filhos e os parentes são os seres a quem devemos algo e a quem nesta vida nos cumpre pagar uma dívida.

25. Sempre que o iniciado receber uma ofensa indireta ou diretamente, deve dizer em seu coração: "Eu te bendigo, irmão meu, e te perdoo".

O mal não está nos demais; as trevas estão dentro de nosso corpo. Quando nossa luz, iluminar nossa mente, o próximo não verá em nós a sombra do mal.

26. Ao ter êxito em um trabalho, não nos devemos jactar porque, pessoalmente, ninguém pode aumentar ao seu porte um côvado. O orgulho e a jactância são armas muito perigosas. O iniciado deve sempre considerar que o *Eu Sou* o utilizou como canal para sua obra.

27. Ao fazer um serviço ou obra de caridade deve dizer mental ou verbalmente: "Graças, meu Pai, por haveres-me deparado ocasião de fazer um bem".

28. Não devemos receber nenhum bem material por um serviço espiritual, embora o iniciado tenha de estar pronto para ajudar a todo instante.

29. Quem dá, recebe, é a lei. Quanto maior o sacrifício, maior impessoalidade se obtém.

30. Devemos encarar a mulher com o respeito que se deve à mãe; ao homem, com o respeito que se deve ao pai.

31. Enquanto viver, têm o homem de cuidar da família, prestar serviço ao necessitado sem esperar nenhuma recompensa.

32. A ninguém devemos julgar. Deus é o único juiz. Não se devem repetir as calúnias, nem dizer nada que dane ou condene a menos que seja acompanhado da desculpa. O iniciado tem de atender ao aspecto virtuoso de todos os seres.

33. A natureza nunca opera por saltos. Todas as coisas se logram por evolução e não por meio de revolução. Antes de falar, ou agir devemos consultar a voz interna.

34. O primeiro dom da sabedoria é a modéstia.

35. Não devemos deprimir o competidor porque ele nos serve de emulação.

36. O prudente é rei de si mesmo e dos demais; temos de refrear a língua e pôr guardas aos lábios.

Cada perigo, malogro ou desgraça é um degrau para a fortaleza. A taça da felicidade, sem mescla de contratempos, enjoa.

A saúde é filha do exercício e da temperança.

Temer significa desconfiar do Deus Íntimo.

O gozo e a pena são dois irmãos inseparáveis; aquele que se inclina a um tem de carregar o outro.

A cólera significa debilidade ou ignorância e os deuses não querem nem ignorantes nem débeis.

A piedade é o verão do ano, prenhe de colheitas. O homem sem piedade é um ano sem colheita.

37. O homem como esposo deve obedecer ao mandato da lei e ser membro fiel da sociedade; tem de amar sua mulher e respeitá-la; tem de considerar a debilidade do seu sexo e não ser severo com suas fraquezas.

Como pai deve saber que seus filhos são o solo onde semeia aquelas sementes que, um dia, há de colher. Como filho, se não é agradecido a seu pai, não o será tampouco a Deus. Se os filhos de um mesmo pai não se querem, pouco proveito dão aos irmãos em humanidade.

Se é rico, deve compreender que o supérfluo de seus gastos pertence aos irmãos pobres.

Se é empregado não deve defraudar seus amos.

Se é amo, deve considerar seus empregados como filhos a quem deve justiça e carinho.

Se é governante, é o pai do povo.

Se é súdito, deve obedecer às leis, ainda que sejam de um governo tirano, porque está escrito: "Tendes o governante que mereceis".

A quem modera seus desejos, a justiça lhe estende a mão.

A semente da benevolência dá por frutos a caridade.

A língua do sincero está arraigada a seu coração.

38. Todo aspirante deve ter uma religião e a melhor religião é o amor.

A vida do vaidoso é a sombra de um sonho porque só se fixa na aparência e não percebe a realidade; os sentidos conhecem, o coração sabe.

A enfermidade é um pecado e o pecado é uma enfermidade.

Ser virtuoso é mais fácil do que aparentá-lo.

A maior vingança de um inimigo é desejar-lhe felicidade.

A cobiça é um poço sem fundo.

A prodigalidade é um roubo ao pobre.

O covarde é vingativo; o iniciado é um rei poderoso a quem não chega nenhuma injúria.

A aflição provém da debilidade do ânimo; o aflito não pode ser iniciado.

A nobreza está na alma e não na raça.

A adversidade é a nutriz do heroísmo e da audácia.

Toda vida deve ser um progresso espiritual; o iniciado aprende tudo por meio da mente consciente e o sabe pelo coração.

Quando cessam os interesses pessoais e egoístas começa o crescimento espiritual e verdadeiro.

Não basta evitar o dano aos demais; temos de estar alertas para ajudar. O intenso desejo de servir obriga Deus a manifestar-se no homem.

39. A mulher deve ser fiel companheira do homem e não escrava de sua paixão. Deve ser humilde e carinhosa. Sua voz deve ser como a música das esferas; deve manar doçura dos seus lábios. Haja decência em suas palavras, brandura e verdade em suas respostas; submissão e obediência devem ser as preferências de sua vida; a prudência é seu caminho e a virtude sua meta. O libertino emudece em sua presença; o dedo do silêncio descansa em seus lábios. Seu peito é a mansão da bondade e de ninguém maldiz. A elegância, a sobriedade e o asseio adornam-lhe a casa; seu carinho alivia as atribulações do marido. Com essas condições pode ser iniciada.

40. Cumprindo-se todos esses preceitos durante algum tempo, tornam-se segunda natureza. O exercício dessas leis desenvolvem a alma e a vontade.

O poder da vontade consiste em crer que se pode obter o que se deseja. Todos os sentidos devem trabalhar e o silêncio deve ser o princípio e o fim de toda realização. É um código de moral?

Não, leitor! É uma chave do reino. É o caminho para a divindade.

Jejum, abstinência, castidade, regime alimentício natural, privação de excitantes, sono moderado, vida laboriosa, silêncio etc. são as coisas indicadas para a renovação da vida, para o renascimento.

41. "Pedi vós o reino de Deus e sua justiça". O cumprimento desses deveres é a petição do iniciado ao reino de Deus. Uma vez formulado o pedido, a doação será a resposta a essa lei ou essa petição.

Cumpriu tudo? Coloca então a chave na porta, concentrando: "*Eu Sou Ele, Ele é Eu*; *Eu Sou* a unidade com todos os seres".

E, quando o aspirante chega a sentir o que disse, sente a unidade com o Íntimo, chega a amar todos os seres e suas ações se dirigem somente a ajudar a evolução.

Sentirá que todos os corpos são seu corpo; todas as almas sua alma. Desaparece da mente toda a crítica e encher-se-á com a tolerância, a caridade e compreensão.

Nasce disso a mais alta moral que hajam conhecido os homens. O iniciado sentirá que o dono de todas as existências por ser conduto dos outros seres. Não haverá ambição, não haverá dano a nenhum ser. Desaparecem as guerras, desaparecem os limites e as fronteiras, a ambição e o orgulho; desaparece todo vestígio da diversidade, porque virá a compreensão de que nascemos dentro do Espírito Universal, todos com ele formados, no infinito espaço, um só corpo cósmico.

Esse é o céu desejado e esperado por todas as religiões. *Esta é a unidade com o Íntimo.*

3
A UNIDADE PELA DUALIDADE

1. A linha reta dentro do círculo representa a unidade; o ângulo de duas linhas distintas, que partem de um único ponto, se afastam e divergem, representa a dualidade. Dessa maneira, vemos que a dualidade tem sua origem na unidade.

O ponto central em que se juntam as duas linhas é o mundo sétimo ou da realidade; entretanto, as duas linhas atravessam outros seis mundos inferiores, chamados de manifestação ou aparência da realidade; são a substância da essência, a forma do ser e a matéria em contraposição ao espírito.

2. Desde o momento em que a unidade se bifurca em dois, converte-se em criação; mas, a consciência da unidade, que é a alma do mundo, se manifesta na dualidade que desce do sétimo céu.

Pela dualidade, formam-se: Céu e Terra; o bem e o mal; a luz e a sombra; o espírito e a matéria; o *Jakin* e o *Bohaz*; o *Yang* e o *Yin*; o sol e a lua; a expansão e a reunião; a necessidade e a liberdade; o Pai e a Mãe; Adão e Eva etc.

3. No mesmo corpo se manifesta a dualidade em todo o organismo; porém essa dualidade se concilia no centro cerebral, nariz, língua, umbigo e falo.

A divindade una tem duas condições como base de sua manifestação: o universo e o homem.

A unidade da dualidade, no cérebro do homem, é o princípio da criação; a unidade da dualidade na base inferior da medula ou no *Yod* cabalístico, é a volta à divindade.

4. Desde o momento em que o *Eu Sou* ajunta em seu redor seus veículos de matéria, obscurece sua consciência em seu próprio plano, porém, a comunica a seus veículos.

O plano físico é o inferior, no qual se encarna o ser humano em corpo material.

O segundo é o do desejo inferior; é o corpo dos instintos e paixões; é o corpo da atração ou do apossamento.

O terceiro é o da emoção ou do desejo superior que se caracteriza pelo desejo da união.

O quarto é o mental inferior; é o da memória que dá fixidez aos demais superiores.

O quinto é o mental superior; é a residência das qualidades.

O sexto é o plano espiritual; é o da tendência.

O sétimo e último é o plano da unidade com o Íntimo; nele não há diferenciação: *tudo é um e um é tudo.*

Assim, está o homem composto de sete aspectos distintos em seu ser e cada qual possui os átomos de cada aspecto que nele habitam.

5. O *Eu Sou* emana do sétimo plano da unidade, ou cabeça, à maneira de eletricidade, a força vital em forma dual: projetora e passiva ou receptora; masculina e feminina.

Porém, se esses dois polos em parte alguma se encontram, perdem-se no espaço e, para limitar ou utilizar suas forças, cumpre uni-las em circuito.

A união dos polos é o mistério da criação. Enquanto separados, significam emanações do Íntimo, porém emanações inúteis, porque se perdem no espaço infinito; mas, quando se unem, desenvolvem uma criação que toma o caminho de volta à unidade superior.

6. O homem é o polo positivo da força vital que está fluindo do *Eu Sou*; mas, essa força, em vez de perder-se no espaço infinito, depois de realizar sua obra em corpo masculino, tende a unir-se a um ser feminino para produzir o circuito e, por ele regressar à divindade. No ponto de união pode o iniciado apoderar-se dessa força e empregá-la em todos os sete planos anteriormente enumerados.

7. Dissemos que o sétimo plano é a *unidade do todo*; mas, do sétimo para baixo, começam as polaridades ou sexualidade, de onde tem de fluir até chegar ao físico e, então, converte-se o homem num canal de força vital masculina positiva, e a mulher em canal passivo, negativo feminino.

Deduz-se disso que o ser humano, em princípio, é assexual ou andrógino; assim foi no princípio e assim há de ser no fim.

8. Entretanto, ambas as forças do *Eu Sou* são manifestações divinas, no homem e na mulher, e têm de unir-se, nos mundos da matéria, para a criação, para o retorno à unidade. Porém, essa união dos dois polos tem de realizar-se, forçosamente, nos seis planos para que produzam a unidade no sétimo.

9. A energia vital ou criadora deve descer até o físico.

O iniciado ou adepto tem por objetivo detê-la na base da medula espinhal para reenviá-la ao sexto mundo e não derramá-la na terra, pois que, se isto se der, não poderá seguir a senda interna.

Ninguém deve supor que ao adepto cumpra ser celibatário ou jamais ter mulher, por companheira ou esposa. Não. O adepto emprega a força criadora segundo as leis divinas e sua união sexual é, para ele, um sacramento ou sacrifício.

Mas, o adepto é, também, conhecedor das leis divinas nele contidas; pode ser celibatário e utilizar as duas polaridades que descem da cabeça, uni-las na base da medula, onde forma o circuito do fogo serpentino e o eleva por meio da aspiração, respiração e meditação à unidade.

Então, os dois meios, casamento ou celibato, têm por objetivo unir as duas polaridades emanantes da unidade para que pela união possa à unidade retornar.

10. Quando a energia criadora desce, como positiva, pelo lado direito da medula espinhal e passiva pelo lado esquerdo, ambas as polaridades têm de unir-se na base da espinha dorsal e seguir o rumo de volta para cima até chegar ao sexto plano. Isso está representado no símbolo do caduceu.

Se essa energia se derramar no ponto de união inferior, voltará à terra e arrastará o homem à animalidade.

11. A força vital irradia do *Eu Sou* e, portanto, é divina em sua substância expressada pelos vários corpos do homem, constituídos pelos átomos nos diferentes planos; mas, todavia, a natureza dessa força é muito distinta em cada plano, embora seja una em toda a sua manifestação. Podemos tomar, para exemplo, o fogo, ao mesmo tempo fumaça, calor e luz. Assim também é o fogo divino na força vital: fumaça no baixo ventre, isto é, instinto animal; calor ou desejo no peito e luz no cérebro, de modo que está condicionada pela natureza do plano em que opera.

12. Essa força vital é a causa de tudo o que existe e preserva toda forma viva de desintegração, até que alcance a evolução; ao mesmo tempo, cria. Na primeira fase é o Pai-Mãe, positivo e negativo; na segunda, é o Filho; para a vida é una; para a criação é dual. Já dissemos que, no homem, essa energia desce, como positiva, pelo lado direito da medula, como passiva, pelo lado esquerdo. Porém, na natureza externa, o homem representa o lado positivo, que se manifesta derramando-se, e a mulher representa o lado passivo, que espera o estímulo. No físico, o homem estimula a mulher; porém, no anímico, é a mulher que estimula o homem, porque, se o homem tem corpo físico positivo, seu corpo de desejo é passivo, ao passo que a mulher é o inverso do homem; seu físico é passivo, mas seu corpo de desejos é positivo.

13. "Quando os dois forem um e já não houver masculino nem feminino, virá 'o Reino de Deus'" dizem as escrituras.

14. O homem e a mulher, como pessoas, têm sexo definido; porém, como deuses têm cada qual, em si, ambos os aspectos.

O iniciado deve desenvolver, em seu corpo, ambos os polos para converter-se em unidade ou unir-se a uma mulher para obter o mesmo fim. Contudo, existem seres que unem os dois métodos para chegar ao mesmo objetivo.

A humanidade pode determinar o sexo do indivíduo no mundo físico; mas a força vital é a que o determina nos mundos internos; por isso, veem-se homens amulherados e mulheres viragos.

15. A sagrada energia criadora obedece, como todas as coisas, ao pensamento do homem. O tipo altamente espiritual trata sempre de espiritualizar a matéria e seus pensamentos buscam a união de todas as coisas. A energia de tal ser não pode estanciar muito tempo no mundo físico e volta a seu mundo mental superior e espiritual, ao passo que o ser de tendência material arrasta, pelo pensamento, a energia vital para o mundo físico. Pode criar neste mundo, porém à feição dos animais.

16. "E os dois serão *um*" disse Jesus falando do matrimônio. Até hoje, raríssimas vezes, nos tem sido dado ver o matrimônio de que fala o Nazareno.

Todas as uniões atuais são formadas no mundo do desejo e do físico; raros são os que chegam ao mental e mais raros ainda os espirituais.

A verdadeira união do homem e da mulher deve chegar até o sexto plano, senão, nunca serão um só corpo. As uniões atuais, olhadas pelo prisma espiritual, são concubinatos voluntários ou impostos. Quando a união dos dois seres não chega a todos e a cada um dos corpos internos, é uma união animal e apenas pode abranger os três corpos inferiores. O amor terno e profundo que começa do mental superior para cima, carece do conceito da união sexual, e quando um matrimônio não atinge a união mental é um matrimônio desgraçado porque foi elaborado no desejo animal ou no interesse pessoal.

17. Quando dois seres de sexo oposto encontram a união mental e conseguem ambos resistir à pressão da energia criadora no físico, essa energia forma, no mundo físico, um circuito e volta ao divino levando com ela a mente dos dois seres.

18. Já se disse que o corpo tem sete plexos, dispostos em diferentes lugares do corpo e que certos temperamentos são mais projetores que atrativos, ao passo que em outros, ocorre o inverso; mas o que haja alcançado o equilíbrio completo será um Deus.

Observamos que raro é o indivíduo que chega a semelhante estado, salvo alguns gênios e, ainda esses, só num tempo determinado de sua existência.

O objetivo da união das duas polaridades do corpo é a divinização do homem e esse método seguem-no somente uns poucos iniciados; porém a união casta do homem e da mulher conduz ao mesmo fim.

Também vimos que a verdadeira união do homem e da mulher deve atingir os sete plexos ou mundos como anteriormente lhes chamamos; porque, realmente, cada plexo é um mundo em si mesmo e, se a união não se produzir nos sete, é união imperfeita porque é incompleta.

19. A união de dois seres de diferentes sexos deve alcançar todos os sete plexos, porque as polaridades dos plexos masculinos são diferentes das do feminino e, ao unir-se, produzem equilíbrio. Todavia, temos de distinguir entre união sexual e união de duas almas, com ou sem matrimônio, coisas muito diferentes.

20. Se se unem dois seres instintivos dos dois sexos, a união será animal, como sucede nos bordéis, e o equilíbrio traduz-se na satisfação de um instinto que reside no plexo prostático, positivo no homem, e atrativo no seu correspondente, o útero na mulher. Neste plano, unem-se os opostos pela diferença corporal e vibratória que há entre os dois. Este plexo exerce sua influência no olfato e na sexualidade. Esta união permanece apenas durante o ato.

21. Quando dois sensitivos despertam ou desenvolvem paixão similar, o semelhante atrai o semelhante, o homem e a mulher não vão diretamente ao ato; ele tem de *conhecê-la* primeiro e esse conhecimento dura enquanto se mantenha o desejo. Nessa união trabalham somente os plexos inferiores prostático e sacro; este último exerce sua influência no estado psíquico do homem e desperta nele a clarividência.

22. A união no terceiro plano pertence ao plexo inferior umbilical e depende da simpatia emocional e das ideias concretas, porque este plexo é o centro da emotividade; é também diferente no homem e na mulher. Esses seres permanecem unidos enquanto dure a necessidade. O plexo umbilical atua no ouvido e na voz e outorga a clariaudiência.

23. A quarta etapa da união pertence ao coração ou ao plexo cardíaco que influi na vista. Outra vez aqui se atraem os semelhantes e ambos os seres sentem, na união, grande contentamento e satisfação mútua; porque a simpatia os une pelo mesmo interesse e tal união pode durar até a morte.

24. Da quinta etapa em diante, podem os seres ter união sexual embora jamais a busquem; a união será puramente intelectual. Os dois seres serão diferentes em seus plexos faríngeos, porém serão ambos bons companheiros, mau grado sua diversidade de opiniões em vários modos de ver. Tais seres podem reencontrar-se em muitas vidas.

25. O sexto plano da união pertence ao plexo frontal. A união será puramente espiritual porque ambos tendem ao mesmo ideal e, por consequência, suas polaridades serão semelhantes e se atraem. Esse plexo influi no tato. Só se unem neste mundo aqueles que pertencem a um mesmo raio espiritual.

26. No Sétimo, os dois serão um e já não há nem masculino nem feminino; nem positivo, nem atrativo. Ambos serão andróginos e neutros, isto é, possuirão os dois elementos em equilíbrio.

27. Do exposto se depreende que o sagrado mistério da união sexual tem por objetivo o equilíbrio entre os dois seres para que ambos, ao se sentirem um, aprendam o mistério da união e a volta para a divindade. Para chegar a esse grau de perfeição, deve-se buscar o matrimônio perfeito ou a união perfeita.

28. A união perfeita deve abranger as sete fases ou os sete plexos, ou mundos.

Na união física deve haver desejo mútuo.

O amor une os desejos.

A união dos desejos conduz os cônjuges a adquirir conhecimento um do outro.

O conhecimento mútuo torna-os amigos.

A amizade no mundo intelectual outorga-lhes espiritualidade ou crença espiritual similar.

A espiritualidade similar, em dois seres do sexo oposto, abre a porta para a unidade que é equilíbrio.

29. Antes da vinda de Cristo as religiões proibiam o matrimônio entre seres de diferentes castas ou religiões, porque compreendiam que tais seres jamais podem chegar à união completa visto a diferença de costumes, crenças e religiões; porém, depois da vinda de Cristo que estabeleceu a fraternidade universal, esses matrimônios já são frequentes e até necessários.

30. Os antigos deixaram-nos vários símbolos gráficos e escritos sobre a dualidade: Miguel e Satanás; a luta de Jacó com o anjo; os dois querubins na Arca; Caim e Abel; a árvore da ciência do bem e do mal etc.

Esses símbolos estão no corpo humano e sujeitos à dupla lei.

31. Vemos, em primeiro lugar, que os plexos são condutores dessa energia. Quando ela chega a certo ponto de abundância, produz uma pressão que traz consigo movimento.

Cada plexo pertence a uma das duas polaridades magnéticas: uns são positivos, projetores, e outros negativos, atrativos. Quando se unem dois seres de sexos diferentes, o fluido projetor do primeiro irá aos plexos atrativos do segundo e vice-versa.

Quando os projetores realizam maior movimento, o ser, por meio do pensamento, pode dominar, do plano físico, outros seres que habitam nos outros planos e deles servir-se.

Quando o fluido atrativo é maior pode o homem receber sabedoria de mais além.

O iniciado deve desenvolver em si as duas polaridades para aprender e projetar seu saber sobre os demais.

32. Esse desenvolvimento pode efetuar-se de dois modos:

1º pelo método Ioga e obediência ao Sermão da Montanha;
2º pelo matrimônio perfeito.

O primeiro método foi desenvolvido anteriormente e o segundo tem de ser praticado com base na pureza. Nem todos os temperamentos podem seguir um só método; porém, não é difícil unir os dois e chegar ao mesmo fim.

33. Para alcançar a fortuna material (riqueza, glória, fama, amores etc.) cumpre desenvolver os plexos atrativos que são o prostático, o sacro e o coronário ou pineal; porém se no homem domina a natureza inferior, o desenvolvimento desses plexos faz dele um banqueiro neurótico ou um extorquidor; atrai a ideia, porém nunca a projeta em benefício dos demais.

Ao contrário, se é verdadeiro espiritualista, em vez de atrair dinheiro recebe formidável poder psíquico e, como os outros plexos estão nele desenvolvidos, projeta sentimentos e pensamentos que são capazes de evolucionar o mundo.

34. Quando um homem desenvolve os plexos, põe-se em relação com a atmosfera dos elementais. Estes o ajudam e lhe ensinam seus mundos, tornam-no mais atrativo para o êxito material e, ao mesmo tempo, potente projetor espiritual. Por meio deles, leva a cabo grandes obras, ensinam-lhe descobertas e inventos destinados a maior felicidade da humanidade; porém, os que são somente atrativos e cujos fins são o proveito pessoal, ficam abandonados aos elementais inferiores.

35. Desenvolver um plexo é aumentar sua elasticidade. Os meios de aumentar essa elasticidade já os indicamos:

1º aspiração, respiração e meditação;
2º magia sexual.

Ambos os métodos produzem o equilíbrio, conquanto seja o segundo mais violento e, portanto, mais perigoso.

Este é o mistério da serpente.

36. A magia sexual, ou a unidade do binário, homem e mulher, aviva os plexos atrativos nos seres inferiores e, portanto, o olfato, os órgãos sexuais, o paladar, o êxtase e a atração; ao passo que a espiritualidade desenvolve os projetores. Tenha-se bem presente que falamos em magia sexual e não em libertinagem sexual.

Com a castidade, na união do binário, o homem e a mulher são muito mais poderosos, porque aumentam ou expandem a elasticidade de todos os seus plexos e, nesse estado, serão servidos pelos elementais.

37. A conjunção do homem com a mulher foi a primeira causa do desequilíbrio; todavia, o equilíbrio está e estará sempre nessa união.

Toda união sexual impura produz diminuição do equilíbrio nervoso; esse desequilíbrio passageiro é o que provoca as lutas e as guerras entre os indivíduos e entre as nações, porque esse desequilíbrio dota certas pessoas neuróticas de atração e, com ela, exercem sobre os demais suas influências e serão condutores e ditadores das nações. Esses seres estão influenciados pelos desequilíbrios dos demais; são a criação do desequilíbrio na unidade sexual.

Enquanto isso, o iniciado aspira sempre a restabelecer, por meio do binário, o equilíbrio entre os homens e a luta será eterna e árdua.

38. A chave da dualidade que conduz à unidade, no reino interno, está na mulher. Aqueles que duvidam dos seus conhecimentos nesse estudo, podem estudar e meditar a ladainha da Virgem Maria. A meditação deve ser mística; então pode o aspirante compreender o papel do elemento feminino no mundo e dentro de si mesmo.

4
A UNIDADE NA TRINDADE

1. A unidade superior, da qual partem duas linhas divergentes operou sua reprodução pelo binário ou dualidade; mas essas linhas divergentes seriam inúteis se não unissem algures. A união dessas duas linhas leva-nos forçosamente ao ternário ou trindade.

Já se disse que o homem é uma unidade completa pela direita e pela esquerda, porque, primitivamente, era andrógino; porém, desde a separação do sexo, teve de unir-se à mulher para voltar ao equilíbrio intermediário ou princípio da harmonia.

2. O Pai e a Mãe geram o filho; o enxofre e o sal produzem o mercúrio. O céu e a terra geram o homem, a criatura mais perfeita que realiza a união do superior com o inferior.

Toda trindade resulta de uma dualidade.

Um triângulo dentro de um círculo é o mais adequado símbolo para representar a trindade dentro do Absoluto.

Os três princípios são deuses, mas não o Absoluto.

Os três princípios encontramo-los em todas as religiões e disso deduz-se ser a trindade dogma universal.

3. O homem-Deus é trindade manifestada em corpo. A primeira dificuldade com que a mente esbarra é a de compreender completamente, não o que é o homem, mas o contrário, o que *não é ele*.

Nesse capítulo, não pretendemos falar sobre a trindade nem explicar o que é; apenas desejamos compreender como se produz, pela união da dualidade, no homem, já que vimos, no capítulo anterior, como se efetua a unidade pela união do homem com a mulher.

4. As duas correntes provindas do *Eu Sou* vitalizam, descendo, o sistema simpático e nervoso; mas, quando essas duas correntes se unem numa parte inferior da medula, formam o circuito da força, ou terceiro elemento, que tem de subir de novo à cabeça. Esse mistério está simbolizado pela ascensão do Cristo ao céu.

O *Eu Sou* trata sempre de absorver todos os pensamentos e devolvê-los à sua fonte primitiva.

5. Já se disse que a energia criadora se forma pelo contato das polaridades no corpo humano e sabemos que a positiva ou projetora, desce pelo lado direito ao passo que a passiva, ou atrativa, pelo lado esquerdo. A primeira é força solar e a segunda é força lunar.

Conforme se vai unindo o fluxo dessa energia dual, começa a terceira a operar no corpo e atuar na saúde e bem-estar do organismo físico.

6. Em linguagem mística, denominam-se essas três forças, uma, eletricidade; outra, fogo serpentino e a última, energia da vida, totalmente distinta da vida.

7. Por todos os centros magnéticos do homem fluem essas três energias. A energia descendente pela direita é a eletricidade positiva; é parte da ação do primeiro princípio da divindade interna.

A energia descendente pela esquerda é o terceiro princípio que, como a primeira, se diferenciou de si mesma e se manifestou em todos os planos; como vida, vivifica as diversas capas da matéria dos corpos mental e astral; de modo que, na parte superior do corpo de desejos ou astral se manifestam nobres emoções e, na parte inferior, um impulso de vida. Essa força manifesta-se do corpo de desejos por meio dos centros magnéticos, no corpo físico, onde se expressa a terceira energia, chamada fogo serpentino, resultado da união dos dois princípios.

8. A terceira é fogo e luz; é a manifestação, no plano físico, das duas polaridades opostas. As três existem em todos os planos e em toda forma.

A energia do fogo que se acha no coração ou centro da terra tem muita relação simpática com o fogo no corpo humano.

Essa terceira energia desce dos planos superiores à matéria e, chegada ao plano inferior, ascende pelo mesmo caminho por onde desceu.

9. A energia triúna é o sétimo mundo superior, desce por várias ramificações ou condutos e, ao juntar-se de novo no primeiro inferior, volta a subir; de modo que absorvemos a latente energia de Deus tanto por baixo, da terra, como por cima, do sétimo céu; porém, quando desce, está o homem dela inconsciente; mas, quando sobe, sente ele sua manifestação em si.

10. A terceira, procedente da dualidade, é o fogo criador que desempenha na vida do homem a manifestação consciente. Não só é inofensiva, senão benéfica e atua sempre levando a cabo sua obra, embora esteja o homem inconsciente de sua presença.

Esse fogo, ao descer, manifesta sua energia em todos os seis planos distintamente um do outro. Do sexto plano para baixo, começa sua criação até chegar ao último, o físico. Aqui, sua manifestação é mais perceptível que nos outros superiores.

11. A trindade manifesta-se em cada plano por meio de um centro magnético no corpo. As duas correntes polarizadas fluem pelo interior e em torno da coluna vertebral de todo ser humano; são como o bemol e o sustenido da nota fá da natureza humana.

Esses três ares vitais estão regidos pela vontade. O desejo e a vontade são os aspecto inferior e superior da mesma potência.

A pureza nos três condutos ou canais é tão necessária que, sem ela, não haverá boa circulação, que, do conduto central, se distribui por todo o corpo.

Os canais positivo e negativo funcionam à margem da curvatura do cordão central e acionam a livre e espiritual corrente central. Têm condutos distintos para unirem-se entre si, pois, do contrário, inúteis seriam suas irradiações, como os dois polos da eletricidade quando disjuntos.

12. As religiões e a Maçonaria dividem seus mistérios em graus.

O 1º grau na Maçonaria e o batismo na religião têm por objeto despertar o aspecto feminino da divindade no homem. Com isso facilita-se ao candidato o domínio das paixões e emoções.

O 2º grau e a confirmação despertam o aspecto masculino a fim de dominar a mente.

O 3º grau ou comunhão acorda a energia central para que o homem possa comungar com seu Deus Íntimo.

Na mulher estão invertidas essas posições: o positivo está à esquerda e o negativo à direita.

Quando se unem os dois condutos medulares da coluna vertebral, parecem duas serpentes que simbolizam a serpente ígnea ou fogo criador que se move à ourela do canal medular até formar um cetro que se eleva aos planos superiores, e, assim, obtém-se a figura do caduceu de Mercúrio.

13. O fogo criador que flui ao descer e ao subir pelos três canais especializa-se de dois modos durante seu fluxo. Esse fluxo é, ao mesmo tempo, masculino e feminino quando sua energia passa pelo lado direito ou esquerdo. O feminino passivo é a mãe do mundo e seu lar é certa câmara do coração; porém, quando o fogo se dirige pela direita e chega ao centro básico é, quase todo ele, masculino ativo.

No conduto central, acima e abaixo, conserva sua neutralidade ou proporções originárias.

14. Quando ascende pela coluna vertebral, impregna intensamente a personalidade do homem e, chegando acima, está mudado no particular fluido nervoso, com o selo de suas qualidades especiais.

15. Quando os dois princípios se unem no mundo divino do homem, formam a trindade do Absoluto no centro coronário. Nesse centro, Deus triúno é a unidade do todo.

Unidos os dois no sexto mundo, no centro frontal, formam a trindade da mônada ou o espírito virginal, diferenciado em Deus, antes de baixar à matéria. Este mundo chama-se monádico.

Juntos no quinto mundo, que corresponde ao centro faríngeo, formam a trindade do espírito divino. Este centro é o berço da mais elevada influência espiritual no homem; é o mundo do verbo.

Quando se unem no quarto mundo, ou coração, temos a trindade do espírito da vida, chamado mundo intuicional.

Unidos no terceiro, ou umbilical, ou plexo solar, formam o espírito humano mental.

Quando se unem no segundo, ou sacro espinhal, produzem como terceiro elemento o desejo no mundo dos desejos.

E, por fim, quando se unem no pélvico, o terceiro elemento é o físico, ou mundo físico.

16. A energia triúna, ao conectar-se nos bulbos de todos os centros vertebrais, brota como fogo e luz pelos centros magnéticos para dentro e para fora. Os dois aspectos combinados ou unidos em um centro traduzem-se em poder magnético pessoal no homem. Esse poder vivifica todos os gânglios e plexos quando flui pelos demais nervos e mantém a saúde pela temperatura do corpo.

Esse fluido nervoso, resultado da combinação de ambas as energias, é lançado para cima e para baixo, para dentro e para fora. Do ponto de sua união, vibra no sistema simpático e manifesta seu calor e luz no sistema nervoso.

17 O sistema simpático consiste em dois cordões estendidos por quase toda a coluna vertebral, de um e outro lado e um pouco à frente de seu eixo. Desses dois cordões partem os nervos simpáticos que formam os plexos, dos quais derivam outros nervos que formam gânglios menores com as arborizações terminais.

Não obstante, ambos os sistemas, simpático e nervoso, estão relacionados por diversos meios e grande número de nervos conectores.

Nos gânglios menores acha-se um diminuto grupo de células nervosas, enlaçadas por tênues ramificações. Esse grupo forma-se por agregação de matéria astral ou de desejos para receber impulsos do exterior e responder-lhes.

As vibrações passam desses centros ou outros centros etéricos, de pequenos vórtices que absorvem partículas de matéria física densa e acabam por formar uma célula nervosa ou grupo delas.

18. Os centros físicos recebem vibrações do mundo físico e devolvem impulsos aos centros de desejos e, por outra parte, repercutem no sistema nervoso cérebro-espinhal que tem íntima relação, em suas operações inferiores, com o simpático.

19. O sistema cérebro-espinhal forma-se por impulsos originados no plano mental, ao passo que o simpático se forma do plano astral ou de desejos.

Dessas indicações podemos deduzir dois importantes pontos:

1º A energia dual, ao descer, baixa pelos dois cordões simpáticos para depois subir pela coluna vertebral com mais força que pelo simpático.

2º Que, para voltar ao mundo interno espiritual, é forçoso atravessar primeiro o sistema simpático até chegar ao espinhal, como se expôs no capítulo Generalidades.

20. Quando a energia triúna segue o rumo ascensional e é equilibrada, cria, no centro sacro ou básico, a piedade, o carinho, a compaixão, a fecundidade, a castidade; mas, se sai ao mundo físico, sem freio, ocasiona a luxúria, a indiferença, a esterilidade, o egoísmo.

Esse centro é o que outorga à mente o conhecimento do bem e do mal, isto é, das leis harmônicas e divinas.

21. Antes de prosseguir, temos de voltar nossa atenção para a joia cabalística chamada o *Apocalipse* de são João. Nessa revelação estão encerrados todos os mistérios do homem. Tomemos os versículos que de momento nos interessam.

22. No capítulo primeiro, **vers. 1**, diz:

"Revelação de Jesus Cristo, que Deus lhe deu para manifestar a seus servos as coisas que convém sejam logo feitas; e declarou, enviando-as por seu anjo, a João, seu servo".

Esse versículo relata-nos que o Íntimo outorga ao Cristo no homem essa sabedoria do futuro ou "as coisas que convém sejam feitas logo" dentro do homem e que o Cristo se vale do seu anjo que reside na metade do sistema nervoso para fazer chegar ao iniciado, no mundo interno, essa sabedoria.

Vers. 3 "Bem-aventurado o que lê e ouve as palavras desta profecia e guarda as coisas que nela estão escritas (dentro do mesmo homem) porque o tempo (da iniciação interna) está próximo."

Vers. 4 João às sete igrejas que há na Ásia (sete centros que se acham no corpo humano, pois que, ao tempo de João, não existia nenhuma igreja das sete mencionadas naquele continente): "Graças a vós e paz daquele que é, era e há de vir, e dos sete espíritos que estão diante do seu trono". (Já sabemos que o trono do Íntimo é o corpo e os sete espíritos são as sete entidades angélicas que regem os sete centros de poder no corpo).

Os versículos 5-7-9 referem-se ao Cristo que morreu no homem e os demais versículos descrevem, alegoricamente, esse mesmo homem-Cristo, homem-Deus quando chega a identificar-se com o Íntimo que lhe outorga a sabedoria, explicando-a no versículo 20 que diz: "O mistério das sete estrelas que viu à minha direita e os sete candelabros de ouro. As sete estrelas são os anjos das sete igrejas, e os sete candelabros são as sete igrejas".

23. No capítulo segundo, trata dos quatro centros inferiores e são: o fundamental ou básico, o esplênico, o umbilical e o cardíaco; ao passo que, no terceiro capítulo, fala dos três superiores: o laríngeo, o frontal e o coronário.

Desde o versículo primeiro até o sétimo trata do plexo pélvico ou coccígeo espinhal e seu anjo; o *Apocalipse* dá-lhe o nome de igreja de Éfeso.

Nessa igreja ou centro, manifesta-se o Íntimo em seu aspecto de poder criador. O homem, nesse plexo, é tão criador como Deus; porém, antes de tudo e sobretudo deve criar levado pela caridade e amor, como Deus, e não pela animalidade e instinto "porque, se não, virei a ti e moverei teu candelabro de seu lugar, se não te corrigires" quer dizer, a consciência da dor, das enfermidades e das tribulações, que são as consequências da luxúria e da concupiscência, vem sobre o homem e o castiga pela desobediência cometida contra a lei do *Eu Sou* e moverá o candelabro do seu lugar, isto é, deixa de ser criador.

Porém "ao vencedor darei de comer da árvore da vida que está no meio do paraíso de meu Deus".

Isso quer dizer que, quando o iniciado equilibra em si as duas forças para que nasça nele o terceiro elemento, pode provar e sentir o fruto da árvore da ciência do bem e do mal e não morrerá e se cumprirá nele o dito pelo Senhor Deus. "E eis que Adão se fez um de nós sabendo o mal e o bem".

Porque agora os mesmos querubins lhe entregam a espada que jorrava chamas para que possa cortar o nó que impedia sua entrada no jardim do Éden; eles mesmos o ajudam e lhe indicam o caminho que leva à árvore do bem e do mal, porque, o homem, por sua iniciação interna, se converte, conscientemente, em Deus.

24. Quando a energia triúna sobe até o plexo e centro esplênico, produz no homem o conselho e a justiça. Essa estrela está situada no baço e sua função é difundir a vitalidade dominante do Sol. É como o prisma que divide o branco em seis cores necessárias para a vida do homem, ou, em outras palavras, reparte no corpo as seis modalidades da energia vital. Suas cores são: vermelho, alaranjado, amarelo, verde, azul e roxo, as mesmas cores do espectro.

O *Apocalipse* chama-lhe anjo da igreja de Esmirna e dedica-lhe quatro versículos: 8, 9, 10 e 11. É outro centro criador e é o conduto por que passa a vida à matéria inerte.

Esse anjo, nessa igreja, é o condutor de um éter cujo objetivo é a conservação da forma individual.

A energia da vida penetra e sai desse centro, que é o condutor das forças que mantêm, na espécie, o poder de propagação.

O polo positivo desse centro atua na fêmea durante a gestação, capacitando-a para criar um novo ser; a força negativa produz o sêmen do macho. O demônio ou inimigo oculto no homem, como diz o versículo décimo, apodera-se dos átomos de propagação no homem e na mulher e os atira em seu cárcere para empregá-los no cumprimento dos seus fins, isto é, aplicando os átomos da energia criadora na destruição.

Ao que é fiel até a morte, dará o Íntimo a coroa da vida e o iniciado que vier não receberá dano da segunda morte ou morte do corpo de desejos, depois do físico, morte muito horrorosa para os que buscarem prazer no ato sexual.

25. Quando a energia ascende, pela aspiração voluntária e pura ao centro umbilical ou plexo solar, aí se operam sentimentos e emoções de diversa índole. Nesse centro, adquire-se conhecimento e prudência. São João chama-lhe anjo da igreja de Pérgamo "e onde mora está a cadeira de Satanás". Efetivamente, nessa região, trava-se a guerra entre os anjos dos bons e maus desejos. Nesse centro, o corpo de desejos manifesta seu poder e "ensinava aos filhos de Israel que comessem e fornicassem".

O corpo de desejos é o que obriga o homem a transgredir as leis superiores; porém, quando o iniciado, no mundo interno, recebe do Íntimo o poder do verbo divino como espada de dois fios, vem contra ele (o corpo de desejos inferiores) e pelejará contra eles com a espada de sua boca. Ao vencedor será dado maná (mente superior para compreender todas as coisas, quando se desprende de todos os desejos) e uma pedrinha branca e na pedrinha, escrito um nome novo que ninguém conhece, exceto o que o recebe. (São João repete a palavra pedra em vários capítulos do *Apocalipse*. A pedra tem o significado de um signo zodiacal, como veremos no capítulo quarto deste trabalho. Esta pedrinha, aqui, representa a garganta do homem, o nome é a palavra perdida, buscada pelos iniciados, símbolo da palavra de poder que o verdadeiro iniciado obtém).

26. A energia no centro cardíaco subdivide-se em doze raios, concede a sabedoria divina, a humildade, a modéstia, a intuição etc.

Esse centro é residência do anjo da igreja de Thyatira e o Senhor conhece suas obras de fé, caridade, serviço e paciência; porém, esse centro é, como os anteriores, positivo e negativo.

Quando o profano materializa, com seus pensamentos concretos, os desejos inferiores, "permite a Jezebel, mulher que se diz profetisa (a natureza inferior) a pregar e enganar os átomos servos do filho de Deus, fornicar e comer as coisas sacrificadas aos ídolos". E se o homem não põe freio aos desejos e pensamentos destrutivos de sua natureza inferior "eis que a reduzirei a uma cama de dor e os átomos que adulteram com ela ver-se-ão em grande tribulação... e castigarei de morte seus filhos, quer dizer, seus frutos... e saberão todas as igrejas que *Eu Sou* o que esquadrinha as entranhas e os corações etc.".

Mas o iniciado que vence e guarda as obras do Senhor, os pensamentos construtivos, até o fim "dar-lhe-ei poder sobre as gentes... e lhe darei a estrela da manhã" que aclara e guia todos os seres, ou, em outros termos, a sabedoria divina.

27. Termina aqui o segundo capítulo com a descrição apocalíptica dos quatro centros inferiores e, no terceiro, prossegue o estudo dos três centros ou mundos superiores.

Quando a energia divina ascende, por meio do pensamento, ao centro laríngeo, à igreja de Sardes, o Íntimo nela manifesta seu amor divino e essa energia será uma deidade criativa por meio da palavra.

O *Cristo* que tem os sete espíritos criativos ante seu trono, admoesta-os. "Sê vigilante e fortifica as outras coisas que estavam para morrer... porque se não velares, virei a ti (por meio de minha consciência que falará muito alto) e a tristeza oprimirá o coração".

Porém o prêmio de quem vencer será a pureza perfeita "será vestido com vestidos brancos (a cor de sua aura que não foi contaminada) e não riscarei seu nome do livro da vida e confessarei seu nome diante de meu Pai e de seus anjos".

Nesse aspecto, o iniciado será Deus na terra e cria por meio do verbo criativo, porque, por meio da invocação materializa o invisível nele.

28. No sexto centro frontal chamado por são João igreja de Filadélfia, a energia do Íntimo cria pela imaginação ou visualização.

Nesse centro, manifesta-se o estado espiritual de cada pessoa, se é filho de Deus, se está escrito em sua fronte o nome de Deus ou a marca da besta.

A luz que sai dessa flor, roda, ou centro, revela seus pensamentos.

O desenvolvimento dessa igreja consiste no respeito, abstinência e temperança. Como prêmio "o que vencer será coluna do Templo de Deus e não sairá mais dele (porque já com Ele se identifica) e escreverei sobre ele o nome de meu Deus e o nome da cidade de meu Deus, a nova Jerusalém (o futuro corpo humano que se alçou até a perfeição), que desceu do céu de meu Deus, e meu novo nome".

29. Por último, quando o Íntimo opera por seus três aspectos na sétima Igreja, que se chama Laodiceia e é o centro coronário, na glândula pineal, produz no homem o poder, a fortaleza e sabedoria divina, origem de todas as coisas, desde o mais sutil até a matéria física densa.

O Eu inferior dos sentidos físicos é orgulhoso de seu intelecto e, às vezes, quente por causa de suas paixões, outras vezes frio, por negligência.

O Eu superior, ao contrário, permanece latente pela riqueza de seus poderes, durante muitas reencarnações, nem quente, nem frio, porém equilibrado.

"Eis-me aqui! Estou à porta e chamo; se alguém me ouvir a voz e abrir a porta, entrarei e cearei com ele e ele comigo".

Essa energia entra, todo mês, por esse centro coronário; é a força triúna que penetra nessa glândula quando a lua passa pelo signo nativo de cada indivíduo.

Quando o iniciado no mundo interno compra o ouro puro da impessoalidade e se veste com a aura branca da pureza e unge seus olhos com o colírio do serviço, deixa penetrar e depois emana do seu centro coronário de mil pétalas a força do Cristo como semente de todo amor e de todo bem.

Então o *Eu Sou* que chama à porta do plexo solar, ilumina os centros inferiores e ascende novamente à cabeça, céu onde "Eu cearei com ele e ele comigo" quer dizer, ficarão, permanentemente, manifestados: o Pai na fronte; o Filho na pituitária e o Espírito Santo na pineal; e o homem desperta no mundo da quarta dimensão.

O prêmio: ao que vencer farei sentar-se comigo no trono; assim como venci e me sentei com meu Pai em seu trono, sentindo-me uno com Ele no reino interno, porque já não existe a ilusão da separatividade.

30. Do exposto, deve-se compreender que o *Eu Sou* no homem cria, nos sete mundos ou sete corpos, por meio de seus sete centros chamados pelo *Apocalipse,* sete igrejas e sete anjos.

Porém, a criação pode ser harmônica ou inarmônica conforme o for a aspiração, inspiração e pensamento.

No plexo básico, o homem cria pelos instintos um corpo físico.

No esplênico, cria o corpo anímico ou vida.

No solar, cria o desejo que dá o movimento à vida.

No cardíaco, cria por meio do conhecimento e da intuição.

No laríngeo por meio da palavra ou verbo.

No frontal pelo pensamento e visualização.

E, no coronário, é a unidade mesma que manifesta a diversidade.

Para que seja útil a criação, harmônica e divina, deve o homem ter aspiração pura, respiração perfeita e pensamento puro e sustido.

Para desenvolvimento de qualquer centro de poder no homem, basta empregar as três condições supraditas e será perfeito o desenvolvimento.

31. A palavra Sagrada AUM dos orientais tem as iniciais sagradas da trindade. A palavra AMÉM dos ocidentais encerra a mesma trindade.

5
O QUATERNÁRIO E A UNIDADE

1. O círculo representa o Absoluto imanifestado; o *um* simboliza o espaço potencial sem dimensão, é o Pai que, em si, abarca o todo; o número dois ou dualidade é a Mãe que determina a primeira dimensão. Unido o *um* ao *dois* somam três ou a trindade, manifestação perfeita no homem e no universo.

2. Porém, para que os três primeiros princípios possam manifestar a criação do Íntimo Absoluto, do interior para o exterior, ou toda manifestação objetiva, foi necessário que a trindade emanasse de si quatro elementos ou divindades que compunham a estrutura material do mundo.

3. Essas quatro divindades emanadas da trindade chamam-se: fogo, ar, água e terra. As vibrações da trindade nos quatro elementos ou divindades, chamadas pela Bíblia Elohim, formam e constituem os elétrons. As combinações desses elétrons segundo número, peso e medida formam a matéria.

O espírito é a força que penetra a matéria e nela causa as vibrações. O espírito é *uma* parte da energia *una*.

A força da vida é a outra parte da mesma energia que entra no corpo no instante do seu nascimento no mundo físico.

4. Fogo, ar, água e terra não são divindades primárias, senão princípios por que se manifesta a matéria. As divindades são somente três, porém os princípios são quatro.

De modo que podemos reuni-los nos seguintes termos:

1 Criação material, unidade completa.
2 *Nous*, um duplo: binário.
3 Uma trindade ou divindades.
4 Princípios em uma manifestação.

5. O número quatro representa a separação aparente do homem do seu Deus, ou a passagem de um mundo a outro; assim como a célula, pelo estímulo e movimento, produz outra célula de sua própria classe, assim também tudo quanto existe deve ser dual em sua natureza, triúno em sua manifestação e quatro para sua realização.

O amor que une o Pai à Mãe gerando o Filho.

1, 2 e 3 são manifestações invisíveis; o 4, ou os quatro elementos, cristalizam a manifestação invisível em visível.

6. O número 4 é a Cruz (+) dos elementos sobre a qual o homem está colocado. Devemos aqui notar que o símbolo da cruz não significa a morte; ao contrário, é o símbolo da vida.

Os quatro elementos representam, simbolicamente, os quatro braços da Cruz.

7. No corpo do homem, em forma de cruz, encontramos o elemento que corresponde ao fogo no peito e o coração que produz o calor vital; o ar, nos pés que movem o organismo; a água, no lado direito e na função assimilativa do fígado; e a terra, no lado esquerdo e nos intestinos correspondentes a essa parte.

Na mão direita está o fogo que dissolve e, na esquerda, o poder que coagula.

De modo que o reino do quaternário é o reino da natureza, constituído pelos quatro elementos.

8. As estações do ano correspondem: a primavera ao ar; o verão ao fogo; o outono à água e o inverno à terra. Toda matéria se manifesta nesses quatro chamados princípios; porém, as divindades que os compõem são três em número e chamam-se divindades primárias.

9. Toda matéria é redutível a três divindades primárias que se expressam em e através dos quatro. Esse é o *Gênese* da Bíblia e dos ocultistas; nascendo o fogo ou respiração como calor do ar, condensando-se os dois em água e produzindo-se nessa, por efeito do fogo, a terra.

10. No mundo moral traduz-se assim: "O fogo é a vontade do ser; unida ao ar, que é o pensamento, produzem ambos a água, emoção ou desejo, produzindo-se, pelo desejo, a ação".

Jamais se deve confundir o elemento com o espírito, assim como não se deve confundir o corpo do homem com o espírito do homem; os elementos são corpos físicos das entidades internas do ar, do fogo, da água e da terra.

Quando os elementos do fogo dominam o homem, fazem-no violento e lhe dão o temperamento bilioso; os do ar tornam-no reflexivo e inteligente e dotam-no de temperamento sanguíneo; os da água o fazem sensitivo e impressionável, outorgando-lhe um temperamento linfático; os da terra o fazem ativo, constante e lhe dão temperamento nervoso.

11. Os elementos correspondem às qualidades morais do homem e estão representados pelos quatro animais da esfinge e do *Apocalipse* e pela quadratura do círculo dos sábios.

Quando o homem, no futuro, chegar à União com seu Íntimo poderá compreender o significado dos versículos 6, 7 e 8 do quarto capítulo do *Apocalipse* de são João que diz:

> **Vers. 6** E à vista do tronco (corpo) havia um qual mais transparente como vidro, semelhante ao cristal (é a matéria espiritualizada que se torna transparente) e, no meio do tronco (corpo) e ao redor do tronco, quatro animais (os quatro elementos) cheios de olhos adiante e atrás.
> **Vers. 7** E o primeiro animal, semelhante a um leão (o espírito do fogo, o discernimento espiritual, o poder da vontade), e o segundo animal, semelhante a um bezerro (o espírito da terra, a ação, a expressão da vontade) e o terceiro animal que tem rosto como de homem (o espírito da água, o sentimento consciente do que faz) e o quarto animal, semelhante a uma águia voando (o espírito do ar, o pensamento que está inteligentemente calado e silencioso).
> **Vers. 8** E os quatro animais, cada qual tinha seis asas (os seis sentidos desenvolvidos completamente pela regeneração) e ao redor e dentro estão cheios de olhos (completamente transparentes pelo desenvolvimento) e não cessavam, dia e noite de dizer: "Santo, Santo o Senhor, Deus onipotente, o que era, o que é, o que há de vir".

12. Essa é a quadratura do círculo. Quando o homem domina os quatro elementos inferiores que reinam atualmente em seu corpo físico, manifesta os quatro princípios superiores, cujas vibrações o fazem voltar ao círculo, à unidade, ao *Eu Sou*.

O círculo ou ciclo da vida é como a eclíptica e o ano. As quatro estações e os quatro elementos na natureza têm a correlação para demonstrar a quadratura do círculo ou a expressão e adaptação dos quatro no ciclo da vida.

13. Do círculo emana um raio determinado, como elemento criador. Desse raio manifesta-se o segundo: o primeiro é som e o segundo é luz. O primeiro é a linha vertical e o segundo é a transversal ou horizontal. Ambos formam a perfeita expressão da quadratura que vem a ser a cruz dentro do círculo.

Os quatro ângulos retos ou os quatro braços da cruz, como expressão tetrágona do homem, devem encontrar-se no centro da cruz, onde reside o ser inteligente que pode medir a expressão circular em seus quatro elementos. Já dissemos, no parágrafo 127 do primeiro capítulo que, para dominar os elementos inferiores da água, temos de extirpar as paixões grosseiras e chegar à impersonalidade; para dominar os elementos do fogo temos de vencer os instintos animais. O domínio dos elementos do ar consiste na concentração perfeita e o triunfo sobre os da terra consiste num jejum racional, na limpeza interna e externa e finalmente na respiração adequada.

O iniciado que triunfa dos quatro elementos inferiores encontra a lei interna da cruz que é a lei da vida e do triunfo, a qual, expressando-se para fora, pode manifestar os quatro pontos do ciclo da existência.

14. Misticamente, a relação de *pi* 22/7 = 3,14159 com a que se mede a circunferência pelo diâmetro, demonstra a criação e a realização. A trindade, 3, a que se junta nova unidade, de outra origem, passa a ser quaternária (3 + 1=4); depois, esse quaternário, ou a cruz, deve unir-se a outra unidade para formar a estrela de cinco pontas: o Homem. (3+1=4. 4+1=5), o homem por sua evolução tem de chegar a 9, número perfeito da humanidade; e assim temos 3,14159.

15. A cruz dentro do círculo é a perfeição individual, realizada pela obediência à lei interior e que deve expressar-se exteriormente em pensamentos, palavras e obras.

O triângulo representa o mundo divino, a cruz representa a natureza.

O quaternário, a cruz e o quadrado representam o templo de Deus no homem.

16. Aqueles que estão familiarizados com a astrologia podem tomar qualquer folha de horóscopo cujo diagrama é quadrado. Nesse diagrama podem ver o mesmo zodíaco, síntese das Influências cósmicas; pode representar-se subdividindo em triângulos o espaço compreendido entre dois quadrados, formando o conjunto "a descrição da celestial Jerusalém, ou a nova Jerusalém" que é o corpo do homem, objeto do capítulo XXI do *Apocalipse* de são João. Descreve-nos esse capítulo o futuro do iniciado que triunfa em todas as suas provas e chega a dominar sua natureza inferior. Seu corpo transforma-se na cidade apocalíptica, chamada alegoricamente Jerusalém: a cidade de paz.

Uma vez convertido o corpo em instrumento do *Eu Sou*, já se chama Jerusalém, a cidade do Senhor.

Veremos agora como o interpreta o Apocalíptico no capítulo 21.

17. Vers. 9 E veio um dos sete anjos que têm as sete taças cheias das sete últimas pragas e me falou dizendo: — Vem cá, eu te mostrarei a esposa (alma humana) que tem o cordeiro (Cristo) por esposo.

Vers. 10 E levou-me em espírito a um monte alto (topo da cabeça) e mostrou-me a cidade santa (corpo) de Jerusalém, que descia do céu da presença de Deus.

18. Que tinha a claridade de Deus (porque não a escureciam os instintos nem os desejos) e sua luminosidade era semelhante a uma pedra de jaspe (isto é, transparente) à maneira de cristal.

19. E tinha um muro extenso e alto com doze portas e, às portas, doze anjos; e os nomes escritos são os nomes das doze tribos dos filhos de Israel.

(Este versículo nos mostra claramente que o homem é a imagem perfeita do Grande Arquiteto. Os signos zodiacais, segundo as mitologias e todas as escolas herméticas, estão ligados intimamente a todos os mistérios da alma humana).

Os signos são as doze grandes hierarquias criadoras que trabalham, até hoje, por meio dos doze anjos nas doze portas do corpo humano chamadas pelo Apocalíptico as doze tribos dos filhos de Israel. As doze grandes hierarquias são as que ativaram o trabalho da evolução em todos os períodos passados e continuarão ativando-a no futuro.

Cada um dos anjos hierárquicos tem sua influência em uma parte ou porta do corpo físico, como veremos depois.

Com o quadro seguinte podemos dar ideia clara das doze hierarquias criadoras e seus estados.

As doze hierarquias são as emanações dos sete espíritos ante o trono do Íntimo. Assim como na oitava musical há doze semitons que correspondem aos doze signos zodiacais, assim também os sete são manifestação da trindade e a trindade se manifesta e jaz na unidade com o Absoluto.

O homem deve seus veículos mais elevados e o mais baixo — desde o espírito divino até o corpo denso — às doze hierarquias — porque elas, em cada período, desenvolvem algum novo aspecto do corpo denso durante os períodos cósmicos chamados: saturnino, solar, lunar e terrestre e prosseguirão esse desenvolvimento nos porvindouros: de Júpiter, Vênus e Vulcano, até que o homem complete as 777 encarnações.

As doze Grandes Hierarquias criadoras ou doze signos zodiacais

1 Áries. Representa o sacrifício. Emanou de si os átomos cerebrais do homem cósmico. É o Pai, motor pensante, instinto e inteligência.

2 Touro. Representa a fecundidade do sacrifício; é a força procriadora da natureza; é a Mãe. É a garganta do grande ancião dos dias; é a fecundidade e a força do pensamento silencioso, de tudo o que é amável e bom.

As dez restantes expressam a década que é chamada a árvore dos *Sephiroth* (emanações ou árvore da vida).

3 Gêmeos. Serafins. No período lunar, despertaram no homem o ego.

4 Câncer. Querubins. No período solar despertaram no homem o espírito de vida.

5 Leão. Tronos. Senhores da chama; no período de Saturno despertaram o germen do corpo denso,

6 Virgem. Dominações. Senhores da sabedoria. No período solar deram o corpo de vida ou vital.

7 Libra. Potestades. Senhores da individualidade no período lunar deram o corpo de desejos.

8 Escorpião. Virtudes. Senhores da forma. No período terrestre encarregam-se da evolução do homem.

9 Sagitário. Principados. Senhores da mente. Trabalharam os átomos mentais superiores.

10 Capricórnio. Arcanjos. Modelam atualmente o corpo de desejos superior.

11 Aquário. Anjos. Os do instinto, do desejo para a nutrição, a propagação etc.

12 Peixes. Espíritos virginais. É o homem atual que encerra em si todos os anteriores, e o caminho da evolução, ou da ascensão.

Essas doze hierarquias tiveram de abrir no corpo humano doze portas para poder nele operarem e são as seguintes:

duas orelhas
dois olhos
duas narinas
uma boca

duas mamárias
um umbigo
um órgão sexual
um ânus

Segundo a astrologia, Áries domina a cabeça; Touro, a garganta e o pescoço; Gêmeos, os pulmões e os braços; Câncer, o estômago; Leão, o coração; Virgem, os intestinos; Libra, os rins; Escorpião, os órgãos sexuais; Sagitário, os quadris e os músculos; Capricórnio, os joelhos; Aquário, os tornozelos e Peixes domina os pés.

Essas doze hierarquias estão encerradas no homem celestial ou cidade santa e correspondem às doze faculdades, lóbulos ou centros cerebrais e comparam-se aos filhos de Jacó, que são os seguintes:

Rubem	Percepção	Aquário
Simeão	Conhecimento	Peixes
Levi	Associação	Gêmeos
Judá	Oração e fé	Leão
Dan	Juízo	Libra
Neftali	Egoísmo	Capricórnio
Gad	Memória	Escorpião
Asher	Vontade	Virgem
Issachar	Amor e ódio	Touro
Zebulão	Fecundidade	Câncer
José	Simpatia	Sagitário
Benjamim	Poder na aflição	Áries

Vers. 13 Pelo Oriente havia três portas; pelo setentrião, três portas; pelo meio-dia, três portas e três portas pelo ocidente.
Vers. 14 E o muro da cidade possuía doze fundamentos e, nesses doze, os números dos doze apóstolos do cordeiro. (Também esses símbolos estão representados nos doze discípulos de Jesus).

O Espírito dispõe de doze faculdades ou centros de ação, com doze anjos ou entidades atômicas que presidem a esses centros.

Quando o iniciado (exemplo: Jesus) adquire a perfeição espiritual, de fato, começa a desenvolver poderes de maior amplitude, enviando seu pensamento, aspiração e respiração aos centros ocultos de seu organismo para despertá-los e saturá-los de energia.

Esses centros começam, por mando do pensamento e da vontade manifestada pela palavra, a exteriorizar e plasmar a vontade do *Eu Sou*.

A segunda vinda simbólica do Cristo significa que, quando o espírito Crístico ressuscita no homem, pode despertar seus doze centros, regenerar a subconsciência e convertê-la em superconsciência (que é a segunda vinda de Cristo).

Na revelação de são João vemos a Jerusalém celestial que é o corpo físico do homem cuja alma perfeita, esposa ou luz de Deus que ilumina a cidade quadrangular, tem doze cimentos e quatro muralhas com três portas em cada muralha. Doze anjos são os obreiros do espírito dentro do homem e cada anjo preside a uma função e trabalha por meio de agregados de células chamadas centros ganglionares ou glândulas endócrinas.

O grande centro de todo esse sistema está no topo da cabeça onde se manifesta e reina o *Eu Sou*. É a montanha de todos os profetas, aonde iam adorar, em retiro, para chegar à união com Deus Íntimo.

De maneira que os doze apóstolos simbolizam as doze hierarquias que governam os doze centros do sistema simpático para manifestação do Cristo na segunda vinda e são os seguintes:

Pedro	Fé	Centro do Cérebro	Pineal
André	Fortaleza	Os rins	Supra-renais
Santiago	Acerto	O estômago	Pâncreas
João	Amor	*Post*-coração	Timo
Felipe	Poder	Raiz da língua	Tireóides
Bartolomeu	Imaginação	Fronte	Pituitária
Tomé	Sabedoria	Centro frontal direito	
Mateus	Vontade	Centro frontal esquerdo	
Santiago (Alfeu)	Ordem	Umbigo	Apêndice
Judas Tadeu	Eliminação	Base da espinha	Sacro
Simão Cananeu	Zelo	Parte posterior do cérebro	
Judas Iscariotes	Vida	Glândulas sexuais	

A fé produz força e a força reaciona em fé. O amor sem acerto é desastroso e ambos juntos produzem a aquisição da riqueza. A imaginação cria e o poder se expressa imaginativamente.

A sabedoria e a vontade marcham sempre unidas; a ordem e o zelo caminham com a reprodução humana e a reprodução materna leva consigo o céu.

Nem a colocação, nem os nomes dessas faculdades são arbitrários. Por sua vez, essas faculdades dividem-se e subdividem-se à medida que se desenvolvem. Assim, a ordem, colocada na raiz da língua, governa o gosto, regula a ação do homem. A ordem subdivide-se em harmonia, paz e gozo. A fé compreende a confiança. A fortaleza abarca o vigor, a resistência e a energia. A imaginação e a visualização completam-se. O acerto significa também justiça, justa apreciação dos fatos e dos homens, Justo uso, julgamento acertado. O zelo leva consigo o entusiasmo e, em seu extremo se torna fanatismo, religioso ou político. A vida cobre a reprodução e a saúde. A eliminação refere-se às toxinas, à digestão e à purificação de todo pensamento ou emoções negativas.

Cada um desses centros pode e deve desenvolver-se por meio de afirmações e negações, pela aspiração, respiração e meditação ou, se já atingiu a compreensão completa da individualidade e da unidade cósmica, por meio da comunhão com o infinito. Quando o batismo da palavra banha um centro, este desenvolve à vontade, o acordo, a imaginação, a saúde, a prosperidade, o poder, o vigor, a harmonia, a fé, a paz, e as células se eletrificam, vitalizam-se e renovam-se caso nelas se concentre o pensamento, se lhe falamos, especialmente quando estejam em repouso a mente consciente e corpo.

Diz a medicina que só metade das nossas células está constantemente em atividade, desperta, vibrante, eletrificada, e que a outra metade dorme. Eis o poder que pode despertar, fazer vibrar, comunicar nossa vida às células todas do nosso organismo. Os que ignoram esses métodos chamam milagres aos resultados que se obtêm.

Ora, o fito é manter o equilíbrio de todas as nossas faculdades desenvolvendo aquelas que achamos débeis e moderando as que tenham danoso crescimento excessivo. Todas devem ser presididas harmonicamente pelo Cristo, o *Eu Sou*, cuja manifestação está situada no topo da cabeça, onde a personalidade do homem comunga serena, confiada e tranquilamente com o Infinito.

Vers. 15 E o que falava comigo tinha uma medida de uma cana de ouro (espinha dorsal) para medir a cidade, suas portas e o muro.
Vers. 16 E a cidade é quadrada, tão larga quanto longa, e sua altura e comprimento são iguais. (Volta são João ao corpo do homem que, estando os braços abertos, em forma de cruz, mede o mesmo na largura quanto na altura).

Vers. 17 E mediu seu muro e tinha 144 côvados (1+4+4=9 que é o número da humanidade) medida do homem, que era a do anjo.
Vers. 18 E o material desse muro era jaspe (todo harmonia), mas a cidade era ouro puro (todo espiritualizado) semelhante a um vidro limpo (todo transparente e sem mancha).
Vers. 19 E os fundamentos do muro da cidade estavam adornados de toda pedra preciosa (aqui nomeia as pedras preciosas que correspondem aos doze signos zodiacais, tema tão discutido hoje).

Segundo a filosofia hermética, a mônada ou espírito dimanante de Deus, antes de chegar ao reino humano, há de passar pelos três reinos elementais: mineral, vegetal e animal durante uma cadeia planetária, em cada um desses reinos, de modo que a mônada hoje residente no reino mineral da atual cadeia planetária não chegará ao reino humano antes da sétima e última cadeia planetária do universo regido por nosso logos. Pois bem, essas mônadas residem nas pedras preciosas, que, por seu aspecto e constituição, considera a filosofia esotérica serem os seres superiores do reino mineral, assim como o homem é o ser superior do reino animal. Portanto, toda mônada evolucionada reside numa pedra preciosa e como o homem é o ser mais perfeito que haja passado por esse reino, forçosamente em si tem de tudo do reino mineral, isto é, a semente espiritual desse reino. São João atribui a cada signo uma pedra preciosa, isto é, o que pode cada anjo operar na matéria. Quando o homem chega à perfeição desejada, faz que um dos seus centros indicados brilhe e irradie uma cor muito semelhante a uma das pedras preciosas que estão enumeradas deste modo: o primeiro fundamento era jaspe; o segundo, safira; o terceiro, calcedônia; o quarto, esmeralda; o quinto, sardônica; o sexto, sárdio; o sétimo, crisólita; o oitavo, berilo; nono, topázio; o décimo, crisopraso; o undécimo, jacinto; o duodécimo, ametista.

Vers. 20 Todas essas pedras, segundo a Cabala, possuem suas virtudes; por exemplo: esmeralda é custódia da castidade; ametista preserva da embriaguez e da vaidade etc. Cremos que, com essas explicações, já podemos compreender o significado dos centros e sua relação com as pedras preciosas que correspondem às virtudes e poderes do espírito no corpo do homem.
Vers. 21 E as doze portas são doze margaridas (assim como as margaridas têm várias folhas ou pétalas, assim também cada centro irradia vários raios

e cada raio representa uma virtude) uma em cada uma; cada porta era de uma margarida; e a praça da cidade, ouro puro, como vidro transparente.
Vers. 22 E não vi nela templo porque o Senhor Deus Todo Poderoso é o templo dela e o cordeiro (porque o homem futuro estará identificado com o *eu* universal).
Vers. 23 E a cidade não há mister de sol nem lua que luzam nela, porque a claridade de Deus a alumiou e sua lâmpada é o cordeiro.
Vers. 24 E andarão as gentes em sua luz e os reis da terra levar-lhe-ão sua glória e honra.
Vers. 25 E suas portas não se fecharão de dia porque não haverá noite ali.
Vers. 26 E levar-lhe-ão a glória e a honra das nações.
Vers. 27 Nela não entrará coisa alguma contaminada, nem nenhuma que cometa abominação e mentira, senão apenas os que estão inscritos no livro da vida do cordeiro. (Porque, então, o homem estará puro em pensamento, palavras e obras).

18. Esse é o futuro do homem evolucionado, o homem que, por meio da aspiração, respiração e meditação puras e perfeitas chega à união com o *Eu Sou* Íntimo.

O estudo do quadrado nos conduziu ao estudo da cidade santa. O quadrado sempre foi a perfeita imagem do templo perfeito e da cruz.

Estudamos a quadratura do círculo e quando a cruz começa a girar, quer dizer, quando o reino da natureza chega à evolução completa, o quadrado e a cruz giram em redor do centro e formam novamente o círculo ou o que equivale a dizer, voltam à perfeita união com o Absoluto.

19. Antes de finalizar este capítulo, desejaríamos refrescar a memória do aspirante em relação à prática e desenvolvimento dos centros que consistem no seguinte:

Concentrar e visualizar a virtude ou poder do centro que se deseja desenvolver. Suponhamos que o centro desejado é o cérebro, fonte da fé. Ao concentrar na glândula pineal e ao visualizar o poder e o efeito da fé, o sangue flui a esse centro e começa a desenvolvê-lo.

Depois da concentração temos de despertar o desejo ardente de possuir esse poder e evitar matá-lo com a dúvida: porém, caso a dúvida nos invada, podemos repeli-la com uma frase: *Eu e Ele somos Um*.

Depois, inala-se pela narina esquerda (recordando-se sempre de que a inalação pela esquerda é receptiva) os átomos da fé durante oito palpitações do coração; reter o alento durante quatro pulsações; exalar durante oito e, com o pensamento, enviar os átomos aspirados àquele centro. Durante a retenção que deve durar quatro pulsações, pode-se formular uma curta oração como: Graças, meu Pai! ou esta: Pai, confio em Ti! etc.

Terminada essa respiração pode-se recomeçar, porém desta vez principiando pela direita como foi indicado no método ioguístico na primeira parte.

Depois praticar as sete inspirações por ambas as narinas.

20. Depois do exercício podemos continuar formulando nossas afirmações positivas, crendo no que visualizamos, negando com ênfase a dúvida e o medo.

Dia chegará em que o homem, afastando-se de todo templo e entrando dentro de si, ali se achará com o Pai e o Pai o ouvirá no silêncio.

6
O QUINÁRIO E A UNIDADE

1. O quaternário e os quatro elementos são, como já dissemos, os princípios pelos quais se manifesta a matéria.

Também já se disse: tudo quanto existe deve ser dual em sua natureza, triúno em sua manifestação e quatro para a realização. Porém, se o quaternário não se une ao quinto, que é a vida, toda materialização morreria, de modo que é necessário unir uma quinta essência aos quatro elementos para dar-lhes vida e movimento.

2. Essa quinta essência ou o quinário representa a aspiração, o alento que mantém a vida no criado; daí a ideia de que todo o animado se mantém por efeito do alento.

O próprio ser manifesta-se pelo alento que dá ação à vida.

De modo que o alento ou respiração é o meio que une o espírito divino ao corpo material, assim como o homem une Deus com a natureza.

3. O homem é quinário: quatro elementos e um espírito que, por seu alento, vivifica os quatro.

O alento exprime:

1º A ideia da vida, da animação.
2º A ideia do Ser.
3º A ideia da união do espírito ao corpo.

O alento respiração representa a penetração do poder criador através do mundo divino, do mundo intelectual e do mundo material.

A respiração é dual: a direita é a lei; a esquerda é a liberdade.

4. O ano, respiração do Sol, tem quatro estações: a respiração tem quatro pulsações que correspondem às estações do ano.

1º pulsação — Inalação — Outono.
2º pulsação — Descanso — Inverno.
3º pulsação — Expiração — Primavera.
4º pulsação — Descanso — Verão.

5. O homem, igual ao universo, tem duas medidas dentro do corpo: 72 pulsações do coração por minuto e 18 respirações por minuto.

Em um dia de 24 horas há 1.440 minutos (24 × 60 = 1.440). As respirações do homem em um dia, ou em 1.440 minutos, à razão de 18 respirações por minuto são igualmente: 1.440 × 18 = 25.920. Dia cósmico do Sol.

Se dividirmos o número 25.920 por 72 (25.920 ÷ 72 = 360) teremos o valor da circunferência em graus.

Pondo à prova ambos os números 72 e 18 em diversas direções teremos o seguinte:

a) 360 × 72 respirações = 25.920 respirações, igual a um dia.
b) 360 × 360 × 72 respirações igual a 360 dias, igual aos dias ou graus de um ano.
c) 360 × 360 × 72 × 72 respirações igual a 72 anos.
d) 360 × 72 × 72 igual a uma precessão.

Porém, os 360 são o valor dos graus da circunferência e não os dias do ano, de modo que nos faltam cinco dias para o ano. Mas, ao calcular os cinco dias restantes teremos:

Cinco dias igual 5 × 72 — 360 × 360 respirações.
Os verdadeiros valores do quádruplo grupo anterior são:
1. 360 × 72 respirações, igual a um dia.
2. 360 × 360 × 72 pulsações.
360 × 360 × 1 respiração igual a um ano.
3. 360 × 360 × 72 × 72 pulsações.
360 × 360 × 72 respirações igual a 72 anos.
4. 360 × 360 × 72 × 72 × 360 igual a 72 pulsações.
360 × 360 × 72 × 360 × 72 respirações, igual a uma precessão.

6. O quarto de dia restante para o ano completo daria os mesmos valores, como veremos depois.

Para representar o caráter dos valores cíclicos bastam as respirações dos cinco dias restantes.

1) Um dia igual a 360 × 72 respirações.
2) Um ano igual a 360^2 × (72 × 1) respirações.
3) 72 anos 360^2 × (72^2 × 72) respirações.
4) Uma precessão 36 (3 × 72^3 igual a 72^2) respirações.

7. Em cada 72 anos esses dias restantes formam exatamente um ano de 360 dias e temos, em 72 anos de 365 dias, 73 anos de 360 dias.

Então, temos que: em 72 anos, ou 360 avos do círculo de precessão, translada-se o ponto primaveril do sol equinocial (0° de Áries) um grau no Zodíaco e, precisamente esse grau é o caracterizado por 72 anos de 360 dias que cai sempre em cada 72 anos de 365 dias.

O número 72 anos é o símbolo da vida humana; o grau da precessão ou os 72 anos é o símbolo do homem segundo os hindus.

De maneira que:

Um dia é igual a 25.920 respirações.
Um ano é igual a 25.920 por dez minutos duplos ou 360 respirações.
72 anos são iguais a 25.920 dias.
Uma precessão é igual a 25.920 anos.

8. O homem normal sente latejar o coração 72 vezes por minuto, ao passo que respira 18 vezes no mesmo tempo. Pulso e respiração estão na proporção de 1:4. E um minuto se acha na mesma relação dos valores da rotação diária da Terra; 360 graus necessitam 1.440 minutos; um grau, portanto, é igual a quatro minutos.

Os valores do grau estão em proporção aos minutos como 1:4, como a proporção do pulso à respiração.

Pode-se com isso comprovar a relação íntima e misteriosa entre os ritmos do homem e os ciclos cósmicos que se completam mutuamente.

Quando um homem desobedece aos valores rítmicos, forçosamente tem de sofrer as consequências de sua desobediência.

9. Agora podemos continuar:

72 pulsações são iguais a um minuto.
72 × 360 pulsações são iguais a 360 minutos, iguais à quarta parte do dia que nos faltou para completar um ano.
Um quarto de dia (360 minutos × 72) igualam 18 dias, análogo à quantidade de respiração.

10. Um grau (quatro minutos) corresponde a 72 respirações e temos:

a) 72 pulsações (valor do minuto) = símbolo da vida.
b) 72 respirações (valor do grau) = símbolo da vida.
c) 72 anos = símbolo da vida.

11. Os antigos contavam por horas e minutos de dupla duração, e por isso o dia tinha apenas doze horas ou 720 minutos:

Um minuto duplo/ 144 pulsações; o dia, 1.440 minutos.
Um minuto duplo/ 360 respirações; um dia = 360 graus.
Um grau = 72 respirações; um dia = 720 minutos duplos.
Um minuto = 72 pulsações; um dia/ 720 minutos duplos.

A filosofia hindu media o tempo por *tatvas*:

Um *tatva* igual a 432 respirações; uma hora — 4.320 pulsações, o número sagrado de *Blawatsky*.
Um *tatva* igual a seis graus, um dia, 60 *tatvas*.
Um *tatva* igual a doze minutos duplos.
Um grau, 120 segundos duplos.

12. Os antigos filósofos hindus formaram suas cronologias com os dois fatores: 72 pulsações e 18 respirações do homem por minuto. Não nos cabe entrar aqui em minúcias, porém podemos resumir o seguinte:

Krita-Yuga, quatro vezes 72, igual a 288 graus.
Treta-Yuga, três vezes 72, igual a 216 graus.
Dvapara-Yuga, duas vezes 72, igual a 144 graus.
Kali-Yuga, 72 graus
288 é a pulsação em quatro minutos.
216 é 120 avos (10 × 12) da precessão.
144 pulsações de um minuto duplo.
72 é o número chave para todos os ciclos.

Vamos resumir:

a) Um dia = 360 × 72 respirações.
Um ano = 360 × 360 × 72 respirações.
72 anos = 360 × 360 × 72 × 72 respirações.
Precessão = 360 × 360 × 360 × 72 × 72 × 72 respirações.
b) Um dia = 360 graus.
Um ano = 360 × 360 graus.
72 anos = 360 × 360 × 72 graus.
Precessão = 360 × 360 × 360 × 72 × 72 graus.

c) Um dia = 360 × 4 minutos.
Um ano = 360 × 360 × 4 minutos.
72 anos = 360 × 360 × 72 × 4 minutos.
Precessão = 360 × 360 × 360 × 72 × 72 × 4 minutos.
d) Um dia = 360 × 72 × 4 pulsações.
um ano = 360 × 360 × 72 × 4 pulsações.
72 anos — 360 × 360 × 72 × 72 × 4 pulsações.
Precessão = 360 × 360 × 360 × 72 × 72 × 72 × 4 pulsações.

O grau é a unidade; o minuto, o quádruplo. Respiração é os 72 avos da unidade; pulsação é o quádruplo dos 72 avos.

13. O alento da vida chamado Prana manifesta-se em cinco elementos *Tatvas* cada um dos quais atua em uma parte do corpo humano e são:

1º *Prithvi* — a *terra*, que influi dos pés aos joelhos.
2º *Apas* — a *água*, que influi dos joelhos ao ânus.
3º *Tejas* — o *fogo*, que influi do ânus ao coração.
4º *Vayu* — o *ar*, que influi do coração à fronte.
5º *Akash* — o *éter*, que influi da fronte ao alto da cabeça.

14. Esses cinco elementos relacionam-se com os cinco sentidos.

1º O *olfato* relaciona-se com o *sólido* (terra).
2º O *gosto* relaciona-se com o *líquido* (água).
3º A *vista* relaciona-se com o *gasoso* (fogo).
4º O *tato* relaciona-se com o *aéreo* (ar).
5º O *ouvido* relaciona-se com o *etérico* (éter).

15. Cada hora de respiração está integrada por cinco ciclos durante os quais exerce sua influência um desses elementos:

1º A terra durante 20 minutos.
2º A água durante 16 minutos.
3º O fogo durante 12 minutos.
4º O ar durante 8 minutos.
5º O éter durante 4 minutos.

16. Durante cada ciclo respiratório, nossas correspondências orgânicas e mentais vibram segundo o impulso da classe de energias que prevalece nesse tempo e determinam um estado de ânimo correspondente:

1º O éter faz-nos emotivos (inspirados).
2º O fogo faz-nos ardentes e fogosos (apaixonados).
3º O ar nos torna inquietos (impetuosos).
4º A água nos faz dóceis (ternos).
5º A terra faz-nos egoístas (ambiciosos).

17. A cada hora flui a respiração por uma fossa nasal, formando doze ciclos de duas horas, (uma positiva e outra negativa) que correspondem ao passo de cada signo do Zodíaco pelo meridiano que habitamos. Se conhecemos o instante em que ocupa cada signo nosso meridiano, podemos saber o elemento que rege nossa respiração e a parte do corpo que atinge. Uma tábua da hora sideral e o signo que ocupa o meridiano permite ao aspirante fazer exercícios respiratórios para ativar as funções que lhe interessam.

O sol, durante 12 horas do dia, atua positivamente na respiração dando-nos o positivo; a lua, durante as 12 horas da noite, emite eflúvios negativos do signo em que está.

18. O iniciado não é um ser desocupado e preguiçoso e não pode dedicar todo o seu dia estudando as tábuas dos signos e horas siderais para praticar exercícios. O iniciado é um ser que domina as estrelas por meio de seus pensamentos positivos e absorve, à vontade, as energias atômicas de que necessita a cada instante e em qualquer lugar.

Formou, pois, o Senhor Deus, o homem do barro da terra e soprou-lhe nas narinas o sopro da vida e foi feito o homem de alma vivente. O sopro de vida que animou Adão foi-lhe dado pelas narinas, isto é, no ato de respirar. O homem aspira o sopro de Deus.

O ar que respiramos está cheio de átomos negativos e positivos criados por nossos pensamentos desde a formação do mundo, e, ao sermos desprovidos, pela classe de nossos pensamentos, de uma classe deles, a outra chega a nossos pulmões com excesso de potencial em uma de suas fases.

O excesso será negativo ou positivo conforme o pensamento e segundo a narina por onde penetre. O sangue impregna-se desse potencial e distribui-o por todo o organismo ocasionando as seguintes reações:

Cada respiração purifica dois litros de sangue ou 800 litros por hora e mais de 20 mil litros por dia.

Conforme for o pensamento, impregna esse caudaloso fluxo de sangue, células, glândulas, neurônios, hormônios, centros psíquicos etc. Modela nosso ser físico, mental e espiritual e faz-nos sentir, pensar e obrar segundo a vontade dos átomos atraídos pela classe dos pensamentos concebidos durante a respiração.

19. A respiração simultânea é a que flui por ambas as fossas nasais ao mesmo tempo. No homem normal ocorre nos períodos em que se muda o fluxo, uns cinco minutos. Durante esse período trabalham os dois nervos e estão ativos simultaneamente o *Pingala* e o Ida (o direito e o esquerdo) o que ocasiona o trabalho de *Sushuma* (o médio ou central).

Durante a respiração simultânea equilibra-se o poder do homem, mas também ocorre o deslocamento do maior esforço. Assim, os arrebates de paixão, os atos impulsivos, os grandes feitos etc. são executados durante a respiração simultânea, porém, imediatamente depois de ter estado ativa a fossa nasal direita. Ao contrário, os atos de rancor, o desfreio da inveja e baixas paixões também sucedem durante essa respiração, porém depois de ter estado ativa a fossa nasal esquerda.

20. "Velai e orai para não entrardes em tentação" disse Jesus. Em todos os casos, o fluxo simultâneo intensifica a emoção predominante e induz a pessoa a perder o domínio das faculdades. Ela sente, pensa e obra de modo mais violento que durante o fluxo de uma das fossas nasais. Quando o homem vela e ora, mantém seus pensamentos sempre puros, regula a distribuição do Prana ou alento de vida nos órgãos da procriação física ou intelectual, fazendo-o descer, umas vezes, ao centro sexual e, outras, subir ao plexo solar e cérebro de acordo com a ideia que predomina em cada instante. Na respiração simultânea, a serpente do fogo vibra com maior força e dirige seu poder na direção de onde tem o pensamento sua concentração. Essa direção de energia pode determinar:

1º A inspiração mental, se sobe ao cérebro.
2º A fúria sexual, se baixa aos órgãos sexuais.
3º A potência física, se acumula no plexo solar.

21. Essa respiração, no homem ordinário, ocasiona o excesso que o conduz a extremos perigosos; porém no iniciado, no mundo interno, produz o equilíbrio da lei.

O iniciado que sempre busca o equilíbrio, pelo amor impessoal, pelo sacrifício, respira, durante a maior parte de sua vida, a respiração simultânea para maior eficácia e melhor cumprimento da lei.

22. O alento, origem da vida, manifesta-se em cinco princípios elementais, conhecidos pela filosofia ioguista com o nome de *Tatvas*. Esses *Tatvas* são forças naturais, sutis, que podemos considerar como modificações na vibração do éter.

Cada uma dessas modificações atua em um dos cinco sentidos do homem. Assim, o Sol corresponde ao *Tatva Tejas* ou fogo e influi nos olhos e na visão; a Lua influi em *Apas*, água que se aplica ao gosto: e assim cada planeta tem sua influência em cada *tatva*. *Prithvi*, a terra, rege o olfato; *Akash*, éter, o ouvido; *Vayu*, o ar, o tato e a linguagem.

Dizem os *Upanishads*: "O universo é originado pelos *Tatvas*, sustido pelos *Tatvas* e nos *Tatvas* se dissolve". Nós podemos dizer que: o homem é filho dos seus sentidos; pelos sentidos vive; pelos sentidos sustém-se e por eles morre.

Esses *Tatvas* são como princípios cósmicos energéticos e vitais; enquanto produzem matéria, animam-na com suas energias. Refletem, nos sentidos, com as diferentes funções orgânicas e regulam as manifestações em todos os aspectos.

23. O tato pertence ao corpo físico; o gosto, aos instintos; o olfato, ao corpo de desejos; o ouvido, ao mental e a vista, à vontade.

Os cinco sentidos são as expressões do quinário com as cinco funções vegetativas (respiração, digestão, circulação, excreção e reprodução). O quinário é o número que preside a todas as manifestações da vida animal do homem sob o domínio do *Eu Sou*.

24. Os sentidos são as janelas do Templo-corpo; levam a luz do mundo externo; mas, também, o homem recebe a luz interna e, por meio deles pode atuar sobre o mundo externo.

O iniciado transforma essas cinco cadeias que o atam ao poder da ilusão em úteis instrumentos do *Eu*. Os cinco sentidos e nossa mente estão construídos com material recebido do exterior, assim como das reações internas.

25. Os cinco sentidos são os cinco talentos de que falou Jesus no capítulo 25 do *Evangelho de são Mateus* e no capítulo 19 de *são Lucas*.

Todo homem que possui os cinco sentidos está obrigado a trabalhá-los e duplicá-los. Um sentido bem educado dá um talento interno e dessa maneira os cinco talentos duplicam-se como justo uso para dar conta ao Senhor, em seu regresso, na segunda vinda.

26. Já dissemos que o alento é o criador dos cinco sentidos. Uma de suas vibrações desenvolve a vista.

A vista é o primeiro sentido a que se deve dar a maior importância. O iniciado deve praticar e aspirar a ver a luz Interna da verdade, emanada do *Eu Sou* para dirigir, segundo essa luz, todos os pensamentos e construções mentais, e, segundo se modifica a visão interior das coisas, também se modifica em correspondência com a vista interna.

Jesus disse: "A lâmpada do corpo é o olho (interno, a glândula pineal)"; de modo que, se teu olho fosse sincero todo teu corpo seria luminoso; mas, se teu olho for mau, todo teu corpo será tenebroso. Assim, se a luz que em ti há são trevas, quantas serão as mesmas trevas?".

Essa é uma verdade. A visão interna é a faculdade imaginativa do homem, que é sua fé operadora de milagres.

O que vemos influi em nossa mente, e nossa imaginação contribui para fazermos o que somos. Tal qual pensa o homem em seu coração, assim será.

Por sua vez, o que somos, sentimos e pensamos de nós mesmos modifica nossa visão interna e externa. Felicidade, desgraça, beleza, fealdade etc. estão dentro de nosso sentir interno; por essa razão, duas pessoas distintas, ante as mesmas coisas ou circunstâncias, vê-las-ão de maneira distinta.

O iniciado deve adquirir a visão exterior e interiormente em todos os seus feitos. No mundo exterior deve olhar e contemplar tudo o que possa elevar-lhe o espírito aos mundos superiores; motivos não faltam, por exemplo, pinturas, prados, flores, tudo quanto nos oferece a mãe natureza de belo; no mundo interno, deve visualizar todo o positivo, todo o construtivo para manter sempre luminoso o olho interno a fim de iluminar a senda de si mesmo e dos demais.

Uma visualização baixa e densa obscurece o olho interno ou a glândula pineal; nunca devemos interpretar mal o que vemos no próximo.

Toda atividade externa é a expressão da visão interna. Toda realização foi revelada pela íntima visão. As trevas externas existem para o homem na medida em que sua visualização interna se acha limitada pelos erros que possui das coisas.

A visualização positiva é o centro do poder em mãos do iniciado; todo limite exterior desaparece ante a visão perfeita que nos conduz ao progresso.

A vista interna positiva desenvolve-se pela aspiração ao belo, aquela aspiração que nos dá o domínio absoluto das emoções que produz a vista das coisas raras e inesperadas.

Essa prática desenvolve, de modo surpreendente, à vontade.

A vista positiva nos depara ocasião de receber o primeiro talento da consciência interna e perfeita das coisas.

Com ela recebe o homem acréscimos de energias que mais tarde o impelirão a ser mais ativo e maior grau lhe darão de força produtiva.

Tal força movimenta-lhe as faculdades intelectuais e absoluta confiança em si mesmo e até os olhos físicos funcionarão melhor.

Essa é a ciência da contemplação, porém temos de contemplar sempre o belo até no feio; nunca, entretanto, se deve contemplar o feio. Consoante a beleza interior de nossa mente podemos encontrar o grau de beleza nas coisas. A mente maligna jamais pode achar algo bom, nem nas coisas nem nos homens.

27. O segundo talento é o ouvido: o homem determina o que pensa e crê pelo que ouve. O ouvido é a base da fé e confiança em todas as suas manifestações.

Segundo o que vê, o homem sabe e, segundo o que ouve, conhece; porém o melhor conhecimento é o que nos advém da voz interior que sempre nos fala e, conforme escutamos, dirige o curso de nossos pensamentos, determinações, palavras e obras.

A voz interior, análoga à visão interior nos grita a cada instante para livrar-nos da queda.

O anjo da espada que se acha à porta do Éden, examina por meio do ouvido, a qualidade das vibrações das palavras que tentam entrar em nossa consciência e só admite as palavras positivas e construtoras que vibram em harmonia com o verbo divino.

O iniciado deve sempre tratar de ouvir o sublime, o belo de todas as artes, até chegar a possuir o sentido estético no ser psicológico e no centro intelectual. Tudo fala aos sentidos para formar e embelezar o intelecto, considerado como o segundo talento.

Nunca se deve ouvir a injúria, a calúnia, a vituperação, a crítica e tudo o que pode ferir a natureza humana. Temos sempre de aspirar e concentrar na voz interna ou voz do silêncio, chamada assim porque silencia os sentidos e nos comunica o saber do Íntimo, nesse estado.

28. A vista nos dá a consciência da verdade que desenvolve nossa vontade; o ouvido outorga-nos a fé; o tato revela-nos o amor. As mãos são os mensageiros da mente, devem ter apurado tato tanto material, quanto moral para não ferir.

Diz o refrão: devemos agir com tato. Agir com tato é coisa relevante, pois de nosso tato depende o êxito ou malogro; porque, agir com tato é agir com prudência, com talento, e, consequentemente, com amor, que é o terceiro talento dado pelo Íntimo ao homem.

Porém, o amor deve ser impessoal; por isso disse Jesus que tua mão esquerda não saiba o que fez tua direita, quer dizer, amor puro, desinteressado e sem esperança de recompensa.

29. O quarto talento pertence ao gosto. O gosto é o guarda-templo ou o sentido que representa o anjo da guarda.

Assim como o homem por meio da inteligência deve escolher os alimentos sãos para manter o corpo, assim deve o iniciado buscar o gosto espiritual da individualidade. Homem de gosto é o homem que transcendeu o vulgar para adquirir o requinte do superior, do elevado, para sofrear os instintos, que, não domados a tempo, serão obstáculos aos esforços do aspirante. Não se deve esquecer que o gosto é o único sentido que tem relação com o centro instintivo.

30. O quinto talento é o olfato que representa o segundo anjo porque tem muita relação com o gosto; é o guardião externo do templo do corpo.

Sobre o olfato está baseada a ciência da respiração, cuja influência está comprovada sobre a parte mais sutil e delicada do nosso ser; o sistema nervoso simpático e a inteligência.

O iniciado deve purificar seu ambiente mental para poder respirar os átomos puros que têm relação íntima com o pensamento.

Dessa maneira pode introduzir em seu corpo o ar mais puro dos *Tatvas* anteriormente indicados.

O homem deve desprender cheiro de santidade. Essa frase não é alegórica nem poética; é uma verdade, porque o homem santo emana realmente um cheiro agradável, que, embora não percebido pelo sentido físico do olfato, é muito penetrante para o sentido psíquico.

Uma vez dominados os sentidos segundo essas práticas, pode o homem devolver ao seu Íntimo os cinco talentos duplicados e o Íntimo, senhor e dono, lhe diz: "Bom servo; foste fiel com pouco; dar-te-ei muito; entra no gozo do teu Senhor" isto é, sê um comigo.

7
O SENÁRIO E A UNIDADE

1. A estrela microcósmica, símbolo do homem, é o caminho do microcosmo que leva à estrela macrocósmica, composta de dois triângulos entrelaçados formados pela ação dos cinco pontos da primeira.

O senário é a encruzilhada do caminho; um trilho vai para a direita, outro para a esquerda.

Os cinco sentidos do homem bem educados e bem aplicados conduzem ao centro, morada da inteligência, à intuição do coração.

2. Os cinco sentidos são os cinco graus que nos levam à união, por meio da inteligência com o Íntimo.

O 1º grau corresponde à terra, mundo dos instintos em cujo seio se acha oculta a Realidade das coisas que se escondem sob a forma e correspondem à reflexão perseverante.

O 2º é o ar que representa o mundo mental com seus erros e correntes contrárias, onde o iniciado deve permanecer firme em sua fé espiritual como a rocha contra o embate do mar. Esse grau corresponde à firmeza equilibradora. Obtém-se pelo domínio do tato.

O 3º grau é a água, o mundo de desejos, o mundo astral onde o iniciado deve dominar e acalmar o mar de suas paixões, sempre enfurecido no ventre e no fígado.

Sempre deve manter-se sereno como o guerreiro valente em meio da luta.

Com o domínio do gosto adquire serenidade.

O quarto é o fogo das aspirações que se traduz pelo entusiasmo que safa o homem da fria indiferença e do ardor da febre. Com o domínio da vista, chega-se a esse estado.

O quinto é o éter condutor das vibrações do verbo que é *luz*. Quando entra pelo ouvido interno provoca em nós a faculdade do discernimento.

3. Com a iniciação interna torna-se o homem fulgente estrela, verdadeiro filho de Deus feito carne, porque dominou seus cinco sentidos. Tem cinco pontas e representa o poder soberano do mago ante quem se inclinam os elementos da natureza.

4. Porém, dentro da estrela de cinco pontas, no coração, deve brotar novo elemento, nova entidade atômica e divina, que é o centro da inteligência que quer criar por meio dos cinco sentidos: a força criadora.

5. Quando o homem dirige à cabeça, por meio de seus pensamentos, a força criadora, à maneira do número seis (6), imagem do arco evolutivo, une o ponto superior (símbolo da essência divina) com o círculo da sua manifestação e também representa o esforço dessa manifestação para cima. Porém, quando o homem desce com seus pensamentos à inferioridade do seu ser, aos instintos e paixões para viver e deleitar-se aí, a força criadora o converte em monstro, em macho caprino, emblema da magia negra.

6. A estrela microcósmica de cinco pontas tem no centro a força criadora que completa o número seis. Essa força produz a involução, como demonstra a Bíblia na queda do homem e produz também a evolução quando devidamente usada, convertendo-se na árvore da vida.

Segundo a vontade do homem e seus pensamentos essa força conduz à degeneração ou à regeneração.

7. O iniciado, por meio da vontade ou aspiração contínua e pelo pensamento, canaliza a força criadora para a nutrição de seus cinco sentidos e, dessa maneira, chega a ser um com Deus, o Íntimo. Essa energia o leva a libertar-se da escravidão dos sentidos e paixões; é a escada simbólica de Jacó que vai da terra ao céu.

8. O senário ou o número seis está simbolizado pelos dois triângulos entrelaçados ou estrela macrocósmica. Esse símbolo representa o bem e o mal. Conforme a vontade do homem, a força divina pode ser empregada para o bem ou para o mal. Quando essa força é utilizada para a harmonia, o triângulo é branco e luminoso, e quando é aproveitada para a desarmonia, o triângulo é negro.

9. O senário então, significa a geração, que é o resultado dos dois triângulos entrelaçados. Na Cabala, o arcano seis está simbolizado por um jovem entre duas mulheres, uma à direita e a outra à esquerda (o homem entre a natureza divina e a terrestre), que deve escolher entre o caminho de uma, que é virtude, e o da outra, que é vício. É o livre-arbítrio que atua nesse estado. Na direita está o mundo divino, o equilíbrio da vontade e a inteligência que leva à beleza. No humano, está o equilíbrio do poder e da autoridade que é o amor e a caridade e, no natural, é o equilíbrio da alma universal que conduz ao amor universal. Na esquerda há tudo confusão, desarmonia e egoísmo.

10. No triângulo de vértice dirigido para cima, temos, no corpo: Deus Pai, Deus Filho e Deus Espírito Santo; no triângulo de vértice dirigido para baixo temos: inteligência, beleza e vontade.

Com respeito ao humano, temos no primeiro: Adão, Eva e humanidade e, no segundo, autoridade, amor e poder.

11. Pode-se inferir disso que a força criadora é a mãe geradora da natureza ou a geração universal das coisas: da força genital vem a palavra gênio ou super-homem, gênese, geração etc. O homem deve ser um gênio ou super-homem para aspirar, saber e poder concentrar a força criadora no cérebro, onde pode sentir a união com o Íntimo.

12. Assim como Jesus, no deserto da matéria física, foi tentado, o que explica o símbolo sexto da Cabala, assim deve o iniciado sofrer a tentação da força criadora em seus cinco sentidos. A mulher da esquerda convida-o a gratificá-los com o prazer e a moleza, ao passo que a da direita o chama ao cumprimento do dever e da virtude. Na eleição entre as duas sendas estriba a evolução ou a queda, o poder ou a debilidade.

13. A energia criadora é a ponte entre o homem e o Íntimo. Quando, por meio da aspiração, respiração e meditação voluntária, se canaliza essa energia para o tato, chega o homem a dimanar do seu corpo um poder de saúde capaz de curar, instantaneamente, qualquer dor física ou sofrimento moral. Seu corpo converte-se em fonte de saúde, bem-estar, tranquilidade e paz para os necessitados e então se diz com razão: esse homem tem tato.

Porém, nunca devemos confundir a palavra tato, que é juízo reto, com diplomacia ou hipocrisia, símbolo do engano e da fraude.

14. Dirigida essa energia ao gosto, converte o homem num árbitro de beleza e harmonia. Seu hálito será o aroma que perfuma a vida; seu sopro acalma a ansiedade e a dor; seu fôlego quente anima, vivifica e muitas vezes ressuscita; sua palavra contém as vibrações da lei: harmonia e positividade.

15. Dirigida ao olfato, o homem aspira com maior força e absorve os átomos de luz e pureza. Esses átomos formam ao redor do corpo uma armadura etérea, cuja influência atua em todo o ser posto dentro de sua área. A aura do iniciado dimana um odor imperceptível ao sentido físico mas absorvido pelo psíquico e que atua nos seres magicamente: cura suas enfermidades, ilumina-lhes a mente e até resolve seus problemas e dificuldades.

16. Concentrada na vista, essa energia relaciona o homem com o mundo divino, desenvolve nele a vista interna ou o olho interno e poderá ver o passado escrito na parte inferior do corpo, o presente no peito e o futuro na cabeça, com toda clareza e precisão. Então já não cometerá erros, ignorantemente, como aqueles seres cuja visão está enferma. Nesse estado, o homem converte-se em *lei* e sua vontade será a execução da lei. Seus olhos irradiarão amor, harmonia e poder.

17. Dirigida para o ouvido, ouvirá o homem a cada instante a voz do Íntimo, aquela voz silenciosa do pensador, proveniente da parte mais elevada de nosso ser que nos livra de toda escravidão exterior.

18. Quando ascende a energia criadora pela coluna vertebral até chegar aos cinco sentidos, abre nela um oco, transformando-a como num tubo; nesse oco manifesta sua expressão o *Eu Sou* Íntimo e, por esse meio logra ter perfeita comunicação com todo o corpo, de cima abaixo e de baixo a cima. Essa perfuração ajuda a evolução do homem e nela circula a seiva da árvore da vida.

É a iniciação interna a que facilita a ascensão da energia criadora pela coluna do iniciado, perfurando nela esse oco para dar livre passo ao fogo, à luz e às vibrações cósmicas, princípios divinos que relacionam o homem com o Íntimo.

19. Nesse estado, chega o homem ao equilíbrio perfeito. O primeiro princípio, que é a vontade de Deus, obra em seu cérebro; o segundo, que é a liberdade, mora em seu coração e o terceiro, que é o equilíbrio matemático, em seu órgão genital. Cada um desses órgãos é único e duplo; cada qual atrai por um lado a força e repele-a por outro, em bem dos demais. Por meio do sistema nervoso, pomo-nos em contato com o mundo divino e por meio de nossos órgãos e sentidos comunicamos aos nossos irmãos a tríplice operação do poder.

8
O SEPTENÁRIO E A UNIDADE

1. O septenário é o número mais sagrado porque contém a trindade e o quaternário e porque representa o poder divino em toda a sua plenitude. No septenário encontramos o *Eu Sou* atuando e ajudado por todos os elementos.

Quando o iniciado chega a desenvolver seus sete centros magnéticos e atuar nos sete mundos, o *Querub* entrega-lhe a espada flamígera para abrir a porta do Éden, como vimos em outra parte, e obterá o signo da vitória mencionado no *Apocalipse* de são João.

2. A idade do mestre, na Maçonaria, são sete anos, o que equivale ao desenvolvimento dos sete centros magnéticos, chamados as sete igrejas regidas pelos sete anjos do Senhor.

Esse número nasce do seis pela unidade central dos dois triângulos entrelaçados, conhecidos por signo de Salomão ou estrela macrocósmica.

3. Na Cabala, o número sete é representado pelo carro de triunfo porque o iniciado, que ocupa o centro dos elementos, está armado de espada em uma mão e tem, na outra, um cetro cuja ponta finda num triângulo e numa bola, signos do poder e do domínio.

O iniciado domina, com o sete, as duas forças da alma do mundo, afirma-se em sua trindade, reina sobre os quatro elementos, coroa-se com o pentagrama, equilibra-se com os dois triângulos, o número seis, e, por último, faz a função de Deus Criador com o número sete.

4. O número sete entra em todas as circunstâncias da vida, rege o desenvolvimento do homem e os acontecimentos do mundo, material e moralmente.

1º A mulher tem, todo mês, um período de catorze dias (duplo sete) em que pode ser fecunda e outro período estéril.

2º Até sete horas depois de nascido, não se sabe se o novo ser é apto para a vida.

3º Aos sete dias de nascido, despega-se o cordão umbilical.

4º Aos catorze dias (duas vezes sete) os olhos da criatura podem seguir a luz.

5º Aos 21 (três vezes sete) volta a cabeça impelido pela curiosidade.

6º Aos sete meses saem-lhe os primeiros dentes.

7º Aos catorze meses (duas vezes sete), anda.

8º Aos 21 meses (três vezes sete) exprime seu pensamento por meio da voz e do gesto.
9º Aos sete anos rompem-lhe os segundos dentes.
10º Aos catorze desperta nele a energia sexual.
11º Aos 21, termina a puberdade e está fisicamente formado.
12º Aos 28 anos (quatro vezes sete) cessa o desenvolvimento físico e começa o espiritual.
13º Aos 35 (cinco vezes sete), chega ao máximo de força e atividade.
14º Aos 42 (seis vezes sete), chega ao máximo da aspiração ambiciosa.
15º Aos 49 (sete vezes sete), chega ao máximo de discrição e começa a decadência física.
16º Aos 56 (oito vezes sete), atinge a plenitude do intelecto.
17º Aos 63 (nove vezes sete), prevalece a espiritualidade sobre a matéria.
18º Aos 70 (dez vezes sete), inicia-se a inversão mental e sexual e o homem se torna, como se diz vulgarmente, criança.

Podem-se ajuntar muitas concordâncias mais que explicam a afinidade que parece haver no número sete; por exemplo, as enfermidades epidêmicas, que estão regidas por esse número.

Sarampo, varíola, varicela etc. exigem sete dias ou catorze para cura; a febre tifoide, 21 dias etc., porém consideramos suficientes as indicadas.

5. O objetivo da iniciação interna é o desenvolvimento dos sete centros magnéticos chamados sete igrejas ou sete anjos. O iniciado, por meio da aspiração, respiração e concentração pode produzir o oco na coluna vertebral para que a energia criadora vá retirando os sete selos da revelação de são João até que seu corpo chegue a converter-se na cidade santa que desceu do céu.

6. Os sete planetas, frente ao Sol, colocaram-se a distâncias diversas, segundo a rapidez de suas vibrações.

Cada qual dos sete planetas recebe luz do Sol em diferente medida, consoante sua proximidade à órbita central e à constituição de sua atmosfera e seres de cada um. Em harmonia com o estado de seu desenvolvimento tem afinidade com um ou outro dos raios solares. Os planetas, chamados sete espíritos ante o trono, absorvem a cor ou cores, dão um sonido em congruência com eles e refletem o resto sobre os demais planetas. Esses raios refletidos levam consigo impulsos da natureza do ser com os quais estiveram em contato.

7. Como é acima, assim é abaixo, portanto, o *Eu Sou*, Deus Íntimo e invisível, Ele, envolve dentro do seu Ser tudo o que é, como a luz branca do Sol envolve todas as cores. Manifesta-se em forma de trindade, como a luz branca se refrata nas três cores primárias: azul, amarelo, vermelho; Pai, Filho e Espírito Santo; vida, consciência e forma, sobre cada um dos sete centros magnéticos do homem que são os "sete anjos diante o trono do Íntimo". Esses também têm cor e som como os de cima.

8. Assim como cada planeta pode absorver do Sol somente determinada porção de uma ou mais cores, em harmonia com o estado geral da evolução, nele assim também cada centro magnético recebe e absorve do Sol espiritual, do Íntimo, certa quantidade dos diferentes raios projetados — que produzem iluminação espiritual segundo o grau de desenvolvimento do mesmo centro — que dá ao homem a consciência e o desenvolvimento moral como os raios da Lua dão crescimento físico.

9. Cada centro magnético do homem vibra em cor e som como vibra um planeta no firmamento; essa vibração dá ao ser humano a energia necessária para que a evolução possa prosseguir.

Cada centro, qual um planeta, absorve umas tantas cores e refrata outras para os demais; cada cor indica um poder ou virtude. A debilidade de uma cor, num centro, representa o predomínio do seu contrário e, portanto, um vício.

10. Desenvolver um centro é avivar sua cor própria para corresponder ao apelo do Íntimo. Mas, antes de entrar em pormenores, devemos explicar os valores das sete cores primárias.

Vermelho: indica pensamento potente, sentimentos apaixonados e virilidade física. A debilidade dessa cor representa-se pelo tom roxo.
Alaranjado: mostra gozo, sentimento alegre e saúde robusta. A debilidade dessa cor indica predomínio do azul celeste.
Amarelo: delata lógica, intuição, anelo de saber, sabedoria, sensibilidade. Sua debilidade assinala predomínio do anil.
Verde: indica otimismo, confiança e sistema nervoso equilibrado. Na debilidade manifesta-se como alaranjado.
Índigo: (anil): indica pensamentos concentrados, tranquilidade. Na debilidade dessa cor predomina o amarelo.
Roxo: denota misticismo, devoção, boa digestão e assimilação. Na debilidade acentua-se o vermelho.

É claro que, sendo um centro débil de cor, nele haja de preponderar o seu contrário, o qual, em si mesmo, é muito necessário, porém noutro lugar, e não no centro debilitado.

11. Tudo na vida tem relação entre si e não nos cansamos de repetir a frase hermética: "Como é acima, assim é abaixo e como é abaixo, assim é acima". Antes de empreendermos o estudo do desenvolvimento dos centros do corpo humano, ou arrancar os selos, que é a iniciação apocalíptica, devemos conhecer a relação entre as igrejas do homem, seus sete anjos, com os planetas, cores, sons, virtudes, vícios etc.

12. Tomando para centro o Sol, o astro que verdadeiramente nele se acha, e segundo nossa observação da Terra, temos:

7 Planetas

Lua, Mercúrio, Vênus, Sol, Marte, Júpiter, Saturno.

7 Dias da semana

Segunda, Terça, Quarta, Quinta, Sexta, Sábado, Domingo.

7 Anjos superiores dos planetas

Gabriel, Rafael, Hanel, Michael, Samael, Zadkiel, Zafkiel.

7 Espíritos dos planetas

Phul, *Ophiel*, *Haegit*, *Och*, *Phaleg*, *Belor*, *Aratrom*.

7 Espíritos inferiores dos planetas

Gabriel, Rafael, Anael, Michael, Samael, Tachel, Cassiel.

7 Virtudes

Esperança, Temperança, Amor, Fé, Fortaleza, Justiça, Prudência.

7 Metais

Prata, Mercúrio, Cobre, Ouro, Ferro, Estanho, Chumbo.

7 Vícios

Avareza, Inveja, Luxúria, Vaidade, Violência, Gula, Egoísmo.

7 Cores

Verde, Amarelo, Roxo, Alaranjado, Vermelho, Azul, Índigo.

7 Notas musicais

Fá, Mi, Lá, Ré, Dó, Sol, Si.

7 Igrejas do Apocalipse

Éfeso, Pérgamo, Filadélfia, Tiatira, Esmirna, Sardes, Laodiceia.

7 Centros magnéticos ou estrelas ou flores

Fundamental, Umbilical, Frontal, Cardíaco, Esplênico, Laríngeo, Coronário.

7 Sacramentos

Batismo, Confirmação, Matrimônio, Sacerdócio, Penitência, Eucaristia, Extrema unção.

7 Perfumes

Âmbar, Benjoim, Almíscar, Laurel, Ajenjo, Açafrão, Mirra.

7 Vogais

Ô A Ü E I U francesa EU francesa

7 Consoantes

L K F C T P N

Assim poderíamos continuar enumerando muitos setenários. Porém bastam esses.

13. Todos esses setenários são emblemas das virtudes e das qualidades espirituais da alma, cujo desenvolvimento tem sete degraus correspondentes aos sete planetas e aos sete centros magnéticos do corpo humano, que indicam o progresso desde a matéria até o mundo divino.

14. A aspiração, a respiração e a concentração são condições da alma e da consciência; manifestam-se como anjos que sobem e descem pela escada de Jacó, da casa de Deus (terra) à porta do céu. Com a pureza da aspiração e concentração, pode o aspirante abrir o canal da coluna vertebral, convertendo-se em iniciado e encontrando a escada de sete degraus que significa o símbolo dos metais inferiores que devem ser transmutados no ouro espiritual puro. Os metais são: chumbo, cobre, ferro, estanho, mercúrio, prata e ouro. Transformam-se com as sete virtudes: prudência, temperança, fortaleza, justiça, fé, esperança e caridade.

15. São João no *Apocalipse* disse: "João às sete igrejas que estão na Ásia. A graça esteja convosco e a paz d'Aquele que é e era e há de vir e dos sete espíritos que estão diante do trono".

Significa isso que, do coração, morada do Cristo, o *Eu Sou* envia suas emanações enérgicas e divinas aos sete centros da coluna vertebral que devem obedecer à sua vontade e que, por outro lado, são a expressão dos sete planetas e das inteligências espirituais que os animam.

O corpo do homem é o verdadeiro livro de que fala são João, embora não tenha folhas de papel nem linhas escritas com tinta. Dentro desse livro humano estão escritas as coisas presentes, passadas e futuras. O livro dos sete selos é o corpo humano e é o iniciado quem deve abri-los na coluna espinhal.

16. A abertura sucessiva dos selos efetua-se por meio da energia criadora, que, comprimindo do sacro para cima, forma um túnel ou canal na coluna vertebral de nosso templo individual que possui as portas do mundo, desde o físico até o divino.

As cinco primeiras portas correspondem, respectivamente, aos cinco *Tatvas* ou vibrações da alma do mundo, sendo centros dos mesmos em sua expressão individual orgânica. Com o domínio interior desses centros, adquire o iniciado poder exterior sobre os elementos e chega a manejar, à vontade, todos os poderes.

Os dois superiores estão relacionados com os mundos espiritual e divino.

Quando começa a energia criadora a premir no homem, irradia vários raios que descarregam em seu organismo; cada um desses raios é um atributo do *Eu Sou*.

Quando comprime o primeiro selo ou centro, o primeiro atingido é o sistema simpático que nos dá a determinação de realizar o que pensamos no mundo objetivo.

Em nossa consciência íntima temos duas forças que elevam e destroem o pensamento. O *Eu Sou* envia-nos as correntes de energia em forma de cor, som e luz, ao passo que o demônio interno trata de encher essas correntes de confusão, desarmonia e fumaça.

O iniciado, muitas vezes, enche-se de energia excepcional e não percebe a fonte de suas inspirações; essa energia inspiradora deve-a ao primeiro Raio do Íntimo, que forma a alma da natureza.

Dessa maneira, o iniciado acumula, com a castidade, a energia no centro fundamental que arranca o seu selo e logra, por esse motivo, o poder da vontade da alma do mundo; então, pode ver as coisas antes de sua manifestação no mundo físico.

O vapor que emana do sêmen é o que descobre os selos apocalípticos e dá ao homem o poder de realização; porém, se esse vapor se dirige para a terra, encadeará o homem à natureza infernal ou inferior.

19. Essa energia ascendente infunde no homem os ideais da alma do mundo e nele abre os canais da divindade, limpando do seu mundo interno os átomos criadores da ilusão que moram nos sentidos e só assim poderá conhecer seu *Eu Sou*.

A iniciação interna dota o verdadeiro iniciado, quando abre o primeiro selo, de um cérebro poderoso e sensível para captar os ensinamentos escritos no sistema simpático; então já pode reconstituir seu passado e receber a atividade do *Eu Sou* para salvar seus átomos e os demais.

Essa energia outorga saúde e bem-estar porque limpa o corpo dos resíduos da natureza morta que tratam de penetrar no canal do sêmen e evaporar o conteúdo para o exterior em nuvens de depressão e mal-estar.

20. Quando chega o homem a santificar e venerar os átomos sexuais, constrói o trono do Íntimo em seu sistema nervoso da medula espinhal e entra a sentir veneração a toda pessoa que possui abundantemente esses átomos que fazem, do homem, santo. O jovem que loucamente esbanja sua energia poderá ser pai algum dia porém nunca será respeitado nem por seus filhos nem por sua mulher. O casto que compreende esses mistérios absorve a consciência da alma do mundo e tornar-se-á simples, poderoso e amado de todo ser.

21. Quando essa energia ascende pelos centros do homem, esses se convertem em livros abertos; em uns, está escrito o passado; em outros, o presente e, em outros, o futuro; naqueles o saber e nestes o poder, porque cada centro possui sete portas e, de cada uma, recebemos um atributo do *Eu Sou*. Estaremos, então, cheios de vida e vigor e seremos os fachos da divindade que iluminam os homens. Quando o homem chegar a essas etapas poderá pensar por si mesmo e já não seguirá pensamentos e costumes dos demais.

Quando uma energia criadora ascende pelo canal espinhal aos nossos centros, estes ficam sob nosso domínio.

22. No sêmen encontram-se os anjos da luz e os das trevas ao mesmo tempo. A energia criadora luminosa possui a alta sabedoria divina, ao passo que a tenebrosa tem a mais nociva sabedoria que haja criado a mente humana. O objetivo da iniciação é rasgar as trevas internas pela aspiração à luz, a respiração solar e a concentração poderosa.

Quando essa energia invade o sangue forma uma aura pura em torno do corpo que o defende de toda invasão externa. Então, a entidade angélica residente no sêmen forma o canal ou túnel para que a energia invada cada centro e liberte seus poderes latentes. E, quando passa por um centro a outro, une-nos no sétimo com a consciência do Íntimo e seremos grandes iniciados.

23. Já se disse que o demônio ou besta interna trata de atrair a mente para o inferior; por isso, há de vencer-se a oposição da besta e pôr uma barreira entre o pensamento e os átomos pegadiços e malignos. Só assim poderemos aplicar a concentração à energia seminal e fazê-la subir para a consciência do *Eu Sou*.

No centro fundamental, encontra-se o anjo da estrela que atrai os pensamentos de pureza e aí os registra, depois trata de abrir o canal da espinha dorsal e ele é quem resguarda o homem do demônio que está no interior.

24. As glândulas sexuais têm secreções que são tônicos por excelência do sistema nervoso e muscular, favorecem o vigor físico, dão energia ao caráter e penetração à inteligência. O valor e a tenacidade, o atrevimento e o espírito iniciativo não podem subsistir se os não move o vapor enérgico do sêmen. Esse vapor do sêmen aviva a imaginação, tonifica o sistema nervoso, estimula as funções mentais e faz triunfar o homem dos átomos inimigos na luta pela vida material e espiritual. Sem ele, torna-se o homem tímido, apoucado, indeciso e desiste ante a menor contingência.

Com o desenvolvimento desse centro, desabrocha o vigor, a intrepidez e a constância. Pode limpar-nos de todas as enfermidades do cérebro porque o fogo serpentino que penetra todos os elementos queima todas as escórias e mantém o sangue puro e indene.

25. Com o desenvolvimento dos sete centros internos, pode o iniciado adquirir toda a sabedoria que já antes lograra e não se reencarnará inconscientemente. Por isso, disse são João no *Apocalipse*: "A quem vencer farei coluna no templo de meu Deus e jamais sairá".

Para obter isso, temos de elevar essa chama que está dentro de nós. Temos de acender os vários sóis e, quando brilharem todos em nosso corpo, poderemos sentir o sol invisível que nos livra da ilusão do mundo.

27. Por meio da pureza, do jejum e da aspiração, sobe a energia ao nariz e provê o homem, por meio da respiração, de um alimento muito diferente que o nutre. Por isso, muitos santos e o próprio Cristo puderam jejuar 40 dias, porque essa energia abre os condutos nasais para que absorvam nova nutrição.

28. Assim como o Sol em seu sistema manifesta sua energia que é ao mesmo tempo luz, calor e magnetismo, assim também o Íntimo manifesta sua energia criadora em nós em fogo, luz e magnetismo por meio do sêmen no sistema nervoso central.

Os átomos seminais encerram todas as sabedorias do mundo e nos acompanham desde os primeiros dias da criação. Neles se encontra toda a história e são eles os que iniciam o homem no seu interno.

Pode o homem ser iniciado fisicamente várias vezes; porém se não for aprovado pela inteligência solar interna e se não adquirir a grande consciência para sempre, inúteis serão suas iniciações.

29. Enquanto o *Eu Sou* não se puder manifestar, por meio da energia sexual, dentro do seu sistema central, composto dos centros, nunca poderemos chegar à suprema verdade.

Com a prática do sistema ioguístico e do Sermão da Montanha nossos centros abrem suas portas ou seus selos à dita energia em todos os planos e reagem conforme sua voltagem aumente. Então, e só então, poderemos dominar a natureza com seus elementos.

Cada iniciado, nesse estado, deve ser um receptor potente dessa energia e, sobretudo, deve temer o poder terrível dos seus pensamentos; porque essa prática geral é, em si mesma, um poder de que antes não possuía a menor notícia. Seus mundos internos começam a manifestar-se através do corpo físico e o poder do Íntimo converte-se em bênção para a humanidade.

30. Esses centros, ou flores, ou selos, devem gerar no homem. Quanto mais progride a alma em sua evolução, mais rapidamente giram eles. Neles manifesta-se a alma porque são órgãos dos seus sentidos, e sua rotação indica estarem percebendo as coisas suprassensíveis.

Cada centro tem um número de pétalas, ou raios diferentes do outro; assim, o básico tem quatro raios; o esplênico, seis; dez, o umbilical; doze, o cardíaco e dezesseis o laríngeo; noventa e seis o frontal; e o coronário, novecentos e setenta ondulações. Todavia, em cada um dos centros magnéticos trabalha ou ondula, somente, a metade dos raios que foram obsequiados, desde longínquo passado, como presente da natureza e sem direta intervenção do homem.

Por meio da iniciação interna, deve e pode o homem fazer girar a outra metade inerte e, desse modo, findará por fazer-se, todo o centro, luminoso como um sol.

31. Existem milhares de exercícios, nos livros de ocultismo, cujo objetivo é despertar esses centros e para tal fim podem ser utilizados; mas, também há o perigo de converter-se o homem na besta de são João, com suas sete cabeças, se o aspirante não elevou sua moral e espiritualidade a níveis bastante superiores.

Existe, porém, um método seguro e isento de perigo que consiste na aspiração desinteressada à perfeição, na respiração e na meditação perfeitas.

32. Por meio das três práticas anteriores, tiradas do método ioguístico e do Sermão de Cristo, a energia criadora abre o canal da espinha dorsal e eleva o homem até a libertação e a união com o Íntimo. Então, seu corpo se converte na Cidade Santa que desceu do céu.

Suponho que o aspirante praticou todos os preceitos e conselhos superiores; pode proceder e trabalhar, sem perigo algum, na abertura de seus selos. Deve sempre ter em mira esta frase da revelação de são João: "Só o cordeiro é digno de tomar o livro e abrir-lhe os selos".

33. Começando pelo centro fundamental ou básico, é ele o sustentáculo na parte mais baixa da espinha dorsal e o centro de gravidade do organismo. Essa flor tem quatro pétalas ou raios; dois somente vibram no homem profano e os outros esperam a iniciação interna para começar o movimento. O iniciado, por meio da abstinência e da castidade mental, verbal e física, obriga essas duas pétalas a girar e brilhar como o sol.

É a sede do fogo serpentino ou energia criadora, ou seja, a expressão da divindade individual que se encontra enroscada aí, em estado latente.

Abrir o primeiro selo é despertar a serpente adormecida. A cor que reflete esse centro é vermelho-sujo no libertino; vermelho-amarelo no iniciado; vermelho e azul púrpura no místico devoto.

Ser, ou não, clarividente, isso pouco importa; o importante é saber que o homem, por meio de suas aspirações e pensamentos, colore seus centros magnéticos e, quando os pensamentos são puros, as cores de suas flores são nítidas e puras; mas se seus pensamentos são negativos e impuros, seus centros terão cores sujas e informes. Certo é que a lei de causa e efeito guia o ser humano e o faz nascer influenciado pelos efeitos dos planetas; porém, essa influência o acompanha apenas até que chegue a pensar por si mesmo e comece a dominar as estrelas. Desde então, o homem traça, por meio de seus pensamentos, uma senda individual e as cores se firmam em seus centros conforme o caminho traçado.

O centro fundamental influi em todo o organismo; dá fortaleza, revigora o ânimo, anima o entusiasmo, estimula o sistema nervoso e outorga resistência, esforço e constância. Sua debilidade determina o abatimento físico e moral. Os iógues representam a força que nele mora por um elefante branco. O desenvolvimento desse centro proporciona o domínio sobre os elementos da terra.

34. O centro esplênico acha-se mais acima que o anterior, na região do baço; os iógues lhe chamam morada própria. Tem seis raios, três ativos e três inertes. O ascenso da energia criadora a ele ativa a ondulação das três pétalas e outorga ao iniciado o domínio sobre os elementais da água. Sua força está representada por um peixe.

Sua atividade manifesta as seis cores do espectro; dá saúde e crescimento; tem relação com a glândula pituitária; exerce influência equilibradora no sistema nervoso e na temperatura normal do organismo. Seus atributos são: o conselho, a justiça e a caridade, qualidades outorgadas pela energia criadora e que são necessárias para pôr em movimento as três pétalas inativas. Regula o processo vital e elabora na mente ideias sãs. O despertar desse centro produz abundância, saúde e bem-estar físico e moral. O desenvolvimento do centro de seus raios exige perfeita harmonia no corpo, alma e espírito: enfermidade, paixão e maus pensamentos são as traves do desenvolvimento. O corpo deve ser são para que seus órgãos obedeçam às aspirações que favorecem a evolução da alma e do espírito; a alma deve ser pura de paixões que pugnem contra o pensamento do espírito e o espírito não deve tampouco escravizar, como amo, a alma com leis e deveres, porque a alma deve conformar-se com agrado às leis e deveres por inclinação natural. Enfim, não deve existir necessidade de dominar as paixões porque estas, por si mesmas se orientam para o bem.

A expansão desse centro permite a comunicação com seres que pertençam a mundos superiores e constrói uma garantia contra o erro e a instabilidade, porque o homem realizou a harmonia do corpo, da alma e do espírito.

35. O terceiro centro chama-se solar. Gema luminosa, encontra-se na região lombar, tem dez raios, cinco ativos e cinco inativos. Corresponde e outorga o domínio dos elementos do fogo; tem por símbolo um cordeiro; preside aos instintos em geral e às funções digestivas.

Quando a energia vital chega até ele e acende esse candelabro, como lhe chama o *Apocalipse*, desperta no iniciado a prudência, acende as faculdades e o talento do homem, descobre os fenômenos da natureza, influi nos intestinos, fígado e subconsciente. Ilumina a mente e dá cordura. Sua cor é amarela com verde no homem normal, física e moralmente. O desenvolvimento dos cinco raios consiste no reger e dominar as impressões dos cinco sentidos e assim pode o iniciado penetrar nos homens e perceber suas qualidades. Esse domínio da ilusão obtém-se com a vida interior.

Demais, há-se de evitar o rancor, a inveja, a vaidade e a ociosidade.

A concentração nessa flor do lótus umbilical desperta-a e, então, começa o homem a ver as formas de pensamento dos seres e poderá ler os pensamentos.

36. Ascendida a energia no quarto centro, desperta a flor do coração, sede do som sem pulsação, como lhe chamam os iógues. Radica-se no centro do peito; é a sede da vida física individual. Este centro tem doze pétalas, seis ativas e seis inertes.

Quando a energia move estes últimos, o iniciado impera nos elementos do ar. Os iógues representam a força deste centro por um antílope dentro do signo de Salomão. O fruto da árvore da vida colhe-se neste centro; sua cor deve ser a do ouro, como o Sol.

Fisicamente, estimula o processo da nutrição, a vitalidade e atividade mental por sua influência no cérebro; tonifica o sistema glandular e ativa a secreção interna.

Aceso, este candelabro outorga a sabedoria divina e chega o iniciado a perceber e identificar as coisas com suas próprias qualidades. Torna-se, então, modesto e humilde ante a grandeza da criação.

A formação desse centro, ou igreja, na região do coração, efetua-se por meio dos seis atributos mentais que despertam os seis raios inativos e são: 1º domínio do pensamento, enfocando-o num só ponto, por exemplo, a concentração no átomo do Filho na pituitária ou no átomo *nous*, no coração; 2º a estabilidade; 3º a perseverança; 4º a paciência; 5º a fé e confiança; 6º equilíbrio mental ante o sofrimento e o prazer, a sorte e a desgraça.

37. O quinto centro acha-se na região da garganta; preside à palavra ou o verbo e sua manifestação física. Tem dezesseis raios; oito deles de pouca atividade. Chama-se porta da libertação, porque, quando o iniciado desperta este centro, a energia criadora move as dezesseis pétalas e então domina os elementais do éter que abre a porta para a entrada do Éden.

É representado por um elefante branco dentro de um círculo, emblema da pureza. Sua cor é um misto de prateado e azul esverdeado e seu atributo é a clariaudiência.

Influi no líquido da coluna vertebral, estimula a combustão e atua em todo o sistema simpático; por meio dele descobrir-se-ão os mistérios e ciências encerradas, desde imemorial tempo, nesse sistema. Dá entendimento, esperança, generosidade. As dezesseis pétalas ou raios são, como os anteriores, centros correspondentes a outras tantas modalidades da energia; o mal, nele penetrando, desperta as oito faculdades nele latentes e que são: 1º ódio ao ilógico; 2º resolução; 3º veracidade ao falar; 4º proceder corretamente; 5º harmonia no viver; 6º esforço para a superação; 7º proveito da experiência; 8º poder estudar a natureza interna ouvindo sempre a voz do silêncio.

38. No sexto centro que se encontra no meio da cabeça e se manifesta na fronte, a energia desperta a inteligência, o discernimento, e seu atributo é a clarividência.

Nele, encontra-se o olho interno da visão espiritual. Tem duas divisões compostas cada qual de 48 raios; total 96 raios. Numa das metades predomina o róseo e, na outra, sobressai o azul purpúreo; ambas as cores correspondem à vitalidade dessa flor ou roda.

Esse centro pertence ao mundo do espírito onde residem os superiores e permanentes princípios do homem e, por isso requer, para sua expressão, maiores e selecionadas modalidades de energia. A energia vital, nele, produz respeito, temperança, abstinência; nele reside o ser pensante; desperta ideias de dignidade, grandeza, veneração e sentimentos delicados. Seu despertar outorga evolução espiritual e domínio do espírito sobre a matéria.

Produz a visão astral chamada clarividência positiva.

39. O sétimo centro é o lótus de mil pétalas. Está no vértice da cabeça. Nele manifesta-se amplamente a divindade do homem-Deus. Quando o fogo serpentino, que se acha no centro básico, se une a ele, o iniciado atinge a libertação, objetivo da iniciação interna e será uno com seu Íntimo.

É o mais refulgente de todos quando está em plena atividade, vibra com inconcebível rapidez e tem cores de indescritíveis efeitos cromáticos, embora nele prepondere o roxo.

Dadas suas 960 irradiações, é o último que se atualiza; porém, quando o iniciado chega a esse adiantamento espiritual, vai o lótus crescendo até cobrir toda a parte superior da cabeça. Esse é o significado da auréola representada pelos pintores em torno da cabeça dos santos.

Por esse centro, recebe o homem a energia divina do exterior; mas, atingida a perfeição, começa a emaná-la do interior para fora e o centro se converte, então, em verdadeira coroa.

São João fala das coroas dos 24 anciãos que as colocam ante o trono do Senhor. O significado desse passo apocalíptico é que todo homem que conseguiu fazer sair sua energia criadora pela cabeça a depõe aos pés do seu Deus Íntimo para que a empregue em sua obra.

40. Com a atividade do centro fundamental a energia, com seu formidável poder, vivifica todos os demais e dá, em resultado, o transporte das faculdades internas e o despertar à consciência física. Com o despertar do esplênico, o homem se relembra de suas viagens mentais. Com a atividade umbilical pode separar-se, à vontade, do seu corpo físico e sentir as influências do mundo astral. A vivificação do cardíaco outorga ao homem sentir a dor e o prazer alheios; deseja sacrificar-se pelos demais e recebe a sabedoria. O despertar do laríngeo dá o poder da clariaudiência; pode o iniciado ouvir a voz do silêncio, a música das esferas e conversar com os espíritos superiores. O do frontal capacita o homem, em corpo físico, a ver os espíritos por meio do seu olho invisível. É o centro da clarividência.

Quando o coronário chega à sua plena atividade, o *Eu Sou* pode sair por ali, deixando, consciente, seu corpo pois já se acha livre da prisão carnal e pode a ele voltar sem interrupção e estará sempre consciente, quer no sono físico, quer no definitivo momento da morte.

Esse é o perfeito iniciado.

41. São João, em *Apocalipse*, cap. X, vers. 6, diz, depois de haver o cordeiro aberto o último selo: "E jurou pelo que vive nos séculos dos séculos, que criou o céu e as coisas que nele há, e a terra e as coisas que há nela, e o mar e as coisas que há nele; que já não haverá tempo" (isto é, para o adepto que chegou à libertação e à união com Deus).

Em outra parte, cap. XI, vers. 15, diz "E quando o sétimo anjo tocou a trombeta e houve no céu grandes vozes que diziam: O reino deste mundo foi reduzido a nosso Senhor e seu Cristo e reinará nos séculos dos séculos. Amém".

A tarefa do iniciado é despertar ou acender seus sete candelabros, com a luz do espírito divino para chegar à libertação ou união com o Deus Íntimo.

9
O OCTONÁRIO E A UNIDADE

1. Quando o iniciado desenvolve os sete centros magnéticos pelo ascenso da energia criadora em seu tubo espinhal, nele se cumprem as palavras de Cristo: "Aproximou-se o reino de Deus" significando isso que está pronto para a libertação que conduz à divindade no estado de potência, baseado no sacrifício que é um novo sistema, composto de oito faculdades, para tornar efetiva sua divindade ou potência do amor.

2. O número oito é o símbolo natural do equilíbrio e da justiça; é o número que interpreta com fidelidade as palavras de Hermes: "Como é acima, assim é abaixo".

O número sete inicia, organiza, produz, fecunda, triunfa e cria; o número oito preserva, equilibra, estabelece, conforta e consolida; de modo que, cada septenário potencial tem de manifestar-se num octonário vibrante, luminoso em raios circulares compostos e equilibrados.

O caduceu de Mercúrio forma o número oito ou duas serpentes que se movem ao lado do canal medular ao passo que as asas representam o poder conferido pelo fogo ao elevar-se aos planos superiores.

3. O octonário é o número da realização da divindade no homem-Deus. Para essa realização, necessitamos de oito virtudes ou centros, plenos de Deus, e esses oito centros, correspondem aos oito *cabiras*, os grandes, os poderosos deuses, cuja obra é a realização da divindade na criação, simbolizados pelas oito bem-aventuranças de Jesus.

Cada um desses deuses ou energias atômicas ocupa no homem uma região, onde trabalha no desenvolvimento interno e externo, até que as bem-aventuranças cumpram sua missão no homem.

Esses oito deuses, segundo a mitologia, são filhos de Vulcano, o que dá a entender que são nascidos do fogo divino criador no homem e que se manifestam nas profundezas do corpo. São as oito inteligências atômicas que geram todas as atividades da vida. São elas que realizam essas atividades, normalizando-as e equilibrando-as nas glândulas de secreção internas, chamadas endócrinas. Influem no organismo por meio dos hormônios que segregam e, ao mesmo tempo, levam o efeito das secreções aos mundos suprafísicos do homem. Esses Deuses dotam as glândulas de um poder que as capacita de absorver do sangue os elementos de que necessitam e os transforma em efeito das secreções aos mundos suprafísicos do homem. Esses agentes, levados novamente, pelo mesmo sangue, às diferentes partes do corpo, dão lugar ao equilíbrio que realiza a obra divina, porque aceleram, retardam ou modificam a atividade das funções físicas, psíquicas e espirituais e, deste modo, completa-se a realização da divindade no homem.

4. A mesma mitologia nos conta que os nomes desses Deuses eram sagrados, afirmando-se que são dotados de poderes mágicos e quem os conhecia poderia obter deles qualquer petição. Os hindus, em seu comentário antigo, referem-se à seguinte alegoria: "Oito casas foram construídas pela mãe. Oito casas para seus oito filhos. Oito brilhantes sóis em harmonia com sua idade e méritos etc".

Os vedas dizem: "O fogo é, verdadeiramente, todas as deidades".

5. Existem no homem oito regiões habitadas pelos oito filhos do fogo divino:

A primeira deidade reside entre os dois hemisférios cerebrais. Essa inteligência atômica realiza sua obra criadora provocando a secreção da glândula pineal ou epífise. As secreções dessa glândula exercem ação equilibrada no desenvolvimento sexual e todas as suas manifestações. Tem relação direta com o centro psíquico e atua em todos os processos vitais de índole física, mental e espiritual.

Suas secreções são um freio para o desenvolvimento anormal da sexualidade; predomina até os treze anos; aí sua ação se debilita e então suas secreções realizam o desenvolvimento sexual nos jovens.

Toda deficiência de secreções nessa glândula faz do menino um adulto prematuro, ao passo que sua abundância depois dos anos da puberdade, retarda a maturação sexual, os órgãos continuam pequenos e ficam débeis as funções genitais. A criança também não adquire corpulência, nem esqueleto, nem seus músculos são normais como nos outros, de maneira que o equilíbrio é o primeiro objetivo e o único da inteligência atômica nessa glândula.

6. O segundo filho do fogo divino está situado no corpo pituitário chamado hipófise, na base do cérebro; estimula a secreção dessa glândula que influi na procriação, aviva a inteligência e a força de caráter. A debilidade de suas secreções esgota a força e aumenta a gordura, detém o crescimento, debilita os órgãos genitais e os atrofia, feminiza o caráter varonil e enfraquece a inteligência. Na mulher atrofia a matriz e causa esterilidade.

Funcionando com energia produz essa glândula exagerado desenvolvimento do esqueleto; os ossos adquirem maior volume e calibre. Alarga-se o nariz, a mandíbula será rija e volumosa, Agrandam-se pés e mãos; a língua amplia-se, engrossa e alarga. Na maioria dos casos entorpece-se a inteligência.

7. O terceiro átomo divino equilibrador acha-se na tireoide, situada no pescoço, apoiada na laringe. Toma o nome de cartilagem tireoide, na qual descansa.

A tireoide é a glândula mais irrigada do corpo. O sangue aflui com profusão e arrasta seu produto chamado tiroxina. Se for insuficiente essa secreção, tudo se realiza com lentidão. Lento será o funcionamento do coração, dos rins, dos músculos e lento o desenvolver do esqueleto, do aparelho sexual e da função cerebral. São tardias as ideias, tardios os juízos. Torna-se obeso o homem, tórpido dada à lenta realização após o acúmulo de reservas.

Inversamente, atuando energicamente a tireoide, a função será oposta ao caso anterior e o organismo funcionará com exagerada aceleração.

O coração aumenta as pulsações; os rins apressam e recresce o total da urina. O esqueleto alarga-se sem espessar-se e os ossos ficam largos e leves. A musculatura é de tipo rápido por lhe carecer volume; os movimentos são velozes e exagera-se a secreção cutânea. Sendo normal a secreção, possui o homem inteligência superior, vivaz, apaixonada e com tendência artística.

Mas, havendo excesso na secreção sobrevêm grande emagrecimento, tremor, protuberância nos olhos, aceleração do coração, insônia, suores, sintomas da enfermidade chamada de *Basedow*.

A secreção normal dessa glândula intervém no desenvolvimento geral e na beleza; a harmonia das linhas gerais do corpo dependem desse órgão. Homem ou mulher cuja tireoide funcione normalmente tem olhos profundos e grandes, pestanas largas e arqueadas, cabelo abundante e formoso, mãos largas, esguias, dedos belos terminados por elegantes unhas com lúnula.

8. A quarta entidade rege a secreção das para-tireoides que estão situadas no pescoço, misturadas com a tireoide. Sendo deficiente a secreção dessas glândulas, há não só transtornos musculares, mas também alterações oculares e dentárias; nos primeiros, cataratas; nos segundos, alterações no esmalte e má calcificação. A pele perde sua vitalidade, enruga-se, sensibiliza-se, mingua-lhe tersura, lesiona-se facilmente.

O excesso de secreção altera gravemente o esqueleto, o sistema muscular e ocasiona muitas deformações ósseas e corpóreas.

9. A quinta deidade realizadora e equilibradora, encontramo-la no timo, glândula situada por trás do coração e que cresce em tamanho e importância funcional até os quatorze anos; depois, diminui, passando suas funções para as amídalas e gânglios de natureza tímica.

Quando o timo funciona debilmente, o crescimento é tardio, deficiente o peso, a dentição má por falta de calcificação, frágil o esqueleto, reduzido o volume da criança. É friorenta, excitável, delgada, pequena, inquieta, nervosa, irritável, delicada e sensível. Os processos nutritivos são deficientes; pode a criança ter inteligência viva, mas carece-lhe energia nervosa e tal carência estorva-lhe o labor mental. A insuficiência do timo retarda o crescimento e chega o jovem à idade adulta com escasso porte e parca desenvoltura física.

Se funciona com excesso, ativa na criança demasiada corpulência, causa de muitos males orgânicos e mentais: pouca inteligência, tardia articulação da fala, imperfeita e lenta; atraso no andar. Não se atrofiando na idade adulta origina graves desordens, especialmente sexuais: atraso e debilidade sexual, deficiência de energia física e nervosa, funções lentas e turbações psíquicas.

10. O sexto átomo equilibrador dirige as glândulas suprarrenais, situadas acima dos dois rins. São abundantemente regadas pelo sangue; são indispensáveis à manutenção da vida e segregam dois produtos distintos. A medula suprarrenal fabrica a adrenalina, que, ao passar pelo sangue, exerce acelerante ação em todas as funções; o coração amiúda o número de suas pulsações; o sistema nervoso excita-se; os nervos reagem com maior velocidade; contrai-se com rapidez o sistema muscular, dando presteza e facilidade aos movimentos.

O córtex das glândulas suprarrenais produz outra secreção cujos efeitos são contrários aos da primeira: retardar as funções do organismo; mas o que tais funções perdem na velocidade, ressarcem na força e resistência. Essa secreção robustece o coração, tonifica o sistema nervoso e reforça o sistema muscular, aumenta o vigor e a potência geral do organismo e especialmente a nervosa e muscular.

Sendo débil ou deficiente a função do córtex, será também débil o organismo; mingua-lhe esforço mental; incapaz de desgastes musculares, cansa-se facilmente; não se desenvolvem os músculos por não terem boa assimilação e, com isso, não recresce o peso, as linhas serão delicadas e débeis. A fartura da adrenalina no sangue favorece a velocidade e habilidade nos atos voluntários, mas deixa ao homem delgado corpo, causa irritabilidade e nervosismo, suas forças reduzem-se por carecer-lhe resistência. Ao contrário, a secreção do córtex robustece, dá músculos, energia, vigor e formidável resistência.

A mulher, em sua juventude, tem um déficit de secreção no córtex suprarrenal; por isso, é ágil, nervosa, sensível e delicada. Com os anos equilibra-se, porém, chegando aos quarenta, predomina essa secreção e a mulher engorda, mas é forte, musculosa, enérgica, autoritária. Sua voz engrossa e nela produz-se uma virilização com o viço de basto pelo sobretudo no lábio superior.

11. A sétima inteligência reside no pâncreas, glândula mista que possui duas secreções, uma externa outra interna. A primeira vasa no intestino e serve à digestão; a segunda, a interna, é a insulina, substância imprescindível no sangue para aproveitamento dos alimentos que dão hidratos de carbono, como os vegetais e seus derivados: massas, doces, açúcar, frutas, legumes, verduras etc.

Escasseando a insulina, o homem emagrece mesmo se alimentando bem e apresenta caracteres da falta de nutrição: reduz-se a força muscular e desaparece a resistência física. As secreções normais do pâncreas asseguram bom peso, mantêm sólido o sistema muscular e ósseo, providos de grandes energias.

Quando a secreção é muito pobre, advém a enfermidade cognominada *diabete*. A medicina trata essa enfermidade com a insulina.

12. A oitava e última inteligência equilibradora ocupa as glândulas sexuais: ovários na mulher e testículos no homem. Os ovários produzem mensalmente um ovo, célula reprodutora que gera o futuro ser; porém, fora dessa função, cumprem outras, importantíssimas, que regulam toda a fisiologia da mulher por meio das secreções internas. Os ovários, como as suprarrenais, têm duas funções ou secreções distintas a cumprir.

Uma parte da secreção ovárica, chamada foliculina, tem ação excitadora, aceleradora e estimulante. Favorece o desgaste de energias; com ela, são as mulheres delgadas, ágeis, sensíveis, com acentuados caracteres de feminilidade.

A outra parte da secreção está representada pelas do corpo lúteo, favorece a acumulação da gordura e engorda. Da harmonia existente entre essas duas secreções depende o equilíbrio físico e as funções perfeitas da mulher; em sua menstruação periódica, em sua forma externa, em seu caráter e até em sua inteligência. Um ovário enfermo ou que funciona mal provoca desarmonia nas formas, enfeia as linhas e perverte o caráter feminino. Todos os órgãos e sistema do corpo sofrem os resultados da má função ovárica; até os cabelos e as unhas se ressentem da sua anormalidade.

As glândulas sexuais masculinas têm por tarefa a procriação. Secretam o espermatozoide que, unindo-se à célula ovárica dá origem ao novo ser.

Essa secreção é externa; as internas regem os caracteres masculinos secundários ou formas varonis, o sistema esquelético, a barba, os bigodes e a voz masculina.

As secreções testiculares proporcionam valor, tenacidade, coragem, atrevimento e espírito de iniciativa. Essas glândulas, com suas secreções, avivam a imaginação, tonificam o sistema nervoso, estimulam as funções mentais para triunfar na vida e exercer singularíssimas repercussões na personalidade.

A deficiência dessas secreções, por enfermidade ou muito desperdício de espermatozoides, torna o homem débil, afeminado, enfraquece as forças musculares e, sobretudo, a inteligência. O caráter torna-se apoucado, tímido, indeciso; o valor empana-se e atrasa-se o crescimento físico e espiritual. É de transcendente relevo a castidade e a abstinência nos trabalhos importantes, como se viu nas páginas anteriores.

13. Para entender melhor os efeitos das secreções, temos de estudar, embora superficialmente, a função do sistema nervoso central. Todos sabemos que tal sistema está constituído por uma série de órgãos entre si relacionados. São eles: o cérebro, o cerebelo, a protuberância, o bulbo e a medula espinhal. De todos eles saem os nervos que se dirigem a todas as partes do corpo, como finas malhas de fios muito finos, que envolvem todo o organismo. Recolhem, assim, todas as sensações dos mais afastados lugares do organismo e transmitem-nas aos órgãos centrais, que respondem por meio de outros filetes nervosos e provocam as reações adequadas ao estímulo já recebido.

Os que conduzem a sensação ao cérebro chamam-se nervos sensitivos e os que conduzem a resposta chamam-se nervos motores.

Entre os primeiros e os segundos, encontram-se os gânglios compostos por células nervosas que são como estações receptoras de sensações e irradiadoras de respostas.

Esse sistema perfeito governa a totalidade das funções do corpo: digestão, circulação, respiração, excreção, reprodução, atividade, resistência, crescimento, peso, estatura, funções glandulares etc., no corpo físico, e inteligência, poder, valor, caridade, fé, amor etc., na alma. Os dois funcionamentos, físico e espiritual, equilibram-se pelo octonário ou as oito fontes glandulares, para realizar e equilibrar a criação divina.

14. Compreendido o supradito, pode-se estudar a função do sistema nervoso, que é, na realidade, uno e se divide em dois setores de função contrária. Um setor acelera as funções e o outro as retarda. Do equilíbrio de ambas surge a perfeição com que essa função se realiza.

Um setor estimula o desenvolvimento do comprimento dos membros e do tórax; o outro desenvolve a espessura dos membros. Da harmonia dos dois desenvolvimentos depende a forma perfeita.

Essas duas partes em que se divide o sistema nervoso chamam-se: sistema simpático e sistema parassimpático. O primeiro acelera, o segundo modera; o primeiro produz vivacidade na inteligência pois mais célere se faz a cerebração, porém, ao mesmo tempo, é maior o desgaste de energia; ao passo que o segundo, ao retardar o desgaste, economiza energias, é menos rápido; é a imaginação; mas, em compensação, é capaz de realizar trabalhos mentais mais prolongados.

De todas essas deduções podemos compreender que, no primeiro predomina um grupo de glândulas, ao passo que, no segundo, predomina o outro grupo.

15. As diferentes glândulas de secreção interna reúnem-se funcionalmente em dois grupos, às respectivas ordens dos setores nervosos: simpático e parassimpático.

Corresponde ao simpático: a pineal, a porção anterior do corpo pituitário, a tireoide, a parte medular das suprarrenais, a parte folicular do ovário e a parte seminífera dos testículos. Corresponde ao grupo parassimpático: a parte posterior da pituitária, as amídalas e o tecido linfático, as paratireoides o timo, a parte cortical das suprarrenais, o pâncreas, os corpos lúteos do ovário e as partes intersticiais do testículo.

16. No homem em que predomina o simpático, predominam as glândulas tireoide, hipófise anterior, medulas suprarrenais e parte das sexuais.

Nesse tipo as formas são alongadas, elegantes, finas, esbeltas. Cabeça pequena, tórax mediano, abdômen reduzido e chato, membros longos, poucos músculos, linhas retas.

Suas funções são rápidas porém débeis e de fácil esgotamento; digestão escassa, circulação viva e acelerada; peso leve; estatura normal ou alta. Caráter imaginativo, vivaz, inquieto, sensível, vontade débil, pouca tenacidade, inconstância, muito sentimentalismo. Inteligência viva, rápida, minuciosa, volúvel, facilmente cansável. Ideias muito vastas, mas não as pode sustentar por muito tempo.

17. O tipo parassimpático é o contrário do primeiro. Nele predominam: o timo, as paratireoides, o pâncreas, o córtex suprarrenal, a hipófise posterior e as partes intersticiais e luteínicas dos órgãos sexuais. Suas formas são curtas, roliças, maciças; cabeça grande, tórax amplo, pescoço curto, abdômen globoso, membros curtos, linhas curvas; nele abunda a gordura subcutânea e corporal. Suas funções são lentas, resistentes, circulação enérgica; digestão perfeita; tem força e resistência. Peso normal ou supranormal. Estatura normal e baixa. Caráter enérgico, resistente, tenaz, voluntarioso; não desanima, tem pouca sensibilidade, frieza, impavidez. Inteligência pouco ágil porém hábil, certeira, firme; pode resistir a prolongado labor mental.

18. Como vimos, cada tipo tem certas qualidades e carece de outras. O objetivo da iniciação na ciência espiritual é o equilíbrio do homem, a realização perfeita. As secreções internas equilibradas formam o corpo físico e espiritual; dão saúde de corpo e espírito.

Cada pensamento desloca as partículas do cérebro e, pondo-as em movimento, dissemina-as através do universo. Cada partícula da existência deve ser um registro de tudo quanto aspirou e pensou o homem. O iniciado é o construtor do universo e, ao mesmo tempo, é um equilibrador porque seus pensamentos, desejos e aspirações são filhos da luz, nascidos da mente sã e perfeita de um corpo são e perfeito que adquiriu para si, pelo desenvolvimento e equilíbrio de suas glândulas de secreção internas, o direito de converter-se em Deus, graças à própria experiência na iniciação interna.

O inconsciente do profano alcança a consciência clara de si mesmo pelo desenvolvimento e equilíbrio das oito casas de secreção quando se inicia internamente.

O profano é o homem que pouco ou nenhum contato tem com o *Eu Sou*, e não possui consciência. O iniciado é o ser que, por seu desenvolvimento no mundo interno, adquire a união com o Íntimo. Desde então pode sentir a proximidade do reino do céu mas de maneira consciente.

19. Também o reino do céu tem oito graus que correspondem aos oito esforços realizados pelo iniciado para equilibrar a secreção das glândulas internas, equilíbrio que as prepara para ficarem cheias e plenas de Deus e facilitam ao homem sua união com o *Eu* no reino do céu.

O vapor das secreções glandulares é o que comunica o homem com seus mundos internos, servindo-lhe de ponte sobre o abismo que separa a consciência humana da consciência divina.

Jesus, o Cristo, deu-nos, no Sermão da Montanha, as oito bem-aventuranças como resultado dessa iniciação e frutos do equilíbrio da secreção interna.

20. "Bem-aventurados os pobres de espírito porque deles é o reino do céu."

Essa primeira faculdade para a realização divina não entende, por pobres de espírito, os patetas, os ignorantes ou os bobos, mas aqueles que, pela iniciação interna e perfeito desenvolvimento, chegaram a ficar cheios de Deus e já não recorrem às mesquinhas ciências humanas para encontrar o reino do céu. Antigamente a alma era rica de espírito porque recorria ao êxtase nos mundos espirituais por meios artificiais e vivia arroubada e inconsciente do seu estado; porém, desde a vinda de Cristo, tornou-se o homem mendigo do espírito, quer dizer, já não pode recorrer à clarividência inconsciente e busca em si mesmo e por meio de seu *Eu*, o reino do céu. Como mendigo do espírito já não busca Deus fora de si; ao contrário, refugia-se nos mundos internos que o transportam aos mundos divinos onde estará cheio, conscientemente de Deus e, desse modo, conhece a si mesmo e a sua divindade interna. Esses são os pobres de espírito que buscam a riqueza de Deus.

21. "Bem-aventurados os que choram porque serão consolados".

Essa etapa indica a paciência do iniciado, desenvolvido e adiantado na senda da iniciação. Sofre ao ver as ambições da humanidade.

Em tempos passados, não importavam nada aos homens as dores alheias e, até em nosso tempo, a maioria da humanidade repete o adágio oriental que diz: "Chorem todos os olhos, desde que os meus não derramem uma só lágrima".

Antigamente, curava o homem seus sofrimentos com ajuda exterior, embora com essa cura sacrificasse seus irmãos. O iniciado de hoje, à maneira de Jesus, já não pensa em si e chora a desdita alheia.

A mesma dor dos demais o leva a buscar alívio e remédio para eles.

Todos os seres nascem dentro do espírito universal. Cada qual é uma célula no corpo do cosmo e, quando enfermo um órgão, vai a divindade eliminando o mal para conservar o corpo e não elimina o órgão para eliminar o mal.

Plenos de Deus são os que chegaram, com o desenvolvimento, ao estado de trabalhar para que todos os homens sejam filhos de um só Pai. Esse trabalho custa-lhes pranto pelos sofrimentos da humanidade, porém cedo ou tarde receberão consolo.

22. Na terceira bem-aventurança diz Jesus: "Bem-aventurados os mansos porque eles possuirão a terra".

Essa é a etapa da absoluta confiança em Deus e completa submissão à sua vontade. A mansidão não é apatia, nem a servil atitude dos hipócritas. O manso compreende o ser digno e tranquilo em seus desejos no cumprimento de sua missão na terra.

Com o equilíbrio interno, toma o iniciado o governo do seu mundo de desejos e alcança, por si mesmo, a meta da evolução. Então, pode cumprir sua missão divina na terra. Será um Cristo cheio de Deus, temperando e harmonizando seus desejos. Em troca, receberá a terra ou um corpo perfeito com mente perfeita e dirá com Paulo: "Todas as coisas concorrem para o bem dos que amam a Deus".

As três bem-aventuranças anteriores revelam como o iniciado leva à evolução seu corpo físico, etérico e astral até deixá-los instrumentos obedientes do Íntimo que atua no homem como sensação, compreensão e consciência.

23. Chegado o homem a esse grau de evolução, o *Eu Sou* manifesta no mundo, no corpo físico pleno de Deus, o amor fraterno. "Bem-aventurados os que têm fome e sede de justiça porque eles serão fartos".

Esta é a quarta manifestação do reino do céu. Quando o iniciado, pelo impulso crístico nele, chega a sentir e aplacar a sede e fome de justiça do espírito, então estará farto de compreensão e reina harmonia em todos os seus atos, harmonia com as leis naturais e espirituais. Aí desperta na razão o terem parentesco entre si todos os seres humanos.

Fome e sede da justiça são a manifestação de Deus na razão do homem.

24. Cumprido esse dever, sente em si o homem a manifestação da quinta bem-aventurança que diz: "Bem-aventurados os misericordiosos, porque eles terão misericórdia".

O misericordioso é aquele ser que depois de sentir a sede de justiça do reino divino, sente a unidade com todos os seres e se converte em sábio tolerante pela posse da caridade e da compreensão. Desaparece de seu coração a critica mordaz; ama todos os seres, e suas ações convergem somente para trabalhar no plano da evolução e da perfeição.

Seu desenvolvimento interno outorga-lhe a sabedoria que lhe revelará que todos os seres são seu próprio ser, todos os corpos são seu próprio corpo e todas as almas sua própria alma. Então, estará pleno de Deus, desaparecem do seu coração as ambições, o egoísmo e as guerras e, por consequência, o reino do amor sobreviverá à sua pessoa para reinar depois no mundo.

25. Uma vez elevada a alma até esse nível sobrevirá a sexta: "Bem-aventurados os puros de coração, porque eles verão a Deus".

Plenos de Deus são aqueles cujas secreções são perfeitas e equilibradas, porque o sangue (veículo do Íntimo) penetra no coração sempre puro e limpo quando o funcionamento das glândulas segue as leis da harmonia; então o homem pode reconhecer e ver Deus em si mesmo.

Todas as coisas são puras para os limpos de coração, porque a pureza é como Luz que ilumina as trevas internas e nos põe, frente a frente, ante Deus e quem vê Deus em seu coração o vê em todas as coisas.

26. Quando o iniciado manifesta sua divindade pela pureza de coração, terá de obrar, de então por diante, apelando para os mundos superiores e divinos, unidos aos terrestres pela energia crística interna que regenerará o universo inteiro pelo espírito.

Quando o *Eu Sou* se liberta pelas cadeias carnais do corpo e chega a sair voluntariamente do vértice da cabeça poderá difundir paz no universo e o homem se converte em pacificador cheio de Deus.

"Bem-aventurados os pacificadores porque serão chamados filhos de Deus", porque farão descer ao mundo físico o espírito divino e trazem paz e harmonia a todo ser.

O pacificador é aquele ser que percebe a verdade em todas as religiões, sistemas, partidos e trata de harmonizar todas as divergências entre um e outro, como o hábil músico que arranca notas harmoniosas de um instrumento para compor o hino à verdade: o pacificador vê, na diversidade, a unidade.

27. A última e oitava bem-aventurança diz: "Bem-aventurados os que padecem perseguições pela justiça porque deles é o reino do céu. Bem-aventurados sereis quando vos vituperarem e perseguirem e disserem de vós, todo mal por minha causa. Gozai e alegrai-vos porque será grande vossa recompensa nos céus."

Ora, devemos compreender que tudo o que se dá na terra e no corpo físico deve sofrer, a princípio, oposição. Todo impulso da verdade não pode triunfar de golpe na evolução porque os resíduos da ignorância, da dúvida lhe põem resistência e causam sofrimento. Serão perseguidos, vituperados pelos que se aferram às velhas praxes; porém, o iniciado deve manter-se unido ao Íntimo para poder realizar, como Deus, a expressão do amor no equilíbrio. É esse o mistério do octonário; quando o iniciado equilibra suas secreções glandulares ou quando, pela aspiração, respiração ou meditação nesses centros equilibradores, ativa os átomos divinos moradores neles e, por meio deles chega ao desenvolvimento impessoal da individualidade, característico de todos os verdadeiros iniciados.

Esse desenvolvimento consiste no equilíbrio e o equilíbrio consiste no sacrifício pessoal que é pensar, falar e obrar na consciência divina em vez de exprimir-se do externo, correspondendo à aparência.

As secreções internas do profano sempre sofrem desarmonia dadas suas aspirações e maus desejos; levam-no muitas vezes ao erro e até ao crime; porque, segundo a ciência espiritual, todo criminoso é um ser enfermo e já vimos que a deficiência ou exagero das secreções glandulares conduzem o homem a muitos vícios e defeitos.

O iniciado cujas aspirações, respiração e pensamentos são puros, perfeitos e fortes harmoniza suas glândulas e equilibra as secreções que lhe inspiram fé, justiça, amor, mansidão, paz etc.

29. Quando o sábio disse: "Tal como pensa o homem em seu coração, assim será ele" quis dizer-nos que todo pensamento, emoção ou desejo influi nas glândulas endócrinas. Se for negativo o pensamento, desarmonicamente influi nas secreções internas; mas, se é positivo, firma o equilíbrio.

Todo aspirante pode estudar isso no ambiente em que vive: no colérico, no invejoso, no ambicioso, no libertino, no rancoroso etc. e poderá verificar quanto podem essas emoções e pensamentos desequilibrar o funcionamento dos hormônios desses sujeitos e depois esgotar e aniquilar o corpo.

Sucede o inverso com o iniciado que desenvolveu pensamentos de paz, amor, fé, altruísmo etc. vive sempre radiante de alegria e energia e sua presença é uma bênção de Deus em seu ambiente.

10
O NOVENÁRIO E A UNIDADE

1. Já vimos que desenvolver os sete centros magnéticos é chegar ao poder e domínio; ativar e normalizar as oito fontes principais de secreção interna é chegar à expressão do amor no equilíbrio, que é constante irradiação.

O vapor ou fluído das secreções internas comunicam-nos com os mundos suprassensíveis ou nove céus.

O septenário no homem é a orientação ativa na busca da verdade: o octonário equilibra nosso poder na mesma verdade ao passo que o novenário é a verdadeira iniciação de nossa obra na verdade. Por conseguinte, o novenário é o segredo inviolável da compreensão individual, é o atributo natural do adepto que realiza seu poder no septenário, o equilibra no octonário e, por último, o expressa como luz radiante, no novenário.

2. Com o septenário, o iniciado triunfa; com o octonário, equilibra sua força; mas, só com o novenário encontra a luz do Íntimo por meio da concentração individual que é a realização no interior e a expressão no exterior.

Com os sete centros desenvolvidos, domina sobre o bem e o mal, sobre o visível e o invisível: com as oito fontes de secreções equilibra sua atividade; porém, com as nove, obra com conhecimento e luz para vivificar o que está latente no mundo interno.

O número um representa o homem-Deus como princípio origem; é o princípio que aspira a toda realização divina. É o Pai pensador, o primeiro aspecto do *Eu Sou*, centro que emite o pensamento.

O número dois é a manifestação dual da unidade, é a mulher receptora e produtora da natureza divina. É a imaginação, a ação de pensar do centro pensador.

O número três é a realização da dualidade, é a ideia pensada, o verbo pensamento, cujo ritmo criador domina toda forma de vibração.

O número quatro é a vontade do Eu que se faz manifestar e exprime seu querer ou realização da ideia pensada nos quatro elementos da natureza vibratória.

O número cinco é a vontade do Eu que se reveste dos cinco sentidos para expressar externamente o que realiza no Íntimo, no interior, a inteligência divina. Os cinco sentidos são os instrumentos da razão.

O número seis é fruto dos cinco sentidos no homem; é o desejo interno, a vontade ativada pela eleição que une o pensado com o querido, ou o mundo divino com o terreno.

O número sete é a conquista do poder da unidade pela perfeição da ação no corpo físico; é o centro da ação depois de haver pensado com consciência, inteligência e vontade.

O número oito é a razão interior do juízo que, pela compreensão, manifesta, interna e externamente, o equilíbrio na humanidade; é a ação de agir de acordo com o pensado e o querido, com justo uso.

O número nove é o princípio da luz divina, criadora, que ilumina todo pensamento, todo desejo e toda obra; exprime externamente a obra de Deus que mora em cada homem, para descansar depois de concluir sua Obra.

3. Na mitologia, os gregos consideram que a plasmação do verbo se realiza com e pelas nove musas, filhas de Júpiter, o Pai da Vida, ao unir-se com *Mnemósine*, a memória.

Essas nove musas são:

Clio — a inspiração do ouvido; é a musa da história.
Calíope — a da voz, musa da poesia épica e da eloquência.
Urânia — a inspiração divina, musa da verdade.
Erato — a do amor, musa das canções dos amantes.
Euterpe — a encantadora, gênio da música melodiosa.
Polímnia — a inspiração religiosa, musa da tradição.
Melpômene — a da tragédia, que penetra no mistério da morte.
Talia — a inspiração jovial, musa da comédia.
Terpsícore — musa da inspiração animadora da dança.

4. No homem, como no cosmo, existem nove céus e, em cada céu, habita um coro de átomos angélicos, chamados pelos cristãos os nove coros de anjos.

O mais baixo dos céus é a Lua; corresponde ao mundo dos desejos ou astral, o mais próximo do físico.

É o mundo da sensação em que trabalham aqueles átomos chamados anjos, filhos dos pensamentos chamados aspirações, que se elevam desprendendo-se da densidade da matéria grosseira.

5. O segundo céu é o Mercúrio, o mundo mental, o mundo da inteligência concreta. Nele residem os átomos chamados arcanjos, expressão elevada dessa inteligência humana. Esses átomos manifestam-se no homem sob a forma de inspirações morais.

6. O terceiro céu é o de Vênus, ou mundo espiritual, manancial de inspirações elevadas da mente abstrata, princípio de vida na matéria. Seus átomos anjos chamam-se principados porque são os princípios que governam a evolução da vida individual por meio da atração.

7. O quarto céu é o Sol, o do espírito puro que é o princípio e doador da vida individual. Nos átomos, chamam-se potestades que, como o Sol, irradiam e atraem, e, assim, formam o equilíbrio de todo poder.

8. O quinto céu é o de Marte, corresponde ao fogo sagrado do criador e se relaciona com o mundo do espírito divino. Nesse mundo, encontram-se os átomos chamados virtudes, que representam a força da expansão individual.

9. O sexto céu é o de Júpiter, habitado pelas dominações; é o mundo dos espíritos virginais que presidem à gravitação universal em toda forma material oposta à expansão anterior e influem na justiça e retidão.

10. Ó sétimo céu é o de Saturno, o Pai Espaço. No espaço manifestam-se os tronos que originam e determinam, com o movimento, a sucessão do tempo, expressão da vontade.

11. O oitavo céu é o de Urano, onde moram os átomos chamados querubins, ou seja, próximos à divindade, isto é, à porta do Éden. São os anjos que expressam, no espaço, pela dualidade da manifestação, raiz da consciência, individualizada, da divindade.

12. O nono céu é o mundo de Deus do Absoluto, no qual jazem o tempo, o espaço, a vida, o pensamento, a energia, a matéria e todas as manifestações. Os anjos chamam-se serafins que emanam da essência do ser e presidem ao amor.

O amor é a nota chave de toda harmonia criadora e construtora.

13. Por conseguinte, o homem eneário ou novenário, que é o triplo do ternário, é a união do absoluto com o relativo, do abstrato com o concreto, tal qual se vê na relação seguinte:

Espírito	**Alma**	**Corpo**
Espírito do Espírito	Alma do Espírito	Corpo do Espírito
O Espírito puro	Idealidade	Ideia
Sujeito que pensa	Verbo	Pensamento
Espírito da Alma	Alma da Alma	Corpo da Alma
Sujeito que quer	A Quinta-essência	*Desejo*
O *Eu* consciente	Vontade	Volição formulada
Espírito do corpo	Alma do corpo	Corpo do corpo
Iniciativa motriz	Vitalidade	Corpo astral
Sujeito que opera	Função orgânica	Hiperfísica orgânica

14. Consciente o homem dos seus nove céus ou mundos, converte-se em Deus e desempenha seu papel.

No céu da lua por seu anjos ou átomos, é Deus por sua fecundação.

No céu de Mercúrio, pelas senhoras de Mercúrio ou arcanjos, constrói a razão.

No céu de Vênus, pelos principados, tem o amor.

No céu do Sol é como o Astro Rei, por suas potestades é doador de vida.

No céu de Marte, pelos átomos virtude outorga a ação.

No de Júpiter, as dominações presidem à benevolência.

No céu de Saturno, pelos tronos, dá a dor, caminho e mensageiro da ventura.

No céu de Urano, pelos querubins, infunde o altruísmo.

No céu de Netuno, enfim, pelos serafins, é a mesma divindade em ação.

Como se vê, todos os nove céus com seus respectivos coros, anjos ou átomos se encontram no próprio homem.

11
O DENÁRIO E A UNIÃO

1. Antes do princípio era o *zero* (0).

No princípio existiu o *um* (1)

Desde o princípio, o *zero* (0) emanou de si o *um* (1) e o *um* se fez dualidade, ternário, quaternário, quinário, senário, septenário, octonário, novenário e por último, denário e, quando o *um* torna a unir-se ao *zero*, o raio na circunferência, termina seu ciclo e o latente se faz potente e o inconsciente se torna onisciente.

Do *zero*, princípio latente de toda criação, nascem todas as cifras ou *Sephirot* da Cabala e todos voltam ao Zero.

A serpente que morde a cauda simboliza o círculo que representa o ciclo do tempo, perpetuamente emanado e devorado pela eternidade, imagem da força criadora que se manifesta do estado potencial latente.

2. Quando o número *um* desce verticalmente do *zero*, representa o raio da luz cósmica, unidade que se manifesta em atividade criadora, emanando de si as demais cifras e novas combinações de forças primordiais.

O um depois do zero (01) é o criador do universo que desce inconscientemente, é a queda de Lúcifer e de Prometeu para fazer a vontade do Pai; é a queda de Adão e sua saída do Paraíso, para crescer e multiplicar-se, para produzir as múltiplas manifestações da vida nos três reinos: vegetal, animal e humano. Por involução desceu do *zero* e, por evolução deve novamente ascender até Ele e sentar-se à direita do Pai, no número dez ou o um antes do zero (10). Isso ocorre quando adquire o poder da década e manifesta a criação nos nove céus externos e internos, por meio dos coros angelicais ou átomos criadores, criados por seus pensamentos divinos, que executam seu poder.

3. O círculo e a linha convertidos em números fazem-se dez (10); convertidos em letras, o número um muda-se em (*i*) e o zero em (*o*). É o *Eu* que, quando desceu era a mônada, a unidade, o um, ou aquela parte imortal do homem que, encarnando-se nos reinos inferiores, é o (i) minúsculo que se separou do ponto central do círculo; porém, ao progredir gradualmente através deles, até o homem e, depois, ao encontrar seu caminho, novamente, para a união, ou como disse Jesus: "Assim é necessário que o filho do homem seja levantado" o *i* minúsculo se levanta até tocar o ponto e se faz (I) maiúsculo e então o filho do homem é o filho de Deus.

Também o (Y) da palavra YO nos mostra como a mônada desceu até o reino mais baixo para voltar a subir do mais alto, à união no reino do céu.

4. O círculo e a linha são a chave de todos os mistérios. No homem é a espinha dorsal que atravessa o ovo áurico formado pelos veículos inferiores. No divino, o zero (0) é o imanifestado e o um é o manifestado. O raio do círculo é o símbolo de Deus e do homem.

É o símbolo do masculino-feminino.
É o símbolo da mulher.
É o *Eu*: é Jeová.
É o cosmo em manifestação.
É o sistema solar e lunar.
É a origem de todo número.
É a origem de todas as letras.
É o símbolo da pirâmide, do templo de Salomão e da Arca da Aliança.
É o símbolo da iniciação antiga, moderna e futura que representam o feto na matriz da mãe, o homem na terra e o espírito em Deus.
É o símbolo do nascimento, da morte e da ressurreição.
É o símbolo da pirâmide que deriva de P Y, o (10) número do côvado sagrado e número do homem, do homem-Deus que é *Eu*.
É o símbolo de Deus no homem e do homem em Deus.
É o símbolo do vaso sagrado de Hiram, chamado mar de bronze que tinha dez côvados de bordo a bordo (Yod) e cinco de altura (Hé), isto é, 10 + 5 = masculino-feminino.

Temos essas medidas na câmara do rei da pirâmide, na Arca da Aliança e no templo de Salomão e todas representam o corpo humano.

É o *sanctum sanctorum*, Pai-Mãe, espírito-matéria. É o Sol na eclíptica; é o *um* que está em tudo.

É a representação do ano lunar: o *zero* (0) é o G em hebraico; dividido por uma barra, converte-se em H (3) linhas e o g considerado em dois = 355 e 365, ano solar bissexto.

O círculo e a linha é Pi, a iniciação que representa a gestação.

É o útero da mulher.

A linha dentro do círculo é igual a 355. Somado esse número produz treze; multiplicado por 28 dias, período lunar e menstrual da mulher 28 × 13 = 364, comprimento da antecâmara do reino na pirâmide, ou o ano solar.

No mês lunar, ou 28, dividido em quatro fases de sete dias, temos o período menstrual feminino. O período da gestação 18 × 7 = 126; a viabilidade do feto equivale a 30 × 7 = 210. O parto sobrevem aos 40 × 7 = 280. Os 28 dias do período menstrual multiplicado pelo símbolo 0, dupla matriz, que é 13 nos dão 364, ano solar.

É P Y em geometria e simboliza a primeira manifestação do todo em que o um nasce do zero ou do círculo; esse circulo partido pelo diâmetro da figura de uma dupla matriz e a letra PI ou Hé, formada por um travessão horizontal e dois verticais (mônada e dual) vale cinco no alfabeto hebraico e aquele duplo símbolo, assim formado, equivale a duas vezes cinco ou seja dez; o cinco superior e o cinco inferior do pensamento divino manifestado em linguagem astronômica são os 365 dias do ano solar e os 355 dias do ano lunar.

Esse símbolo representa o mistério do fogo; é a Ísis ou a lua; é o número perfeito de Pitágoras; é unidade, a dualidade e a trindade; é o andrógino.

É o homem, é o símbolo de Ida, Pingala e *Shushumna* ou a respiração lunar, solar e espiritual.

É a matriz universal que gerou os sete espíritos planetários. É o templo de Salomão onde se acha o candelabro de sete braços, assim como, na matriz da mulher, influem os sete dias da semana etc.

5. O círculo e a linha são a perfeita representação dos dez Shephiroth (zéfiro, respiro, hálito) do Eu.

Essas dez expressões da divindade interna chamam-se a árvore dos *Shephith*, ou árvore da vida, intérprete do mundo das formas ou da aparência visível com os princípios absolutos e essenciais do ser.

6. O primeiro *Shephiroth* chama-se *Kether*, a coroa, o diadema. É o emblema da unidade, ou primeiro princípio originário da manifestação; é o Pai, o pensador, manancial da vida, a essência imanente e transcendente de tudo o que existe. No homem se manifesta num átomo central dos dois cérebros e se reflete na fronte.

7. CHOCOMAH — é o segundo princípio que manifesta a sabedoria, equilibrada pela iniciativa da inteligência; é Mãe e a lei, o conhecimento do Ser e a essência feminina que tem sua sede no cérebro esquerdo e se reflete no fígado.

8. BINAH — A inteligência ativa equilibrada pela sabedoria: é a consciência individual. É o filho nascido do Pai-Mãe e ocupa o cérebro direito e se reflete no coração.

9. CHESED — é o quarto princípio e representa a misericórdia e a graça do Espírito Santo; é a segunda concepção da sabedoria, sempre bondosa e benfeitora, porque é forte; manifesta a vida e origina os mundos do lado esquerdo do corpo humano; seu instrumento é a mão esquerda.

10. GEBURAH — é o quinto, o princípio da força e do rigor necessitado pela própria sabedoria; é o princípio que sofre o mal para afirmar o bem. É a fé e o juízo do saber que se manifesta no lado direito, cujo principal instrumento é a mão direita.

11. TIPHERETH — o sexto princípio é a beleza que reside e emana do coração. A beleza é a concepção luminosa do equilíbrio nas formas e é o intermediário entre o criador e a criação. É o Ideal que inspira o amor como força atrativa que une os seres.

12. NETSAH — é o triunfo da inteligência e da justiça que as assegura à evolução da manifestação. É o sétimo alento do Íntimo que se reflete no pé esquerdo.

13. HOD — é a eternidade da vitória do espírito sobre a matéria, do ativo sobre o passivo, da vida sobre a morte. É o lado direito que triunfa sobre o esquerdo e o positivo sobre o negativo. Ocupa o posto oitavo.

14. YESOD — é o fundamento, a base de toda manifestação, crença e verdade; é o nono alento que reside na base do corpo humano.

15. MALAKUT — o reino. É o décimo e reino da trindade no septenário perfeito. É a clausura do ciclo no cumprimento da Obra e corresponde aos órgãos da geração porque são eles os que manifestam a força criadora do homem.

16. Segundo essas explicações podemos compreender agora o significado da queda do homem e seu êxodo do paraíso terreal. O homem, no princípio, como unidade, afastou-se do círculo e, pela mente carnal, entregou-se à satisfação dos próprios desejos. A serpente tentadora convidou-o a comer do fruto da árvore do bem e do mal que lhe causou dor e morte; depois, pela dor, adquiriu a experiência de evitar tudo o que pode causar desdita e voltou ao seu interior, à própria inteligência em busca de um remédio para o mal e, por último, a viver sempre são e forte. Com essa busca interna, começa a sua iniciação que o conduzirá até o reino, origem de todo o bem.

17. No MALAKUT o denário conheceu as leis do movimento contínuo e pôde demonstrar a quadratura do círculo.

No novenário adquiriu a medicina universal.

No octonário encontrou a pedra filosofal, isto é, transmutou todos os seus metais inferiores: desejos, anelos etc., em ouro espiritual.

No septenário teve o segredo da ressurreição dos mortos e a chave da imortalidade.

No senário sabe a razão do passado, do presente e do futuro.

No quinário triunfa da desgraça e do inimigo.

No quaternário dispõe da saúde e da vida e pode dispor dos demais.

No ternário reina nos céus e domina sobre o inferno.

No binário está acima de todas as aflições e temores.

Na unidade vê Deus face a face, sem morrer, e rege os sete espíritos que mandam e ordenam toda a milícia celeste.

CONCLUSÃO

Agora, caro leitor, dir-te-ei que te transmiti as palavras por mim recebidas como sementes da verdade, com a fé e a esperança de que possam brotar algumas em teu coração e tua mente. Minha única tristeza foi, escrevendo esta obra, a de que possam tais sementes cair no caminho e venham as aves e as comam; a de que outra parte caia nos pedregais onde há pouca terra e, nascendo elas, saia o sol e as creste por não terem raiz; a de que parte caia entre espinhos e cresçam espinhos e afoguem. Porém há compensação no pensamento de que outra parte caia em boa terra e dê fruto, esta a cento, aquela a sessenta, alguma a trinta.

Se algo útil achaste nestas páginas e se algum proveito espiritual nelas pudeste obter, deves dar graças ao Íntimo *Eu Sou* que está em ti, e as graças a aqueles irmãos que, incógnita e desinteressadamente, custearam a edição desta obra.

Existem, no mundo atual, apesar de tudo, seres que, à semelhança de Deus, obram silenciosamente e derramam seus benefícios sobre o mundo.